세상 속에서, 그러나 믿음으로

세상 속에서, 그러나 믿음으로

지은이 | 이승희

초판 발행 | 2025. 5. 28

등록번호 | 제1988-000080호

등록된 곳 | 서울특별시 용산구 서빙고로65길 38

발행처 | 사단법인 두란노서원

영업부 | 2078-3333   FAX | 080-749-3705

출판부 | 2078-3331

책 값은 뒤표지에 있습니다.

ISBN 978-89-531-5115-4   03230

독자의 의견을 기다립니다.

tpress@duranno.com   http://www.duranno.com

두란노서원은 바울 사도가 3차 전도여행 때 에베소에서 성령 받은 제자들을 따로 세워 하나님의 말씀으로 양육하
던 장소입니다. 사도행전 19장 8-20절의 정신에 따라 첫째 목회자를 돕는 사역과 평신도를 훈련시키는 사역, 둘째
세계선교(TIM)와 문서선교(단행본·잡지) 사역, 셋째 예수문화 및 경배와 찬양 사역, 그리고 가정·상담 사역 등을
감당하고 있습니다. 1980년 12월 22일에 창립된 두란노서원은 주님 오실 때까지 이 사역들을 계속할 것입니다.

두려움 대신 믿음으로, 도망 대신 담대함으로

세상 속에서, 그러나 믿음으로

이
승
희

두란노

세상이라는 삶의 현장에서,
우리가 붙잡고 살아가야 할 신앙!

쉼을 모른 채 강단에 올랐고 거침없이 말씀을 외쳤습니다. 그 숱한 시간이 지나면서 차곡차곡 쌓아 둔 말씀의 책장을 넘겨 보니 설교의 밑자락에 깊게 드리워진 그림자 하나가 보였습니다. 세상과 신앙입니다. 세상을 말할 때 신앙이 따라왔고, 신앙을 말할 때는 그 곁에 항상 세상이 서 있었습니다. 왜 그럴까 생각해 봤습니다. 세상은 우리 삶의 현장이고, 신앙은 우리가 그 현장에서 살아가야 할 삶이기 때문입니다.

저는 늘 세상에서 살아가는 성도들이 세상에 무릎 꿇는 패배자이기를 원하지 않았습니다. 신앙으로 세상을 넘어서서 승리하기를 원했습니다. 신앙으로 세상을 이기는 세상 정복자이기를 원했습니다.

한 주간의 세상살이에서 지친 모습으로 예배당에 들어서는 성도들의 모습에 마음이 아팠습니다. 그래서 함께 세상을 살피면서 신앙으로 다시 전신갑주를 입었습니다. 그리고 예배당의 문을 나서는 성도들의 뒷모습에 손을 내밀며 승리를 축복했습니다. 그리고 혼자서 조용히 골방에 무릎 꿇고 앉아 기도로 응원했습니다.

저는 청년의 때에 죽음의 문턱을 다녀왔습니다. 육체의 질병이었습니다. 연속되는 질병의 공격은 세상에서 겪는 죽음의 공포를 알게 해 주었습니다. 고통의 시간을 지날 때에 주변에서 내미는 시험의 손길들이 얼마나 다양한지를 알았습니다. 타협의 속삭임들 앞에 내 신앙이 얼마나 쉽게 무너질 수 있는지도 알았습니다. 그랬기 때문에 늘 세상을 의식하며 주목하고 살았습니다.

어릴 적부터 교회와 익숙한 삶을 살았습니다. 그래서 누구보다 교회를 잘 압니다. 교회는 쉬운 듯 쉽지 않고, 편한 듯 편하지 않은 곳입니다. 거룩을 노래하면서 갈등을 만들고, 사랑을 외치면서 계산이 빠른 곳이기도 합니다. 이 또한 교회가 세상에 있기 때문입니다. 세상이 신앙 속에 들어와 버렸기 때문입니다. 그래서 저는 강단에서 늘 세상을 가르쳤고 신앙을 외쳤습니다.

세상은 외면할 수 없는 삶의 현장입니다. 그 현장은 우리의 신앙을 공격합니다. 이때 우리는 공격당함이 싫어서 슬그머니 신앙을 숨겨 버립니다. 그래서 자연스레 세상에 끌려다니는 포로가 되어 버립니다. 세상은 신앙으로 넘어서야 합니다. 신앙이 능력입니다. 신앙이 세상을 이기는 기술이고 방법입니다.

오늘의 교회는 세상을 향한 저항심을 잃어버렸습니다. 세상을 향해 싸움을 하려 하지 않습니다. 포기합니다. 세상의 공격과 타협을 당연하게 생각하고 받아들입니다. 그것이 편하기 때문입니다. 오래 신어 버리기 직전의 신발이 가장 편한 것처럼 세상에 물들어 신앙이 다 해이해졌음에도 그것을 편안하게 생각합니다. 욥은 항상 자신은 물론 자녀들에 대해서도 '혹시라도 세상에서 신앙을 포기하고 살면 어떻게 하나'를 염두에 두고 살았습니다. 성경은 "욥의 행위가 항상 이러하였더라"(욥 1:5)라고 욥을 칭찬합니다.

이 책은 세상과 신앙에 대한 앎과 삶의 새로운 결단을 위해 성도들과 나누었던 설교를 엮은 것입니다. 그 소리를 문자로 옮겨 놓았습니다. 그래서 조금은 문장이 매끄럽지 못합니다. 그러나 주일 강단을 그대로 옮겨 보고 싶었습니다. 그날의 은혜를 함께 나누고 싶은 마음이 담겨 있습니다. 늘 강단의 말씀에 귀를 기울이고 마음을 모아 주시는 본교회 성도들께 감사의 마음을 전합니다.

이 책을 통해 다시금 우리의 믿음을 돌아보고, 세상 속에서 믿음으로 살아가는 용기를 얻을 수 있기를 소망합니다. 엘리야의 삶 가운데 계셨던, 그리고 말씀 가운데 함께하셨던 하나님의 은혜가 이 책을 읽는 성도의 마음에도 깊이 새겨지기를 기도합니다.

2025년 5월

이승희 목사

차례

PART

신앙,
삶으로 꽃을 피워라

1

고백, 신앙의 첫걸음

왕상 17:1-4

1세기 그리스도인들에게는 숱한 환란과 핍박이 있었습니다. 하지만 그들은 늘 함께 모여 하나님을 예배했습니다. 때로는 토굴 속에 모여서, 때로는 옥에 갇히면서까지도 예배를 포기하지 않았습니다. 왜 이렇게 그들은 무모한 듯 보이는 삶을 살았을까요? 그 이유는 그들이 그리스도인이었기 때문입니다.

한국 기독교 역사 초기 신앙의 선배들도 마찬가지였습니다. 그들은 늘 예배를 놓치지 않았습니다. 일제 치하에서 예수를 믿는다는 이유로 온갖 어려움을 겪었지만, 그들은 사랑방에서 이불을 뒤집어쓰고 숨을 죽이면서 하나님을 예배했습니다. 그리고 포탄이 빗발처럼 쏟아지는 전쟁터에서도 종군 목사를 세워 예배했습니다. 이러한 삶을 살았던 이유 또한 그들이 그리스도인이었기 때문입니다.

그리스도인은 신앙으로 사는 사람들입니다. 하나님을 주(主)로 모시는 모든 이가 그리스도인입니다. 주어진 시간을 오롯이 자신의 안위를 위해서 사용할 수 있지만 그리스도인이기 때문에 예배의 자리를 지키고, 삶의 내용도 방법도 목적도 신앙으로 일관합니다. 신앙으로 사는 것이 그리스도인에게 당연한 삶이라면, 신앙으로 산다는 것은 어떤 의미가 있을까요?

신앙생활과 종교활동을 혼동하는 경우가 종종 있습니다. 종교적 활동은 신앙인이 할 수 있는 일이지만, 그것만으로 신앙인이라 단정할 수는 없습니다. 종교인은 단순히 종교적 활동에 머무는 사람입니다. 반면, 신앙인은 신앙이 곧 삶인 사람입니다.

성경은 우리에게 신앙인으로 살 것을 요구하며, 종교인으로 살아가기를 원치 않습니다. 예수님은 종교적 활동에 머문 바리새인들을 경멸하셨습니다. 그들은 종교적 활동으로 신앙을 대체하며 자신들이 훌륭한 신앙인의 삶을 살고 있다고 착각했습니다. 그러나 주님의 평가는 달랐습니다. 그들은 단지 종교인에 불과했습니다. 진정한 신앙의 삶은 종교적 활동을 넘어 신앙이 곧 삶이 되는 것입니다.

엘리야에게서 배우는 신앙의 삶

열왕기(列王記)는 이름대로 열왕들(많은 왕들)의 이야기입니다. 그리고 열왕기는 한 가지 특징이 있습니다. 왕조가 바뀔 때마다 "여호와 보시기에 악을 행하되"(왕상 14:22, 15:34, 16:7, 25)라고 기록하고 있다는 것입니다.

엘리야가 살던 시대에 이스라엘을 통치한 왕은 아합이었습니다. 특별히 성경은 아합을 다음과 같이 평가합니다.

그의 이전의 모든 사람보다 여호와 보시기에 악을 더욱 행하여

왕상 16:30

아합왕에 대한 하나님의 평가가 이전 왕보다도 더 부정적인 이유는 앞선 구절이 잘 설명해 줍니다.

느밧의 아들 여로보암의 죄를 따라 행하는 것을 오히려 가볍게 여기며 시돈 사람의 왕 엣바알의 딸 이세벨을 아내로 삼고 가서 바알을 섬겨 예배하고 사마리아에 건축한 바알의 신전 안에 바알을 위하여 제단을 쌓으며 또 아세라 상을 만들었으니 왕상 16:31-33

이러한 행위로 인해 하나님은 아합왕의 죄악을 크게 책망하셨고, 그 결과 이스라엘 땅에 대한 하나님의 분노는 더욱 격렬해졌습니다. 하나님이 이스라엘 땅에 내리신 분노의 결과, 이스라엘 백성은 3년 넘도록 가뭄을 겪게 되었습니다. 또한 사회는 기준과 잣대 없이 표류하며 윤리와 도덕적으로도 심각하게 타락해 시대의 혼란을 초래했습니다.

오늘 우리가 사는 시대를 포스트모던 시대(Postmodern era)라고 이야기합니다. 포스트모던 시대의 특징은 절대적 기준이 없다는 것입니다. 우리가 좋은 대로 하고, 우리가 원하고 우리에게 유익이 되는 것이 곧 진리이자 가치가 됩니다. 이러한 부분이 엘리야가 살던 시대와 너무도 닮아 있습니다.

이런 시대 풍조 속에서, 마치 어두운 밤하늘에 외로이 떠 있는 북극성처럼 신앙의 기치를 높이 들고, 세상과 타협하지 않고, 세상에 흔들리

지 않고, 하나님의 사람으로 신앙의 삶을 살아 낸 사람이 바로 엘리야입니다.

디셉 사람 엘리야

성경에는 많은 인물이 등장합니다. 그리고 그 인물들에 대한 정보도 함께 기록되어 있습니다. 이를테면 가족관계, 직업, 용모, 성격 등이 그렇습니다. 그런데 유독 엘리야에 관하여 성경은 많은 정보를 제공하지 않습니다. 단 한 줄의 정보만 알려 줍니다.

길르앗에 우거하는 자 중에 디셉 사람 엘리야가⋯ 왕상 17:1

"길르앗에 우거하는 자", "디셉 사람", 이것이 엘리야에 대한 소개의 전부입니다. 길르앗은 요단 동쪽 편으로 멀리 떨어져 있는 시골 마을입니다. 그런데 사실은 길르앗도 엘리야의 고향이 아닙니다. 엘리야의 고향은 디셉입니다. 디셉은 열왕기를 제외하고는 성경 어디에도 등장하지 않는 지명입니다. 요즘으로 치면 내비게이션에 검색해도 나오지 않는 지역, '찾을 수 없는 지역'이 바로 디셉입니다.

그러니 당시 디셉 출신 엘리야는 어떤 인물이었을까요? 출신, 학벌, 혈연까지 아무것도 내세울 것이 없는 촌부(村夫)였습니다. 그런데도 그는 시대의 조류에 휩쓸리지 않고 어두운 시대에 별처럼 신앙을 지키며 자기 민족을 빛 가운데로 인도하는 하나님의 선한 도구로 살았습니다. 이러한 영향력을 지녔던 엘리야의 삶을 주목한다면 우리도 힘들고 어려운 시대에 하나님이 사용하시는 멋진 신앙의 사람으로 살아갈 수 있을 것입니다.

단, 엘리야의 신앙을 배우는 데 있어서 한 가지 기억해야 할 점이 있습니다. 성경이 한 인물을 기록할 때 그를 영웅으로 제시하거나 우상화하고 있지 않다는 사실입니다. 아브라함을 생각해 보십시오. 우리가 믿음의 조상이라 일컫는 아브라함은 사실 믿음과 전혀 상관이 없는 삶을 살던 사람이었습니다. 그의 아버지는 우상을 만드는 사람이었고, 따라서 아브라함은 어릴 적부터 아버지가 만든 우상을 대하며 살아왔습니다. 하나님은 그런 아브라함을 부르셨습니다.

하나님이 아브라함을 부르셨을 때 아브라함의 믿음은 출중하지 않았습니다. 아브라함은 그를 부르신 후에 아들을 주겠다고 하신 하나님의 약속을 제대로 믿지 않았습니다. 대신 그는 이리저리 넘어지고 갈팡질팡하는 삶을 살았습니다. 하나님이 아들을 주지 않으시자, 아브라함은 종을 통해 아들을 얻으려는 인간적인 방법을 택했습니다.

그럼에도 불구하고 하나님은 그에게 끝까지 아들을 주겠다고 약속하셨습니다. 아브라함과 그의 아내 사라는 그런 하나님을 의심했지만, 결국 하나님은 아브라함을 자신이 사랑하는 아들을 제물로 바치려는 믿음의 사람으로 변화시키셨습니다. 이처럼 하나님은 우리를 아브라함과 엘리야처럼 믿음의 본보기가 되는 신앙인으로 세워 가고자 하십니다.

그럼 엘리야에게서 배울 수 있는 신앙의 삶이란 무엇일까요? 신앙의 삶이란 믿음의 고백입니다. 믿음으로 하는 고백이 신앙의 첫걸음입니다. 신앙의 고백 없이 신앙의 삶은 불가능합니다. 엘리야는 어떤 신앙고백을 했을까요?

여호와가 나의 하나님이시다

길르앗에 우거하는 자 중에 디셉 사람 엘리야가 아합에게 말하되 내가 섬기는 이스라엘의 하나님 여호와께서 살아 계심을 두고 맹세하노니 내 말이 없으면 수년 동안 비도 이슬도 있지 아니하리라 하니라 왕상 17:1

"여호와가 나의 하나님이시다"라는 고백은 우리에게는 매우 친숙한 표현입니다. 그러나 이 고백은 당시로서는 폭탄선언이었습니다. 그 시대는 온 나라가 바알을 섬기던 시기였고, 이스라엘의 왕 아합은 권력을 동원하여 하나님 대신 바알을 숭배하도록 강요했습니다. 열왕기상 18장을 보면, 아합의 아내 왕비 이세벨은 아합과 함께 하나님을 섬기는 사람들을 색출하여 살해했습니다.

하나님을 신앙하면 목숨을 잃는 시대가 바로 엘리야가 살던 때였습니다. 오늘날로 치면, 예수를 믿으면 취업도 어려웠고, 국가에서 제공해 주는 모든 복지도 누리지 못했습니다. 게다가 예수를 믿기만 하면 무조건 감옥에 수용되었습니다. 이런 시대에 엘리야는 하나님을 향한 자신의 신앙을 용기 있게 고백한 것입니다. 이것이 신앙으로 사는 삶입니다. 신앙으로 산다는 것은 입술의 고백만이 아니라 삶으로 사는 것입니다.

이제 우리의 삶을 하나님 앞에 비춰 봅시다. "여호와가 나의 하나님이시다"라는 고백이 나의 삶에 있었는지, 아니면 돈 앞에 양심을 저버리고, 나의 유익을 위해 하나님조차 외면한 적은 없었는지 정직하게 점검해 보십시오.

엘리야라는 이름의 뜻은 '여호와가 나의 하나님이시다'입니다. 이름을 통해 엘리야의 부모 또한 하나님을 믿는 사람이었을 것이라고 추정됩니다. 아마도 엘리야의 부모에게는 자녀를 낳고 이름을 지을 때 "사랑하는 아이야, 너는 이 시대를 따라가지 말고 시류에 휩쓸리지 마라. 대신 항상 너의 이름대로 '여호와 하나님이 나의 하나님이시다'라는 사실을 기억하고 살아라"라는 바람이 있었을 것입니다. 그리고 엘리야도 부모의 바람대로 시류에 휩쓸리지 않고 "여호와가 나의 하나님이시다"라는 신앙고백을 하면서 살아갔습니다. 이것이 바로 신앙으로 사는 삶입니다.

우리의 삶을 한 번 돌아보아야 합니다. 어쩌다 한 번 교회에 와서 한 시간 예배드린다고 신앙의 삶을 사는 것이 아닙니다. 내 안에 "오직 여호와만이 나의 하나님이시다"라는 진실된 고백이 있는지 살펴보십시오.

여호와의 눈은 온 땅을 두루 감찰하사 전심으로 자기에게 향하는 자들을 위하여 능력을 베푸시나니 대하 16:9

하나님은 전심으로 자기에게 향하는 자, 세상 앞에서도 굴하지 않고 "오직 여호와만이 나의 하나님이시다"라고 고백하는 삶을 사는 자에게 능력을 주십니다. 그러므로 신앙고백은 세상을 이기는 능력이 됩니다.

이스라엘의 주인은 하나님이시다

당시 엘리야가 살던 시대에 이스라엘 백성은 하나님이 아닌 바알을 하나님처럼 믿고 섬겼습니다. 여기에는 한 가지 이유가 있습니다. 이스라엘 백성은 원래 유목민이었지만, 약속의 땅 가나안에 들어가면서 처음으로 농경 사회를 접하게 되었습니다. 그들은 새로운 환경에 크게 놀랐습니다. 늘 천막을 치며 들판 이곳저곳에서 양 떼와 소 떼를 몰던 그들이 이제 정착하여 밭을 일구고 농사를 짓게 되었습니다. 그들에게는 획기적인 변화였습니다.

그러나 여기서 문제가 발생합니다. 당시 가나안 사람들은 풍요로운 결실을 얻기 위해서 농경을 주관하는 신을 섬겨야 한다고 믿었습니다. 그 신이 바로 바알이었습니다. 시간이 흐르면서 이스라엘 백성 사이에서도 이러한 사상이 서서히 자리 잡기 시작했습니다.

'우리도 바알을 섬겨야 이 지역에서 살아갈 수 있겠구나. 우리도 바알을 섬겨야 이처럼 풍성한 복을 누릴 수 있겠구나.'

이런 환경에 처해 있다 보니 이스라엘 백성의 마음이 방향을 잡지 못하고 하나님으로부터 점점 멀어졌습니다. 결국 하나님을 떠나 바알을 섬기게 되었습니다. 이러한 시대에 엘리야는 "이스라엘의 주인은 여호와 하나님이시다"라고 선언했습니다. 하나님을 섬기지 않는 아합왕과 이스라엘 백성 앞에서 그들의 진정한 주인이 누구신지를 명확하게 선포했습니다. 이것이 신앙입니다.

우리도 이 사실을 기억해야 합니다. 그리스도인은 세상에 속한 자가 아니라 하늘에 속한 자입니다. 그리고 우리의 유일한 왕은 예수 그리스도이십니다. 우리는 세상의 권력이나 가치를 따르는 것이 아니라, 오직 만유의 주 되신 예수 그리스도를 삶의 주인으로 삼고 살아가야 합니다. 이것이 엘리야의 신앙고백을 통해 우리가 본받아야 할 신앙의 모습입니다.

사도행전 2장에는 오순절 날 기도하던 예수님의 제자들에게 성령이 강림하시는 사건이 기록되어 있습니다. 성령 충만해진 제자들은 이전과 달리 두려움 없이 세상을 향해 복음을 선포하기 시작했습니다. 그리고 그들이 선포한 복음의 중심 메시지는 바로 하나님과 그분의 아들 예수 그리스도였습니다.

그런즉 이스라엘 온 집은 확실히 알지니 너희가 십자가에 못 박은 이 예수를 하나님이 주와 그리스도가 되게 하셨느니라 하니라 행 2:36

'주'를 가리키는 헬라어 '퀴리오스'(κύριος)는 '주님', '주인'이라는 뜻입니다. 즉 '예수가 우리의 주인이시다'라는 의미입니다. 제자들은 복음을 듣는 이들에게 "우리가 섬겨야 할 유일한 분은 바로 예수이시다"라고 전했습니다. 우리 인생의 주인은 예수 그리스도이십니다. 삶을 살아가면서 우리가 생각하며 말하는 것, 계획하고 행동하는 것의 기준은 늘 예수 그리스도가 되어야 합니다.

우리는 주일을 보낼 때 흔히 '지킨다' 혹은 '성수한다'고 말합니다. 왜 우리는 7일 중에 이 한 날을 따로 구별해서 지키고 있을까요? 시간의 주인이 하나님이심을 고백하기 위해서입니다. 그래서 주일을 온전히 구별하여 하나님께 예배하는 날로 지키는 것입니다.

요즘은 보기 드문데, 과거에는 가게를 운영하는 분들 중에 "주일은 쉽니다"라고 적은 팻말을 가게 문에 거는 분들이 있었습니다. 그 이유는 주일의 주인은 하나님이시고 그 하나님이 바로 내 삶의 주인이심을 인정하기 때문입니다. 주일은 단순히 육신에 쉼을 주기 위해 가게 문을 닫는 날이 아니라, 주의 날이기에 가게 문을 닫고 하나님께 예배하며 삶의 전부를 하나님께 드렸던 것입니다. 이것이 그리스도인인 우리가 세상을 향해 드러내야 할 모습입니다.

십일조도 마찬가지입니다. 요즘 세상 사람들뿐만 아니라 성도들 가운데서도 십일조를 그리 달갑게 여기지 않는 이들이 많이 생겨나고 있습니다. 그러나 성경은 십일조에 대해서도 우리에게 확실한 메시지를 줍니다. 바로 물질의 주인이 하나님이시라는 것입니다. 십일조는 단순히 물질에만 국한되지 않습니다. 십일조는 우리가 소유한 모든 것이 나의 노력과 능력과 힘으로 얻은 것이 아님을 겸손하게 하나님께 고백하는 거룩한 행위입니다. 예를 들어, 하나님이 우리에게 노래하는 재능을 주셨다면 그 재능을 통해 교회를 섬기며 봉사하는 일은 우리가 가진 것을 하나님께 드리는 신앙의 고백이 됩니다. 이것을 우리는 '헌신'과 '봉사'라고 합니다.

특별히 하나님께 드리는 일에 있어서 주의해야 할 것이 있습니다. 교회 안에서의 섬김을 취미나 기분 또는 감정으로 해서는 안 된다는 것입니다. 내가 가진 것을 통해 온전히 하나님을 겸손하게 섬기는 것이 하나님을 향한 신앙의 고백이 된다는 것을 기억해야 합니다.

여호와 하나님은 살아 계신다

내가 섬기는 이스라엘의 하나님 여호와께서 살아 계심을 두고 맹세하노니 왕상 17:1

엘리야는 "내가 섬기는 하나님은 이스라엘의 하나님이실 뿐만 아니라 살아 계신 하나님이시다"라고 고백했습니다. 엘리야는 하나님의 살아 계심을 믿고 있었습니다. 엘리야가 고백한 "여호와는 살아 계신 하나님이시다"라는 말의 의미는 하나님이 우리와 같이 살아 계신다는 단순한 의미가 아니라, 하나님이 지금 우리의 삶 가운데 현존하고 계신다는 의미입니다. 예수님은 제자들과 무리에게 이렇게 말씀하셨습니다.

두세 사람이 내 이름으로 모인 곳에는 나도 그들 중에 있느니라

마 18:20

우리와 함께하겠다고 약속하신 예수님은 지금도 우리 곁에 살아 계십니다. 그리고 지금도 우리의 삶에 함께하시며 일하고 계십니다. 예수님은 살아 계시기에 우리의 모든 삶을 주장하시며 은혜로 감찰하고 계십니다. 살아 계신 주님! 이것이 우리가 예수님을 신앙하는 근본적인 이유입니다. 살아 계시지 않다면 우리가 예수님을 믿을 이유가 없습니다.

그가 하나님께서 정하신 뜻과 미리 아신 대로 내준 바 되었거늘 너희가 법 없는 자들의 손을 빌려 못 박아 죽였으나 하나님께서 그를 사망의 고통에서 풀어 살리셨으니 이는 그가 사망에 매여 있을 수 없었음이라

행 2:23-24

베드로의 오순절 설교는 "예수 그리스도는 살아 계신다"가 주된 메시지였습니다. 우리는 이 부분을 주목해야 합니다. 왜냐하면 하나님이

살아 계시기에 그리고 그분이 보내신 독생자 예수 그리스도가 우리와 함께 계시기에 지금 우리가 드리는 기도가 응답될 수 있는 것이기 때문입니다. 그분의 살아 계심이 우리를 도우시는 주님, 우리를 위로하시는 주님을 가능하게 합니다. 죽음은 절대로 활동성을 가질 수 없습니다.

사도신경에도 이와 같은 내용이 기록되어 있습니다.

전능하사 천지를 만드신 하나님 아버지를 내가 믿사오며
그 외아들 우리 주 예수 그리스도를 믿사오니
이는 성령으로 잉태하사 동정녀 마리아에게 나시고
본디오 빌라도에게 고난을 받으사 십자가에 못 박혀 죽으시고
장사한 지 사흘 만에 죽은 자 가운데서 다시 살아나시며
하늘에 오르사 전능하신 하나님 우편에 앉아 계시다가…

예수님은 하나님의 아들이시며, 인간의 몸을 입고 이 땅에 오셔서 위대한 구원의 사역을 이루셨습니다. 그분은 우리를 위해 십자가에 달려 죽으셨다가 다시 살아나셨고, 승천하셔서 하늘 보좌에 앉아 계십니다. 그리고 지금도 우리와 함께하시는 살아 계신 주님입니다. 주님은 밤낮 가리지 않고 우리를 감찰하시며, 항상 돌보십니다.

만약 우리가 믿는 대상이 아무리 부르고 찾아도 어떤 응답조차 할 수 없는 존재라면, 그를 믿을 이유가 전혀 없습니다. 그러나 우리가 믿는 하나님은 살아 계신 하나님이십니다. 따라서 하나님이 살아 계시다는 믿음의 고백을 삶의 현장에서 지속적으로 선포할 때 우리는 어떤 문제든 능히 이겨 낼 수 있으며, 두려움과 근심도 극복할 수 있습니다.

혹시 불안합니까? 늘 염려로 인해 두려워합니까? 그렇다면 내 안에 "하나님이 살아 계시다"라는 믿음의 고백이 희미해진 것은 아닌지 돌아보아야 합니다. 신앙고백은 단순히 이불 속에서의 속삭임에 머물러서는 안 됩니다. 신앙고백은 교회 안에서만 해야 하는 것도 아니며, 단순한 이론적 지식으로 남아서는 더욱 안 됩니다. 신앙고백은 기도할 때만 사용하는 형식적인 언어가 아닙니다. 진정한 신앙고백은 세상을 향한 담대한 선언이어야 하며, 우리 삶의 현장에서 매 순간 실제로 고백되어야 합니다.

얼마나 많은 그리스도인이 신앙의 고백을 교회 안에 가두어 두는지 모릅니다. 교회 안에서는 하나님의 살아 계심과 주 되심을 선포하면서 세상 속에서는 주저하고 있다면, 우리는 결국 교회 안에서만 하나님을 섬기는 것에 불과합니다. 그런 믿음은 교회를 벗어나면 흔적도 없이 사라지고 말 것입니다. 그러므로 교회에서뿐만 아니라 세상 속에서도 함께 신앙을 고백합시다.

"예수님은 살아 계십니다!"

"내 삶의 주인은 하나님이십니다!"

이 신앙의 고백을 삶 속에서 선포하며 살아갑시다. 주님은 "너희가 사람들 앞에서 나를 부끄러워하면 나도 아버지 앞에서 너희를 부끄러워할 것이다"라고 말씀하셨습니다(눅 9:26). 세상 앞에서 "여호와가 나의 하나님이시다"라고 당당하게 고백하며 신앙의 삶을 살지 않는 자를 하나님이 어떻게 기뻐하실 수 있겠습니까? 우리 모두 엘리야와 같이 세상에서 당당하게 신앙을 고백하며 인생을 하나님의 말씀에 걸 수 있기를 축복합니다.

2

광야, 신앙의 훈련장

왕상 17:5-7

우리는 앞 장에서 삶의 자리 가운데 신앙을 고백하는 것이 신앙의 출발이라는 사실을 살펴보았습니다. 그러나 세상의 저항을 견디면서 홀로 신앙을 고백하며 살아가는 일은 대단히 어렵고 힘든 일임이 틀림없습니다. 그럼에도 불구하고 그리스도인은 그 삶을 살아 내야 합니다. 왜냐하면 그리스도인이기 때문이며, 동시에 신앙이 세상의 담을 뛰어넘게 하기 때문입니다.

엘리야는 신앙을 고백하기 어려운 상황에서도 자신의 삶으로 신앙을 분명하게 드러낸 대표적인 인물입니다. 그는 자신이 믿는 하나님이 어떤 분이신지를 세상 앞에 확실하게 선포하며, 그 신앙을 삶으로 증명해 보였습니다.

길르앗에 우거하는 자 중에 디셉 사람 엘리야가 아합에게 말하되 내가 섬기는 이스라엘의 하나님 여호와께서 살아 계심을 두고 맹세하노니

내 말이 없으면 수년 동안 비도 이슬도 있지 아니하리라 하니라

왕상 17:1

당대 최고의 권력자를 비롯해 모든 사람이 바알을 섬길 때 홀로 하나님을 섬기겠다는 엘리야의 이 고백은 얼마나 멋집니까! 신앙고백 없이 신앙의 삶은 불가능합니다. 신앙을 고백할 때라야 비로소 신앙의 삶은 시작됩니다.

그런데 엘리야의 고백 이후에 좀 낯선 상황이 펼쳐집니다.

여호와의 말씀이 엘리야에게 임하여 이르시되 너는 여기서 떠나 동쪽으로 가서 요단 앞 그릿 시냇가에 숨고 그 시냇물을 마시라 내가 까마귀들에게 명령하여 거기서 너를 먹이게 하리라 왕상 17:2-4

1절에서의 엘리야의 고백과 이어지는 하나님의 이 명령이 조화를 이룬다고 생각됩니까? 1절에서 엘리야가 담대하고 용기 있는 신앙의 고백을 했다면 이후 이어지는 자연스러운 내용은 하나님의 칭찬이어야 마땅합니다. 그리고 어떤 면에서는 용기 있게 신앙을 고백한 엘리야에게 하나님이 보상해 주셔야 합니다. 그러나 하나님의 반응은 그렇지 않았습니다. "이곳을 빨리 떠나라. 그리고 저 요단 동편에 있는 그릿 시냇가로 가거라"라는 말씀이 엘리야를 향한 하나님의 반응이었습니다. 하나님은 왜 이렇게 말씀하셨을까요? 상식적으로 수용하기가 어렵습니다. 논리적으로도 받아들일 수 없는 상황입니다.

혹시 살면서 이런 경우를 경험해 본 적이 있습니까? 신앙으로 살려

고, 세상과 타협하지 않으려고 발버둥 치며 살았는데, 하나님은 왜 우리가 생각한 것과는 전혀 다른 상황을 연출하시는 것일까요? 혹 그런 상황 속에서 속상한 마음에 신앙적 갈등을 느낀 적은 없습니까? 그런데 만약 이해할 수 없는 이 상황이 하나님에 의해서 계획된 것이라면 어떤 생각이 듭니까? 더 받아들이기 어렵겠습니까, 아니면 하나님의 보이지 않는 뜻에 순종하는 자리로 나아오겠습니까?

하나님께 훈련받는 삶

사실 하나님은 1절에 나온 엘리야의 훌륭한 신앙고백을 듣는 것으로 만족하신 것이 아닙니다. 이어지는 18장에서처럼 엘리야를 더 큰 믿음의 자리까지 데리고 가기를 원하셨습니다.

18장에 어떤 사건이 기록되어 있습니까? 갈멜산 정상에서 외로운 영적 전사 엘리야가 하늘로부터 불을 내리고 패역한 이스라엘 백성을 하나님께로 되돌린 기념비적인 사건이 나옵니다. 엘리야는 그들로부터 "여호와 그는 하나님이시로다"(왕상 18:39)라는 고백을 끌어냈으며, 그들이 하나님의 일꾼으로 세워지기를 원했습니다. 이 모든 상황을 종합할 때 하나님은 엘리야를 이해할 수 없는 장소와 사건과 상황으로 몰아가시면서 그를 훈련시키신 것입니다.

멋진 신앙의 고백이 있고 엄청난 용기를 가지고 신앙의 삶을 살아감에도 신앙인에게 훈련이 필요한 이유는 무엇일까요? 하루아침에 성숙한 그리스도인이 될 수 없기 때문입니다. 성숙한 그리스도인은 태어나는 것이 아니라 하나님에 의해서 만들어집니다. 신분이 신앙의 수준을 결정할 수 없습니다. 예를 들어, 목사라는 신분이 목사의 수준을 만들지 않습니다. 신분이 주어진 이후에 하나님은 우리가 그 신분에 걸맞은 수준에 이르도록 끊임없이 우리를 훈련하고 연단하십니다. 그렇게 하나님은 하나님이 두려고 하시는 수준으로 우리를 데리고 가십니다. 이것이 하나님이 하나님의 사람들을 다루시는 방법입니다.

중생, 거듭남, 구원은 끝이 아니라 출발점입니다. 하나님을 알지 못한 채 살아온 한 인생은 예수 그리스도를 만남으로 죄인의 신분에서 하나님의 자녀로 새롭게 태어납니다. 그러나 그것이 끝이 아닙니다. 이제 그 시점부터 세상 사람이 아닌 하나님의 사람으로 사는 삶이 시작됩니다.

출애굽은 종결이 아닙니다. 출애굽은 가나안을 향한 행진의 시작입니다. 하나님은 이스라엘 백성이 애굽 땅에서 고통과 고난 중에 있었기에 단지 그곳에서 건져 내기 위해 그들을 이끌어 내신 것이 아닙니다. 하나님은 그들을 고난의 자리에서 건져 내실 뿐만 아니라 가나안으로 데리고 가려고 하셨습니다. 이것이 하나님의 계획, 하나님의 목표였습니다. 그러므로 출애굽은 시작인 것입니다.

그렇다면 신앙의 삶이란 무엇일까요? 매일 하나님께 훈련받으며 살아가는 것이 신앙의 삶입니다. 즉 신앙의 삶을 산다는 것은 그리스도인이 된 내가 매 순간 하나님이 원하시는 모습으로 훈련받으며 살아간다는 의미입니다.

우리가 살고 있는 시대의 특징이 무엇입니까? 한때 '욜로'(YOLO, You Only Live Once)라는 말이 유행했습니다. '한 번뿐인 인생이니까 오늘을 즐기며 살아라'라는 의미입니다. 시간이 흐르면서 사람들은 이 단어를 직접 사용하지는 않지만, 여전히 '현재를 즐기자'라는 가치관을 가지고 살아가고 있습니다. 이와 더불어 최근 '워라밸'(Work-Life Balance, 일과 삶의 균형)을 넘어서 '워라블'(Work-Life Blending)이라는 개념이 등장했습니다. 일과 삶을 완전히 분리하는 것이 아니라, 내가 원하는 방식으로 일과 삶을 조화롭게 섞어 살겠다는 것입니다. 즉 일도 나의 즐거움을 위해 하고, 돈도 나의 경험을 위해 버는 등 모든 삶의 중심이 '나의 행복'이 되는 흐름입니다.

또한 '갓생'(God-Life)이라는 말도 유행하고 있습니다. 이는 성경적 의미의 '거룩한 삶'과는 전혀 다른 개념으로, 자신이 정한 목표를 철저히 실천하며 자기 계발에 집중하는 삶을 의미합니다. 열심히 살고 부지런하게 관리하는 것은 중요합니다. 하지만 그 방향이 하나님을 향한 것이 아니라 철저히 자기 자신을 향해 있다면, 결국 신앙과는 다른 삶의 방식이 될 수 있습니다. 이처럼 시대의 흐름은 바뀌어도, 핵심은 같습니다. 모든 것이 '나를 위해, 나의 행복을 위해' 존재해야 한다는 것입니다.

누군가에게는 이러한 가치관이 설득력 있게 들릴 수도 있습니다. 하지만 하나님의 생각과 방법은 세상의 방식과 다릅니다. 하나님이 누구십니까? 하나님은 우리의 인생을 훈련하고 다듬어 가시는 분입니다. 하나님의 백성은 순간의 즐거움이나 자기 자신만을 위한 삶을 살아가는 존재가 아닙니다. 그리스도인인 우리는 하나님이 원하시는 길을 따라, 하나님께 훈련받으며 살아가야 합니다.

성경에 나오는 수많은 사람은 하나님의 훈련을 받은 이들입니다. 성경에 등장하는 수많은 사건은 하나님의 백성과 하나님의 사람들을 훈련하는 내용입니다.

하나님은 모세를 광야로 내몰아 광야 학교에서 철저히 훈련받게 하시고, 그 뒤 이스라엘의 지도자로 세우셨습니다. 또 하나님은 요셉을 애굽이라는 훈련장에 보내어 온갖 연단의 과정을 거치게 하심으로 믿음의 사람으로 만들어 내셨습니다. 다윗은 어떠했습니까? 사울에 의해 쫓기고 쫓기는 삶을 견디며 이기도록 하셨습니다. 이 과정에서 다윗은 사울의 위협을 피하려고 침을 흘리면서 정신병자 노릇을 하기도 했습니다. 다윗이 이처럼 처참한 상황에 처한 까닭은 하나님의 훈련 때문이었습니다. 마침내 하나님은 다윗을 '하나님의 마음에 맞는 자'로 세우셨습니다.

No training, No Christian! 훈련 없는 그리스도인은 없다!

신앙의 훈련이 곧 신앙의 삶입니다. 신앙의 삶을 산다는 말은 끊임없이 신앙의 훈련을 받는다는 의미입니다.

순종의 훈련

그렇다면 엘리야에게서 배울 수 있는 하나님의 훈련의 내용은 무엇일까요? 열왕기상 17장에는 하나님의 훈련장이 등장합니다.

여호와의 말씀이 엘리야에게 임하여 이르시되 너는 여기서 떠나 동쪽으로 가서 요단 앞 그릿 시냇가에 숨고 그 시냇물을 마시라 내가 까마귀들에게 명령하여 거기서 너를 먹이게 하리라 왕상 17:2-4

엘리야를 훈련하시기 위한 하나님의 훈련장은 두 곳이었습니다. 그릿 시냇가와 시돈에 속한 사르밧입니다. 하나님은 먼저 그릿 시냇가에서 엘리야에게 순종의 훈련을 시키셨습니다. 그 이유가 무엇입니까?

엘리야는 가장 격동의 시기에 역사의 무대에 불쑥 등장합니다. 그리고 수년 동안 비도 이슬도 없을 것이라고 선언합니다(왕상 17:1). 그런데 말씀을 자세히 보면, 이때 하나님이 그렇게 하라고 말씀하셨다는 언급이 전혀 없습니다. 이후 말씀을 보면 이스라엘에 가뭄이 닥친 기간은 3년이었습니다.

많은 날이 지나고 제삼년에 여호와의 말씀이 엘리야에게 임하여 이르시되 너는 가서 아합에게 보이라 내가 비를 지면에 내리리라 왕상 18:1

엘리야는 정확히 3년이라고 말하지 않았습니다. 그런데 하나님은 엘리야의 선포 후에 3년이 지난 시점에서야 "내가 비를 지면에 내리리라"라고 말씀하셨습니다.

내가 참으로 너희에게 이르노니 엘리야 시대에 하늘이 삼 년 육 개월간 닫히어 온 땅에 큰 흉년이 들었을 때에 이스라엘에 많은 과부가 있었으되 눅 4:25

누가복음을 보면, 엘리야 당시 하늘이 닫혀 온 땅에 큰 흉년이 들었고 이로 인해 그 땅에 많은 과부가 생겨난 기간이 3년 6개월이라고 말합니다. 야고보서도 "엘리야는 우리와 성정이 같은 사람이로되 그가 비가 오지 않기를 간절히 기도한즉 삼 년 육 개월 동안 땅에 비가 오지 아니하고"(5:17)라고 기록하고 있습니다. 정리하면, 열왕기에 기록된 3년과 신약에 언급된 3년 6개월 사이에 적어도 6개월의 시간적 간격이 존재함을 알 수 있습니다. 그렇다면 이 6개월의 공백은 어떤 의미를 가질까요?

엘리야는 하나님의 선지자입니다. 선지자는 하나님의 뜻을 백성에게 전달하고, 그들을 하나님이 원하시는 길로 인도하는 사명을 맡은 자입니다. 오늘날의 목회자와 같은 역할을 했다고 할 수 있습니다. 엘리야는 타락해 가는 이스라엘 백성의 모습을 보며 깊이 고통스러워했습니다. 아무리 말씀을 전해도 그들은 귀를 닫고 바알을 섬겼습니다. 더군다나 아합왕은 권력을 이용해 이스라엘 백성이 바알을 숭배하도록 조장하고 억압했습니다. 그 모습을 지켜보던 엘리야는 하나님께 간절히 기도했습니다.

"하나님, 이 패역한 이스라엘 백성이 깨닫고 하나님께 돌아오게 해 주십시오. 제가 아무리 말해도 그들은 귀를 막고 듣지 않습니다. 주여, 그들을 징계하셔서 깨닫게 하시고, 하늘을 닫아 비가 내리지 않게 해 주십시오."

엘리야의 간절한 기도대로 하늘이 닫히고 가뭄이 지속되었습니다. 한 달, 두 달, 석 달, 넉 달이 지나자, 엘리야는 '아! 하나님이 이 방법을 사용하시는구나!'라는 확신을 갖게 되었습니다. 그리고 그 확신을 가지고 아합왕 앞에서 담대히 선포했습니다.

내 말이 없으면 수년 동안 비도 이슬도 있지 아니하리라 왕상 17:1

얼마나 대단한 확신과 용기입니까? 그러나 바로 이것이 하나님이 엘리야를 훈련하셔야 했던 이유입니다. 왜냐하면 신앙의 삶은 열심과 용기만으로 완성되는 것이 아니기 때문입니다. 엘리야에게는 불타는 신앙의 열정과 결단이 있었지만, 그것만으로는 온전한 신앙의 삶을 살아갈 수 없습니다. 진정한 신앙의 삶은 하나님의 말씀에 의해 철저히 다스림을 받고 순종할 때 이루어지는 것입니다. 신앙의 삶은 하나님의 다스림을 받는 삶입니다. 신앙은 열정과 결기만으로 되지 않습니다. 내 몸을 불사르게 내어 준다고 할지라도 하나님의 말씀에 온전히 다스림을 받지 않으면 절대로 신앙으로 인정받을 수 없습니다.

하나님은 엘리야가 영웅적인 기질만으로 살기를 원하지 않으셨습니다. 하나님은 엘리야가 호탕함과 담대함만으로 사는 사람이기를 원치 않으셨습니다. 대신 어떤 상황에서도 하나님의 말씀에 온전히 순종하는, 하나님의 말씀에 다스림을 받는 사람이 되기를 원하셨습니다. 그래서 하나님은 이해할 수 없는 환경인 그릿 시냇가로 엘리야를 몰아넣으셨습니다. 그리고 비합리적이고 비상식적이며 비논리적인 상황을 통해 엘리야를 온전히 순종하는 자로 훈련하셨습니다. 이러한 하나님의 이끄심에 엘리야는 순종했습니다.

> 그가 여호와의 말씀과 같이 하여 곧 가서 요단 앞 그릿 시냇가에 머물매
> 왕상 17:5

내 기준, 내 생각, 내 계획과 다를지라도 하나님이 말씀하시면 따르는 것이 바로 순종입니다. 대개 사람들은 하나님의 말씀과 내 기준이 맞아떨어질 때만 순종하고, 내 생각에 하나님의 말씀이 맞지 않으면 잘 순

종하지 않습니다. 이런 사람들은 외적으로는 하나님께 잘 순종하고 신앙으로 사는 사람 같은데, 실상은 불신앙의 삶을 사는 이들입니다. 전적 순종이 아닌, 필요적 순종의 삶을 사는 이유는 바로 신앙적 순종의 훈련을 받지 않아서입니다. 우리의 열심, 생각, 감정, 결단보다 말씀이 우선되어야 비로소 참된 신앙인으로 살아갈 수 있습니다.

하나님 앞에서 내 의지와 계획이 꺾여 본 적이 있습니까? 인생을 살면서 내 계획과 내 뜻대로 되지 않는 순간을 많이 경험해 보았을 것입니다. 그런 상황을 맞이할 때, 그 시간은 우리를 향한 하나님의 징계의 시간이 아니라 훈련의 시간임을 믿어야 합니다.

단절의 훈련

하나님은 엘리야를 그릿 시냇가로 보내 순종의 훈련을 시키시는 동시에, 세상과 단절하고 오직 하나님께만 집중하는 단절의 훈련을 시키셨습니다.

> 너는 여기서 떠나 동쪽으로 가서 요단 앞 그릿 시냇가에 숨고
>
> 왕상 17:3

지금 하나님이 엘리야를 보내신 장소는 그릿(כְּרִית)입니다. '그릿'은 원어 그대로 발음하면 '케리트'(Kerith)입니다. '케리트'는 '자르다', '끊다'라는 뜻의 히브리어 동사 '카라트'(כָּרַת)에서 파생되었으며, 이는 세상과의 단절을 의미합니다. 즉 철저하게 자신을 내려놓고, 세상의 모든 것으

로부터 단절됨을 뜻합니다.

하나님은 왜 엘리야를 그릿으로 보내셨을까요? 그 이유는 단절의 장소에서 온전히 하나님께만 집중하도록 하시기 위함입니다. 하나님은 엘리야가 더 깊이 하나님을 보고, 알고, 경험하게끔 다른 모든 것과 단절된 그릿으로 그를 보내셨습니다.

그렇다면 우리는 단절을 어떻게 받아들여야 할까요? 사람들은 대개 고립과 단절을 두려워합니다. 혼자 있는 시간을 견디지 못하고 늘 누군가와 연결되어 있어야 안심합니다. 그럼에도 불구하고 왜 하나님은 우리를 단절된 곳, 고립된 곳으로 이끄시는 것일까요?

첫째로, 우리는 단절된 곳, 고립된 곳에서 기적을 베푸시는 하나님을 만날 수 있기 때문입니다.

그 시냇물을 마시라 내가 까마귀들에게 명령하여 거기서 너를 먹이게 하리라 왕상 17:4

시냇물을 마시고 까마귀가 날라다 주는 음식을 먹고 사는 것이 가능한 일일까요? 절대로 가능하지 않습니다. 만약 가능하다면 그것은 기적입니다. 그런데 성경은 실제로 그 일이 이루어졌다고 말합니다. 하나님의 기적이 나타난 것입니다. 이어지는 구절을 보면 까마귀들이 먹을 것을 한 번 제공한 것이 아니라 지속해서 전달했습니다.

까마귀들이 아침에도 떡과 고기를, 저녁에도 떡과 고기를 가져왔고 그가 시냇물을 마셨으나 왕상 17:6

레위기 11장 15절에서 까마귀는 부정한 짐승으로 기록되어 있습니다. 그래서 이스라엘 백성은 부정을 피하고자 까마귀와 접촉하지 않았습니다. 그런데 하나님은 부정한 짐승 까마귀의 입에 엘리야가 먹을 떡과 고기를 물려서 전달하십니다. 까마귀는 어떤 음식을 입에 물어 다른 곳으로 옮겨다 줄 수 있을 만큼 영리한 짐승이 아닙니다. 그런 까마귀가 떡과 고기를 아침에도, 저녁에도, 다음 날은 물론 몇 달간이나 가져다줍니다. 단절의 장소가 아니었다면 엘리야는 이런 기적의 하나님을 체험할 수 없었을 것입니다.

엘리야는 단절의 장소에서 훈련받았습니다. 그리고 이 시간을 통해 기적을 베푸시는 하나님을 경험했습니다. 우리에게 역시 단절의 훈련 시간이 주어진다면 반드시 기억해야 할 사실이 있습니다.

"단절의 시간은 하나님의 기적을 경험하는 시간이다."

단절의 훈련을 통해 우리는 하나님의 기적을 볼 수 있을 뿐 아니라 하나님의 섭리를 깨닫게 됩니다. 다시 말해, 하나님의 일하심에는 측량할 수 없는 오묘함이 있습니다. 예를 들어, 하나님은 왜 하필 까마귀를 통해 엘리야에게 음식을 공급하셨을까요? 까치도 있고, 화려한 팔색조도 있고, 온갖 귀한 새들이 많은데 왜 부정한 짐승으로 여겨지는 까마귀였을까요? 이것이 바로 하나님의 섭리입니다.

당시 엘리야가 신앙을 선포한 후 이스라엘에는 '엘리야 색출령'이 내려졌습니다. 왕과 백성들이 그를 잡으려 혈안이 된 상황에서, 사람을 통해 음식을 공급받는 것이 가능했을까요? 만약 가능했다 해도, 몇 번이나 안전하게 전달될 수 있었겠습니까? 뿐만 아니라 짐승들이 음식을 물고 들락날락한다면 사람들의 관심이 그곳으로 쏠릴 수밖에 없고, 결국 엘리야의 은신처는 발각되고 말았을 것입니다.

하지만 엘리야가 숨어 있던 그릿 시냇가에는 까마귀들만 날아다녔습니다. 부정한 새로 여겨지는 까마귀들이 있는 곳에 사람들이 쉽게 접근했을 리 없습니다. 아무도 관심을 두지 않았고, 그 덕분에 엘리야는 안전하게 보호받을 수 있었습니다. 이것이 하나님의 기가 막힌 섭리입니다.

우리의 시선으로 보면 '왜 하나님이 부정한 까마귀를 사용하셨을까?' 하고 의문을 가질 수 있습니다. 그러나 하나님은 우리의 상식을 뛰어넘어 일하시는 분입니다. 엘리야도 이 사실을 배웁니다. 함부로 판단하면 안 된다는 것과 자신의 기분, 감정, 지식으로 쉽게 결단하고 쉽게 행동하면 안 된다는 것을 배운 것입니다. 이 시간을 통과한 엘리야의 신앙은 어떻게 되었을까요? 신앙의 폭이 넓어지고 깊이가 더해졌을 것입니다. 그래서 하나님은 우리에게도 이 같은 단절의 장소에서의 훈련을 허락하십니다.

둘째로, 하나님은 단절의 장소에서 우리에게 하나님의 신실하심을 가르쳐 주시기 때문입니다. 하나님은 절대로 실언하시는 분이 아닙니다. 하나님은 한 번 말씀하시면 그 내용이 어떠하든지 간에 반드시 지키십니다. 엘리야는 그릿에서 이 사실을 배웁니다.

> 그 시냇물을 마시라 내가 까마귀들에게 명령하여 거기서 너를 먹이게 하리라 왕상 17:4
> 까마귀들이 아침에도 떡과 고기를, 저녁에도 떡과 고기를 가져왔고 그가 시냇물을 마셨으나 왕상 17:6

앞서 살펴보았듯이, 실제로 하나님은 까마귀들을 통해 엘리야에게 먹을 양식을 공급해 주셨습니다. 이처럼 하나님은 말씀하신 그대로 이루어 가시는 신실하신 하나님입니다. 엘리야는 단절의 공간인 그릿에서 하나님의 신실하심을 배우고, 이를 통해 더욱 굳건한 믿음을 가지게 됩니다. 이후 그는 불과 물 가운데서도 하나님의 약속을 붙잡고, 겁 없이 바알과 아세라 선지자들과 맞서 싸우게 됩니다.

단절의 훈련은 고독과 외로움의 훈련입니다. 이 훈련은 모든 것으로부터 버림받은 것 같고, 도움을 얻을 곳이 어디에도 없다고 느껴질 지경에까지 우리를 몰아넣어 하나님을 제대로 배우게 하는 특수 훈련입니다.

혹시 지금 삶이 이러한 상황에 처해 있지는 않습니까? 마치 세상에 홀로 남겨진 것처럼 느껴질 때, 도움을 청할 곳도, 기댈 곳도 없어 막막할 때, 심지어 가장 가까운 사람마저 남처럼 느껴져 외롭고 힘들 때, 절망 속에서 '죽음 외에는 답이 없다'고 느껴질 때, 그때 기억하십시오. 하나님이 바로 당신을 단절의 훈련장으로 이끌고 계십니다. 그곳에서 하나님을 배우라고 하십니다. 그리고 하나님은 순종하는 우리에게 기적의 하나님으로 나타나실 것입니다. 이는 지금까지 귀로 듣기만 했던 것을 이제는 눈으로 보게 하시려는 하나님의 이끄심입니다(욥 42:5).

1970년대 미국 제37대 대통령인 리처드 닉슨(Richard Nixon)의 젊은 보좌관 중 한 명이었던 찰스 콜슨(Charles Colson)은 뛰어난 검사 출신으로, 닉슨의 정책을 가까이에서 보좌하는 정책보좌관이었습니다. 탁월한 정치 감각 덕분에 사람들은 그를 '냉혹한 정치 공작가'라고 부르기도 했습니다.

콜슨은 닉슨에게 절대적인 충성을 다했지만, 하나님을 알지 못했습니다. 그의 정치적 행보는 철저히 현실적이고 반기독교적인 정책들로 가득했습니다. 그러나 워터게이트 사건에 연루되면서, 그는 인생에서 가장 어두운 시간을 맞이하게 됩니다. 억울하게 옥살이를 하게 된 콜슨은 감옥에서 완전한 단절의 시간을 겪습니다. 상상할 수 없는 절망의 나락으로 떨어졌습니다.

그러나 감옥에서 성경을 읽기 시작하면서, 그는 하나님을 인격적으로 만나게 되었습니다. 다른 죄수들과 함께 기도 모임에 참여했고, 네비게이토 선교단체를 통해 제자훈련을 받으며 거듭난 신자가 되었습니다. 이후 그는 자신의 극적인 변화를 담아 《백악관에서 감옥까지》(Born Again, 홍성사, 2003)라는 책을 저술했습니다.

약 30년 후 2000년대 초반, 콜슨은 다시 백악관으로 돌아오게 됩니다. 당시 제43대 미국 대통령인 조지 W. 부시(George W. Bush)가 콜슨의 지혜와 경험이 필요해 그를 초청했습니다. 연로한 나이에도 불구하고 콜슨은 백악관에서 다시 중요한 정책을 수립하는 역할을 맡았습니다. 그러나 과거와 달리, 이제 그가 수립한 정책들(수단 내전 종식을 위한 정책, 전 세계 성인신매매 근절 정책 수립, 세계 에이즈 확산 방지 정책을 UN에 제출 등)은 기독교적 가치에 기반했습니다. 그는 과거와는 전혀 다른 '하나님의 사람'이 되어 세상을 변화시키는 일들을 감당했습니다.

콜슨이 감옥에서 보낸 기간은 결코 헛된 시간이 아니었습니다. 그것은 단순한 실패나 시련이 아니라, 철저하게 하나님께 훈련받는 시간이었습니다. 하나님은 그를 사용하기에 합당한 사람으로 만들어 가셨습니다.

이처럼 신앙의 삶은 훈련받는 삶이어야 합니다. 우리는 훈련을 두려워하지 말아야 합니다. 훈련을 통해 우리 역시 엘리야와 같은 신앙의 삶을 살아가게 됩니다. 성경은 그릿 시냇가에서 하나님께 훈련받던 엘리야의 상황을 이렇게 기록합니다.

> 땅에 비가 내리지 아니하므로 얼마 후에 그 시내가 마르니라 왕상 17:7

시냇물이 마를 때를 생각해 보십시오. 시냇물은 갑자기 마르는 것이 아닙니다. 흐르던 물이 점차 줄어들고, 바닥의 돌들이 서서히 드러나면서, 결국 완전히 말라 버립니다. 엘리야가 처한 현실은 분명 어려운 상황이었습니다. 그릿 시냇가에 머물며 하나님의 공급을 경험했지만, 이제는 그 시냇물이 말라 버렸습니다. 이때 엘리야는 하나님께 원망할 수도 있지 않았을까요?

'하나님, 이러려고 저를 여기까지 보내셨습니까? 처음부터 이곳에서 죽게 하시지 그러셨어요.'

그러나 성경을 보면, 시냇물이 마른 후에도 엘리야는 아무 말도, 아무 행동도 하지 않았습니다. 그는 조급해하지 않았고, 자기 뜻대로 움직이지도 않았습니다. 단지 하나님의 말씀을 기다리며 그 자리에서 침묵했습니다. 그리고 드디어 하나님의 말씀이 엘리야에게 임합니다.

> 여호와의 말씀이 엘리야에게 임하여 이르시되 너는 일어나 시돈에 속한 사르밧으로 가서 거기 머물라 내가 그곳 과부에게 명령하여 네게 음식을 주게 하였느니라 왕상 17:8-9

시냇물이 마르는 순간에도 엘리야는 요지부동이었습니다. 하나님이 말씀하시기 전까지 그는 어떤 결정도 내리지 않았습니다. 이것이 바로 훈련받은 자의 태도입니다. 엘리야는 이 훈련을 통해 하나님의 말씀을 최우선으로 생각하는 법을 배웠습니다. 시냇물이 점점 말라 가는 상황에서도, 그는 인간적인 판단으로 움직이지 않았고, 하나님의 때를 기다렸습니다. 얼마나 멋진 신앙의 모습입니까?

　　우리는 하나님이 우리의 필요를 채워 주실 때, 혹은 높은 데 앉게 하실 때만 기뻐하는 신앙인이 되어서는 안 됩니다. 때로 시냇물이 말라 가는 상황에서도 하나님 한 분만을 온전히 신뢰하는 삶을 살아야 합니다. 우리가 믿는 하나님은 우리를 실망시키신 적이 단 한 번도 없습니다. 또 하나님은 언제나 공평과 은혜로 우리를 지켜 주십니다. 이런 하나님을 찬양하는 삶은 진정 하나님이 기뻐하시는 가치 있는 삶입니다. 하나님은 우리가 하나님의 훈련을 통해 신앙의 삶을 살기 원하십니다. 이 사실을 기억하면서, 하나님이 베푸시는 신앙의 훈련을 사모해야 합니다.

3

연단, 성장으로 가는 계단

왕상 17:8-16

한 송이의 국화꽃을 피우기 위해
봄부터 소쩍새는 그렇게 울었나 보다

한 송이의 국화꽃을 피우기 위해
천둥은 먹구름 속에서
또 그렇게 울었나 보다

...

노오란 네 꽃잎이 피려고
간밤엔 무서리가 저리 내리고
내게는 잠도 오지 않았나 보다

국민 애송시인 서정주 시인의 "국화 옆에서" 중 일부입니다. '봄부터 울던 소쩍새의 소리'는 꽃을 피우기 위해 수고하고 인내하는 과정을 묘사한 표현입니다. '먹구름 속에서 들려오는 천둥'은 아름다운 결과를 만들어 내기 위해 시련과 연단의 시간을 견뎌야 함을 의미합니다. 국화는 꽃의 아름다움을 위해 서리도 견디고 불면의 시간도 지나왔습니다.

국화뿐만이 아닙니다. 모든 꽃이 많은 인고의 시간을 거쳐서 더욱 더 아름답고 귀하게 그 꽃잎을 틔워 냅니다. 한 사람의 인생도 마찬가지입니다. 연단과 시련의 시간은 힘들고 고통스럽지만, 그 과정 없이는 결코 좋은 결과를 얻을 수 없습니다. 가공의 과정 없이 아름다운 보석은 탄생할 수 없듯이, 사람도 깎이고 다듬어져야 마침내 가치 있는 보석 같은 존재가 되는 것입니다.

훈련받지 않은 병사가 전쟁에서 쓸모가 있을까요? 훈련 없는 병사는 무용지물입니다. 엘리야의 경우도 마찬가지입니다. 엘리야는 처음부터 영웅이 아니었습니다. 하나님에 의해 철저하게 훈련받고 다듬어진 결과, 비로소 우리에게 영웅으로 소개됩니다.

거듭남, 중생, 구원은 하나님이 우리에게 주신 선물입니다. 이것을 은혜라고 합니다. 하지만 하나님이 구원을 선물로 주셨다고 해서 신앙의 삶이 저절로 이루어지는 것은 아닙니다. 신앙의 삶은 철저하게 훈련으로 만들어집니다. 그리스도인이 신앙으로 산다는 것은 하나님에 의해 철저히 훈련받는 삶을 산다는 의미입니다. 신앙생활은 단순히 교회를 출석하는 것을 넘어서, 하나님에 의해 다듬어지는 삶을 사는 것입니다.

내가 서 있는 곳 모두 훈련의 현장

현재 우리가 살아가는 시간은 하나님이 다듬고 연단하시는 훈련의 과정이며, 우리가 서 있는 장소는 하나님이 우리를 훈련하시는 현장입니다. 우리가 부딪히고 경험하는 모든 삶의 상황과 조건은 하나님이 우리를 훈련하시는 프로그램입니다. 하나님은 먼저 그릿이라는 장소에서 엘리야를 훈련하셨습니다. 그 순종의 훈련을 통해 하나님은 엘리야가 하나님의 사람이 되기를 원하셨습니다. 그곳에서 철저한 단절을 경험하게 하셔서 온전히 하나님께 주목하도록 하셨습니다.

학교에서 선생님이 학생들을 가르칠 때 가장 많이 사용하는 말은 "주목"입니다. 선생님께 집중해야 배울 수 있기 때문입니다. 선생님은 학생들의 시선을 돌려 자신에게만 집중하도록 합니다. 마찬가지로 하나님도 우리를 하나님의 사람으로 만들기 위해 종종 그릿이라는 단절의 현장으로 몰아넣으십니다.

엘리야는 단절의 장소인 그릿에서 기적을 베푸시는 하나님을 경험했습니다. 상상할 수 없는 일들이 그곳에서 이루어지는 것을 보며, 엘리야는 머리로만 알고 있던 하나님을 실제로 체험하게 됩니다. '까마귀를 통해 매일 먹을 것을 주실 수 있는 분이 하나님이시구나!'라는 사실을 그릿에서 배웁니다. 그뿐만 아니라 하나님이 일하시는 방법이 얼마나 신묘막측하고 오묘한지를 깨닫습니다. 이러한 훈련 과정을 통해 우리는 하나님을 더 깊이 알아 가고, 하나님의 사람으로 빚어집니다.

하나님은 우리를 세상과 단절시키고 외롭고 고독한 상황에 처하게 하시지만, 그것은 우리로 하나님을 더 깊이 경험하게 하시기 위함입니다. 엘리야가 그릿에서 하나님의 기적을 경험한 것처럼, 우리도 우리의 그릿에서 하나님의 놀라운 일하심을 경험하게 됩니다.

'하나님은 왜 하필 기분 나쁘게 까마귀를 통해 먹을 것을 주시지? 까마귀는 부정한 짐승인데…'라는 불만이 엘리야에게 있을 수도 있었습니다. 그러나 앞서 언급했듯이 하나님은 까마귀를 통해 음식을 전해 주심으로써 그릿에 피신해 있는 엘리야의 안전을 지켜 주셨습니다. 사람이 드나들었다면, 혹은 사람들이 탐내는 짐승이 왔다 갔다 했다면 사람들이 그곳을 주목했을 것입니다. 하지만 부정한 짐승인 까마귀가 노는 곳에 사람들은 관심을 두지 않았습니다. 이것이 하나님이 일하시는 방법입니다. 하나님의 계획은 사람의 이해를 초월합니다. 엘리야는 사방이 가로막힌 단절의 현장인 그릿 훈련장에서 이를 배웠습니다.

'기가 막히는구나. 그래서 하나님이 나를 그릿으로 보내 그곳에 숨어 있으라 하시고, 까마귀를 통해 음식을 주겠다 하시며, 시냇물을 마시라 하셨구나.'

사람의 상식으로는 불가능한 일입니다. 하나님이 사랑하는 사람을 대하시는 방식이 어떻게 이럴 수 있을까요! 까마귀는 잡식 동물로, 생고기나 썩은 고기도 먹습니다. 그런 까마귀가 엘리야에게 떡과 고기를 물어다 준다는 것은 불가능해 보입니다. 그러나 그 일이 이루어지는 것을 보면서 엘리야는 '하나님은 실언하는 분이 아니시구나! 하나님은 약속하신 것을 철저히 지키시는 신실하신 분이구나' 하며 하나님의 신실하심을 배웁니다.

그렇게 엘리야의 1단계 훈련이 끝나고, 2단계 훈련장인 사르밧에서 엘리야의 훈련은 계속됩니다. '사르밧'은 히브리어로 '차르파트'(צָרְפַת)라는 단어로, '제련소'라는 뜻이 있습니다. 철을 녹여 만드는 곳입니다. 히브리어 원어를 아는 사람들에게 이 이름은 큰 의미와 감동을 줍니다. 즉 '하나님이 그릿에서 엘리야를 훈련하시더니 이제는 사르밧으로 데리고 가시는구나. 엘리야를 녹여서 새로운 엘리야로 만들어 내려고 하시는구나!'라는, 하나님의 일하심에 대한 기대가 생기는 것입니다.

하나님이 왜 엘리야를 다시 사르밧으로 보내셨는지는 우리도 상상해 볼 수 있습니다. 하나님은 엘리야를 하나님이 사용할 귀한 도구로 만드시려는 것입니다. 철은 잘 녹지 않지만, 하나님은 그 철을 녹여서 새로운 철로 만드십니다. 하나님은 신앙의 성품을 만들고, 새로운 인격을 빚어내며, 굳센 믿음으로 제련하시려고 엘리야를 사르밧으로 옮기셨습니다.

> 여호와의 말씀이 엘리야에게 임하여 이르시되 너는 일어나 시돈에 속한 사르밧으로 가서 거기 머물라 내가 그곳 과부에게 명령하여 네게 음식을 주게 하였느니라 왕상 17:8-9

이와 비슷한 말씀이 이전 구절에도 나왔습니다.

> 너는 여기서 떠나 동쪽으로 가서 요단 앞 그릿 시냇가에 숨고 그 시냇물을 마시라 내가 까마귀들에게 명령하여 거기서 너를 먹이게 하리라 왕상 17:3-4

하나님이 그릿으로 엘리야를 보내실 때도 같은 말씀을 하셨습니다. 똑같은 패턴인데, 장소와 방법만 달라졌습니다. 까마귀를 통하여 먹을 것을 주겠다 하신 하나님은 이제 과부를 통하여 먹을 것을 주겠다고 하십니다. 하나님은 왜 엘리야가 이런 상황을 겪게 하셨을까요? 이런 명령을 받았을 때, 엘리야는 '부질없는 일을 왜 또 해야 하나?'라는 생각을 하지는 않았을까요? 그러나 하나님은 엘리야에게 다시 사르밧으로 가라고 명령하셨습니다. 이것이 하나님이 하나님의 사람들을 훈련하시는 방식입니다.

그렇다면 하나님이 행하시는 훈련의 성격과 특성은 무엇일까요?

반복의 훈련

하나님은 하나님의 백성을 훈련하실 때 한 번의 훈련으로 끝내지 않으시고 반복적으로 훈련하십니다. 훈련의 특성은 반복입니다. 같은 일을 계속 반복하는 것이 훈련입니다.

오늘 우리가 살아가는 삶의 내용은 지난 세월의 수많은 반복이 만들어 낸 결과입니다. 보통의 성인이라면 어떤 곳으로 이동할 때 아무런 불편을 느끼지 않고 두 발로 걸을 수 있습니다. 그러나 이것은 어느 날 갑자기 가능해진 것이 아닙니다. 갓 태어난 아기를 생각해 봅시다. 처음에는 누운 채로 한 번 뒤집거나 제자리에서 일어서는 것조차 힘들었습니다. 그때 부모님이 어떻게 합니까? "섰다! 옳지!" 하고 격려합니다. 아이가 일어섰다가 주저앉으면 손을 잡고 옆에서 보조합니다. 아이가 잘 걸을 수 있도록 계속해서 칭찬하고 격려하며 관심을 베풉니다. 그렇게 아이는 서기와 앉기를 반복하다가 어느 날 자연스럽게 걸을 수 있게 됩니다. 훈련의 결과이며 훈련의 필요입니다.

마찬가지로 우리 신앙의 삶도 한 번의 훈련으로 완성되지 않습니다. 성경 한 번 읽는 것, 예배 한 번 드리는 것으로는 신앙의 삶이 완성되지 않습니다. 수없이 반복되는 훈련을 통해서 비로소 그리스도인다운 그리스도인이 됩니다. 신분은 그리스도인이지만, 반복되는 훈련을 통해 그리스도인의 수준에 이르게 되는 것입니다.

이스라엘 백성을 떠올려 봅시다. 그들은 애굽을 떠나 가나안 땅에 들어가기까지 40년 동안 광야를 유랑했습니다. 원래는 40일이면 갈 수 있는 거리였지만, 그들은 40년을 방황했습니다. 왜일까요? 그것은 바로 하나님이 그들을 훈련하신 시간이었기 때문입니다.

> 네 하나님 여호와께서 이 사십 년 동안에 네게 광야 길을 걷게 하신 것을 기억하라 이는 너를 낮추시며 너를 시험하사 네 마음이 어떠한지 그 명령을 지키는지 지키지 않는지 알려 하심이라 너를 낮추시며 너를 주리게 하시며 또 너도 알지 못하며 네 조상들도 알지 못하던 만나를 네게 먹이신 것은 사람이 떡으로만 사는 것이 아니요 여호와의 입에서 나오는 모든 말씀으로 사는 줄을 네가 알게 하려 하심이니라 신 8:2-3

이것이 바로 하나님의 훈련입니다. 이스라엘을 향한 하나님의 훈련은 단순한 고난이 아니었습니다. 사람이 떡으로만 사는 것이 아니라 하나님의 말씀으로 살아야 함을 깨닫게 하시기 위한 과정이었습니다. 하나님은 40년 동안 그들을 낮추시고, 때로는 주리게 하시며, 만나를 내려 주심으로 기적 같은 은혜를 베푸셨습니다. 이 모든 것은 이스라엘을 하나님의 백성으로 온전히 세우시기 위한 훈련이었습니다.

혹시 지금 인생에서 반복되는 어려움을 겪고 있습니까? 장소와 상황은 조금씩 다르지만, 계속해서 비슷한 시련이 찾아오고 있지는 않습니까? 정말 열심히 노력하는데도 '이 산을 넘으면 끝날 줄 알았는데, 그 너머에 더 큰 산이 기다리고 있는' 경험을 하고 있습니까? 한 번으로 끝나면 좋겠다고 생각했지만, 반복되는 어려움이 계속해서 다가오고 있는 상황입니까? 그렇다면 스스로에게 이렇게 질문해야 합니다.

"어쩌면 이 모든 상황은 나를 사랑하시는 하나님의 훈련이 아닐까?"

만약 이유 없이 같은 어려움이 반복되거나, 하는 일마다 잘되지 않고, 힘들고 고통스러운 시간이 지속된다면, 그 자리가 바로 하나님이 우리를 단련하시고 새롭게 빚어 가시는 훈련장인 사르밧임을 믿음으로 바라보아야 합니다. 하나님은 사르밧을 통해 우리를 더욱 가치 있고, 아름답고, 강한 존재로 빚어 가십니다. 비록 우리가 겪는 훈련의 과정이 먹구름이 몰려오고 천둥이 울리는 것처럼 힘들게 느껴질지라도 두려워하지 마십시오. 실망하지 마십시오. 좌절하거나 낙심하지 마십시오. 포기하지 마십시오. 하나님이 지금 우리를 훈련하고 계십니다.

우리는 종종 이런 찬양을 부릅니다.

"왜 나만 겪는 고난이냐고 불평하지 마세요."

훈련의 시간을 지나다 보면, 마치 나만 힘든 것처럼 느껴질 때가 있습니다. 주위를 보면 모두가 편해 보이는데, 나만 이런 고난을 겪고 있는 것처럼 생각될 수 있습니다. 그럴 때 우리는 원망하고, 불평하고, 좌절하고, 때로는 분노하기도 합니다. 하지만 이 찬양의 다음 가사를 기억하고 있습니까?

"고난의 뒤편에 있는 주님이 주실 축복 미리 보면서 감사하세요."

왜 그렇습니까? 하나님이 지금 나를 훈련하고 계시기 때문입니다. 이 훈련의 끝에는 하나님이 주실 은혜와 영광과 축복이 기다리고 있습니다. 그러므로 우리는 하나님이 예비하신 복을 미리 바라보며 감사할 수 있습니다.

긍정의 훈련

하나님은 이처럼 반복된 훈련을 긍정의 훈련으로 이어 가십니다.

여호와의 말씀이 엘리야에게 임하여 이르시되 너는 일어나 시돈에 속한 사르밧으로 가서 거기 머물라 내가 그곳 과부에게 명령하여 네게 음식을 주게 하였느니라 왕상 17:8-9

제삼자의 관점에서 보면 쉽게 이야기할 수 있지만, 만약 우리가 엘리야처럼 이 명령을 받는다고 가정해 보십시오. 전혀 쉽지 않은 상황입니다. 왜냐하면 시돈 땅은 이스라엘의 적지였기 때문입니다. 지금 이스라엘은 시돈과 전쟁 중입니다. 엘리야는 '하나님은 주변의 많은 다른 지역을 두고 왜 하필 적지인 시돈 땅으로 나를 보내시는가?' 하며 그 상황을 쉽게 받아들일 수 없었을 것입니다.

또 시돈은 엘리야가 싸우고 있는 바알 신의 본산지입니다. 시돈은 이세벨의 고향으로, 이세벨은 이스라엘 백성으로 하여금 하나님을 떠나 바알을 숭배하게 한 장본인입니다.

> 느밧의 아들 여로보암의 죄를 따라 행하는 것을 오히려 가볍게 여기며 시돈 사람의 왕 엣바알의 딸 이세벨을 아내로 삼고 가서 바알을 섬겨 예배하고 왕상 16:31

이세벨의 아버지 엣바알은 시돈의 왕이었습니다. 바알 신의 절대적 추종자였습니다. 엣바알이라는 이름 자체가 '바알과 함께'라는 의미입니다. 엣바알과 그의 딸 이세벨은 바알 신과 함께하는 삶을 전적으로 따랐던 자들이었습니다. 이런 상황에서 시돈으로 가라는 하나님의 명령을 받은 엘리야는 어떤 기분이었을까요? 아마도 하늘이 무너지는 것 같았을 것입니다. 그리고 하나님이 왜 그곳으로 가라고 하시는지를 온전히 이해할 수 없었을 것입니다.

뿐만 아니라 하나님은 또 하나의 말씀을 더하셨는데, 그곳에 가면 "과부를 통하여 먹을 것을 공급하겠다"고 하셨습니다. 성경 시대에 과부는 가난과 굶주림의 대명사였습니다. 빈민과 소외 계층을 표현하는 말이었습니다. 그렇기에 더더욱 이러한 하나님의 명령은 엘리야에게 충격적이었습니다.

만약에 이런 상황이 우리 앞에 펼쳐진다고 생각해 보십시오. 보통은 "하나님, 왜 사르밧입니까? 왜 시돈 땅입니까? 나를 죽이려고 작정하셨습니까? 죽이려면 그냥 여기서 죽여 주십시오"라고 말하며 온갖 불평을 쏟아 내고 핑계를 대며 사르밧으로 가기를 꺼렸을 것입니다. 그러나 엘리야는 불평이나 원망 없이 갔습니다. 하나님은 엘리야에게 바로 이러한 훈련을 시키고 싶으셨습니다.

그가 일어나 사르밧으로 가서 성문에 이를 때에 한 과부가 그곳에서 나뭇가지를 줍는지라 이에 불러 이르되 청하건대 그릇에 물을 조금 가져다가 내가 마시게 하라 왕상 17:10

엘리야는 하나님의 말씀 앞에 사족을 달지 않고 곧장 사르밧으로 갔습니다. 어떻게 이 일이 가능했을까요? 그릿에서 하나님의 말씀에 순종하는 훈련이 되었기 때문입니다. 동시에 그에게는 '하나님이 가라고 하시면 내게 손해가 될 리 없다. 여기에도 하나님의 뜻이 있을 것이다'라는 믿음이 있었습니다. 엘리야에게 긍정의 훈련이 이루어지고 있었던 것입니다.

하나님이 과부를 통해 먹을 것을 주겠다고 하셨는데, 마침 사르밧에서 엘리야가 처음 만난 여인이 과부였습니다. 엘리야는 그녀에게 물을 조금 가져다 달라고 청했습니다. 그런데 당시는 지중해 연안 전역에 가뭄이 계속되는 상황이었습니다. 물 한 그릇을 얻는 일은 쉬운 일이 아니었습니다. 그러나 물을 조금 달라는 엘리야의 요청에 과부는 군말 없이 물을 가지러 갔습니다. 여기까지만 보면 엘리야는 '하나님은 좋으신 분이야!'라고 생각하며 일이 잘 풀린다고 느꼈을지도 모릅니다.

그가 가지러 갈 때에 엘리야가 그를 불러 이르되 청하건대 네 손의 떡

이어서 엘리야는 물뿐만 아니라 떡도 달라고 청합니다. 그러나 과부는 그럴 만한 형편이 못 되었습니다. 그녀는 곧 아사 상태에 놓일 지경이었기 때문입니다.

그가 이르되 당신의 하나님 여호와께서 살아 계심을 두고 맹세하노니 나는 떡이 없고 다만 통에 가루 한 움큼과 병에 기름 조금뿐이라 내가 나뭇가지 둘을 주워다가 나와 내 아들을 위하여 음식을 만들어 먹고 그 후에는 죽으리라 왕상 17:12

엘리야는 처음에는 일이 잘 풀리는 줄 알았습니다. 하나님의 뜻이라 확신하며 일이 순조롭게 진행된다고 생각했습니다. 그러나 떡을 달라는 말을 꺼내자 엘리야는 거부당했습니다. 과부에게는 나누어 먹을 음식이 없었습니다.

이 상황에서 우리라면 어떠한 마음이 들겠습니까? '뭔가 잘못되었는데? 이것은 하나님의 뜻이 아니다. 내가 사람을 잘못 만났다. 이 과부는 아니다'라고 생각할 수도 있지 않겠습니까? 그러나 엘리야는 낙망하거나 주저앉거나 푸념하지 않았습니다. 다른 과부를 찾으려 하지도 않았습니다.

엘리야가 그에게 이르되 두려워하지 말고 가서 네 말대로 하려니와 먼저 그것으로 나를 위하여 작은 떡 한 개를 만들어 내게로 가져오고 그

후에 너와 네 아들을 위하여 만들라 이스라엘의 하나님 여호와의 말씀
이 나 여호와가 비를 지면에 내리는 날까지 그 통의 가루가 떨어지지 아
니하고 그 병의 기름이 없어지지 아니하리라 하셨느니라 왕상 17:13-14

엘리야는 하나님의 말씀을 붙잡고 과부를 설득하기 시작했습니다.
그리고 떡 한 개를 만들어 오라고 명령합니다.

그가 가서 엘리야의 말대로 하였더니 그와 엘리야와 그의 식구가 여러
날 먹었으나 여호와께서 엘리야를 통하여 하신 말씀같이 통의 가루가
떨어지지 아니하고 병의 기름이 없어지지 아니하니라 왕상 17:15-16

결국 과부는 엘리야의 말대로 행했고, 먹을 것이 더 이상 떨어지지
않는 기적을 경험했습니다. 이것이 믿음입니다. 믿음은 우리가 어떠한
상황에서도 약속의 말씀을 붙들고 긍정하게 만듭니다. 상황이 전혀 그
렇지 못할지라도, 현실은 전혀 아닐지라도 낙심하지 않고 하나님의 말
씀을 붙잡아 긍정의 자세를 갖는 것이 바로 믿음입니다.

이는 단순한 '긍정적 사고방식'과는 차이가 있습니다. 믿음은 '할 수
있다. 하면 된다. 앞으로 좋아질 것이다'라고 스스로 최면을 거는 '자기
최면'을 뜻하지 않습니다. 그것은 믿음이 아닙니다. 믿음은 근거가 있어
야 합니다. '적극적 사고방식'(positive thinking)이 믿음은 아닙니다. 그러나
하나님을 믿는 사람의 삶의 자세는 긍정적이어야 합니다. 이 차이를 이
해할 수 있겠습니까? 하나님을 믿기에 어떤 상황에서도 긍정적인 삶의
자세를 취하게 되는 것입니다. 이러한 믿음은 그냥 주어지지 않고 훈련

을 통해서 주어집니다.

하나님은 왜 엘리야에게 이 같은 긍정의 훈련을 시키셨을까요? 앞으로 엘리야는 이보다 더 어려운 상황, 더 극심하게 두려운 순간을 많이 경험하게 될 것이기에, 하나님은 엘리야가 그때마다 하나님의 약속의 말씀을 붙들고 흔들리지 않도록 하시기 위해 이 훈련을 시키셨습니다. 그를 하나님 앞에 굳게 선 하나님의 사람으로 세우시기 위해 하나님은 긍정의 훈련을 시키셨습니다.

그릿과 사르밧에서의 훈련은 비슷해 보이지만, 확실한 차이점이 있습니다. 그릿에서의 훈련은 단순한 훈련이었습니다. 엘리야 혼자 감당하면 되는 훈련이었고, 하나님이 까마귀를 통해 먹을 것을 가져다주겠다고 말씀하셨으니 까마귀를 기다리면 되었습니다. 또 하나님이 시냇물을 마시라고 하셨으니 그 물을 마시면 끝이었습니다.

그러나 사르밧에서의 훈련은 더 포괄적인 훈련이었습니다. 엘리야만이 아니라, 과부와 그녀의 아들도 함께 훈련을 받아야 했습니다. 또 혼자가 아니라, 다른 사람들과 함께 극복하고 헤쳐 나가야 하는 훈련이었습니다. 즉 사르밧에서의 훈련은 더 넓은 범위의 훈련이었고, 공동체적인 훈련이었습니다. 이처럼 하나님은 점점 더 깊고 넓은 차원의 믿음으로 성장시키기 위해 우리를 훈련하십니다.

우리 또한 신앙의 삶을 살다 보면 긍정의 훈련을 받을 때가 있습니다. 그때 우리는 하나님께 감사해야 할 뿐만 아니라 그 훈련을 사모해야 합니다. 이스라엘 백성은 긍정의 훈련을 받기 위해 장장 40년이라는 시간을 광야에서 보냈습니다. 이스라엘 백성의 전공이 무엇입니까? 하나님께 대한 믿음이 아닌 원망입니다. 틈만 나면 입 밖으로 원망과 불평을 쏟아 냈습니다. 하나님을 향해 원망하고, 사람을 향해 불평했습니다. 지금 대한민국도 원망과 불신의 병에 걸린 것 같습니다.

한때 베스트셀러였던 김난도 교수의 저서 《아프니까 청춘이다》(쌤앤파커스, 2010)라는 책은 특별히 청년들을 비롯해 많은 사람에게 공감과 큰 도전을 주었습니다. 이 책의 내용 중에는 "아파할 줄 알아야 청춘이고, 아파할 줄 알아야 미래를 준비할 수 있다"라는 말이 있습니다. 오늘날의 젊은이들은 한 송이 국화꽃을 피우기 위해 봄부터 소쩍새가 우는 소리를 듣기 싫어합니다. 먹구름 속에서 천둥이 치는 소리를 듣기 싫어합니다. 지금이 좋다고 합니다. 훈련을 싫어하는 세대입니다.

그러나 씨를 뿌리지 않고 어떻게 열매를 거둘 수 있습니까? 김을 매지 않는데 어떻게 귀한 수확을 기대할 수 있겠습니까? 훈련받아야 그리스도인다운 그리스도인이 될 수 있습니다. 훈련받아야 세상을 이길 수 있습니다. 훈련받아야 하나님이 원하시는 사람으로 세워질 수 있습니다. 우리가 믿는 하나님은 어떤 하나님이십니까? 우리를 훈련하시는 하나님입니다. 하나님의 백성인 우리는 어떤 사람이어야 합니까? 하나님에 의해 훈련받아야 하는 사람입니다.

20세기를 대표하는 복음 전도자인 빌리 그레이엄(Billy Graham) 목사님의 아내인 루스 그레이엄(Ruth Graham)의 묘비명이 참 인상적입니다.

"End of Construction. Thank you for your patience!"
"내 인생의 공사가 끝이 났습니다. 참고 인내해 주셔서 감사합니다!"

이 묘비명이 뜻하는 바가 무엇일까요? 한 인간의 일생은 하나님에 의해 계속 다듬어지고 훈련받아야 한다는 것입니다. 루스의 묘비에 새겨진 글은 우리에게 이렇게 말합니다.

"공사 기간 동안 철없고 훈련되지 않은 나를 인내해 주시고 참아 주신 하나님, 감사합니다. 그리고 완성되지 않은 내가 여러분에게 얼마나 많은 불편과 손해를 끼쳤는지 모릅니다. 이제 내 인생 공사가 완료되었습니다. 그동안 참아 주시고 이해해 주셔서 감사합니다."

공사는 언젠가 끝납니다. 하지만 공사 중일 때는 참아야 하고 인내해야 합니다. 이처럼 우리도 하나님으로부터 주어진 연단의 훈련을 잘 견뎌 하나님이 원하시는 그리스도인으로 세워져야 합니다.

4

신앙, 삶으로 꽃을 피워라

왕상 17:17-24

지금까지 엘리야의 특별한 훈련을 통해 많은 것을 배웠습니다. 그릿에서의 훈련이 끝난 후, 엘리야는 사르밧에서 훈련을 계속 이어 갔습니다. 그리고 엘리야는 두 곳에서 훈련을 성공적으로 치렀습니다. 엘리야가 하나님의 말씀에 순종했을 때 어떤 결과가 나타났습니까? 과부의 곡식 통에는 가루가 떨어지지 않았고, 병에는 기름이 떨어지지 않았습니다. 그러나 사르밧에서의 훈련은 여기서 끝나지 않았습니다. 이제 새로운 국면으로 접어듭니다.

하나님이 훈련을 끝내지 않으시는 이유

이 일 후에 그 집주인 되는 여인의 아들이 병들어 증세가 심히 위중하다가 숨이 끊어진지라 왕상 17:17

지금까지가 1학기 훈련 프로그램이었다면, 이제 살펴볼 내용은 2학기 프로그램이라고 할 수 있습니다. 훈련의 강도도 더욱 강화되었습니다. 1학기에는 먹을 것으로 인한 '죽음과 삶'의 문제를 다루었습니다. 그러나 이번 2학기는 이미 '죽음'을 맞이한 상황에서 시작합니다. 성경은 사르밧 과부의 아들이 죽었다고 기록하고 있습니다.

죽음은 인간이 느끼는 절망 중 가장 큰 절망입니다. 죽음 앞에서는 어떤 기대도 계획도 무의미합니다. 엘리야는 지금 이러한 절망의 상황 앞에 놓였습니다. 보통 이 같은 상황에서 사람들은 자연스럽게 하나님께 이렇게 질문할 것입니다.

"하나님, 왜 이러십니까?"

엘리야도 이런 마음을 갖고 있었을 것입니다. 비록 엘리야가 여러 훈련 과정을 순종하며 잘 감당했을지라도 사르밧 과부의 아들의 죽음은 그에게 또 다른 고민과 문제를 던져 주었습니다.

이처럼 엘리야의 훈련은 끊임없이 이어지고 있습니다. 이전보다 더 큰 시련과 도전이 그를 시험하고 있습니다. 하나님은 엘리야를 통해 어떤 계획을 이루고자 하시기에 이런 상황으로 그를 몰아가셨을까요? 하나님은 왜 엘리야에게 이런 시련을 허락하셨을까요? 여기에는 엘리야를 더욱 강한 신앙인으로 세우시기 위한 하나님의 깊은 뜻이 있습니다. 엘리야가 직면한 죽음의 상황은 그에게 가장 큰 도전이었을 것입니다. 그러나 이 도전을 통해 엘리야는 더욱 깊은 신앙과 하나님에 대한 신뢰를 소유할 수 있었습니다.

우리도 마찬가지입니다. 우리의 삶에도 예기치 않은 시련과 도전이 찾아올 때가 있습니다. 그때 엘리야처럼 하나님을 신뢰하며 나아가야 합니다. 그럴 때 하나님이 우리를 더욱 강하게 만드시고, 우리를 통해 이루고자 하시는 계획을 성취하실 것입니다.

17절은 "이 일 후에"라는 표현으로 시작합니다. 이는 앞서 있었던 '떡을 만들어 먹은 이야기'와 '곡식 통에 가루가 떨어지지 않은 기적의 사건'을 가리킵니다. 그런데 히브리어 원문을 살펴보면 "이 일"이 복수형으로 기록되어 있습니다. 이는 하나의 사건이 아니라, 엘리야가 사르밧 과부를 만난 이후에 겪은 여러 사건을 아우르는 표현입니다. 엘리야가 아합왕 앞에 서서 가뭄을 선포하고 다시 비가 내릴 때까지의 기간은 3년입니다. 그러나 신약에서는 전체 기간을 3년 6개월로 밝히고 있으며, 이는 엘리야가 기도하고 숨어 지내며 하나님의 때를 기다린 시간까지 포함합니다(약 5:17). 따라서 "이 일"이라는 표현은 단순히 몇 달 사이에 일어난 일을 가리키지 않습니다. 1년 사이에 일어난 일들을 의미하지도 않습니다. 오히려 적어도 2년 이상의 기간 동안 엘리야가 겪었던 수많은 과정과 여러 우여곡절을 모두 포함하는 것입니다.

우리가 이미 아는 대로, 엘리야는 그릿 시냇가에서 하나님께 순종했습니다. 그곳에서 희생도 했고, 인내도 했습니다. 사르밧으로 옮겨와서도 흔들리지 않고 하나님을 신뢰했습니다. 하나님이 만나라고 하신 과부를 만나 먹을 것을 요청했을 때, 그 여인은 엘리야를 섬길 만한 상황이 아니었습니다. 과부는 자신조차 먹을 음식이 없었기 때문에 엘리야를 섬길 수 없었습니다. 그런 상황에서도 하나님을 향한 엘리야의 믿음은 흔들리지 않았습니다. 그는 하나님의 말씀을 여인에게 전달했고, 믿음으로 여인을 설득했습니다. 그렇게 하나님이 맡기신 과정을 잘 감당해 냈습니다.

엘리야의 이러한 믿음과 순종은 우리에게 중요한 교훈을 줍니다. 우리는 시련과 도전 앞에서 하나님을 신뢰하며, 그분의 말씀에 순종해야 합니다. 하나님은 우리를 훈련하시고, 우리의 믿음을 강하게 만드십니다. 이를 통해 하나님은 이루고자 하시는 계획을 성취하십니다.

엘리야는 그동안 수많은 기적을 목격했습니다. '까마귀를 통해 나에게 먹을 것을 가져다주시는 하나님의 섭리는 참 오묘하구나! 하나님의 일하심은 신묘막측하구나!' 하고 깨달았습니다. 그는 가루 한 줌밖에 없어 그것을 마지막 양식으로 삼고 죽겠다는 여인의 집에서, 곡식 통에 가루가 끊어지지 않는 기적을 베푸시는 하나님의 놀라운 능력을 체험했습니다.

그런데 왜 하나님은 훈련을 끝내지 않으실까요? 기적도 봤고, 하나님의 섭리도 깨달았으며, 하나님 앞에 순종도 했습니다. 하나님이 시키시는 대로 다 했는데 왜 하나님은 또 훈련을 이어 가시는 것일까요? 오늘날 우리도 비슷한 상황을 겪지 않습니까? 엘리야처럼 계속된 훈련으로 우리의 마음이 무너져 내리고 삶이 흔들릴 때 어떻게 해야 할까요?

훈련의 충분조건

하나님은 우리를 훈련하실 때 충분조건을 세우십니다. 충분조건이란 목적을 이루기 위해 필요한 모든 조건이 충족된 상태를 말합니다. 하나님이 우리를 훈련하심에 있어서 분명한 목적과 목표가 있습니다. 그 목표가 달성되지 않았기 때문에 하나님이 계속해서 우리를 연단의 자리로 이끄시는 것입니다.

한 번의 기적을 체험한다고 훈련이 종결되는 것은 아닙니다. 하나님은 단순히 기적을 경험하는 것, 응답을 받는 것, 성경적 지식을 쌓는 것만으로 훈련을 끝내지 않으십니다. 우리는 종종 이 점을 오해합니다. 기적을 체험하고 하나님의 신비로운 섭리를 깨달으면 스스로 어떤 신앙의 경지에 도달했다고 착각하곤 합니다.

예를 들어, 건조한 신앙생활을 하다가 어느 날 방언의 은사를 받습니다. 그러면 자신이 기도의 경지에 도달했다고 생각합니다. 그 기도를 이어 가던 중에 환상을 보게 되고, 그 내용이 예언처럼 맞아떨어지면, '나는 이제 모든 신앙의 프로그램을 마스터했구나! 아주 높은 신앙의 경지에 이르렀구나!' 하고 자부하게 됩니다. 그러다 보면 자신도 모르는 사이에 교만하여 훈련을 소홀히 하게 됩니다. 교만에 빠지거나 훈련을 다 받았다고 착각해 훈련장을 떠나려 합니다.

이처럼 훈련을 다 받았다고 생각하며 자신을 훈련의 열외 대상으로 여기는 경우들이 있습니다. 그래서 자신도 모르는 사이에 훈련장을 탈출하고, 교관에게 훈련받기를 거부합니다. 심지어 자신을 교관으로 여기는 일도 있습니다. 그러나 훈련의 충분조건은 한두 가지 기도 응답을 받는 것, 한두 가지 은사를 체험하는 것이 아닙니다.

> 여인이 엘리야에게 이르되 내가 이제야 당신은 하나님의 사람이시요
> 당신의 입에 있는 여호와의 말씀이 진실한 줄 아노라 하니라 왕상 17:24

이후에 살펴보겠지만, 사르밧 여인은 죽은 아들이 살아나는 또 다른 사건을 통해 엘리야가 하나님의 사람임을 진정으로 믿게 됩니다. 이

모든 것은 하나님의 반복된 훈련으로 말미암아 주어진 깨달음입니다. 하나님이 왜 우리를 다시 훈련의 자리로 몰아가십니까? 이는 하나님의 사람으로 온전히 세워, 그 삶에 신앙의 꽃을 피우시기 위함입니다.

하나님의 사람으로 온전히 세워지는 것, 이것이 훈련의 목적입니다. 이는 비단 엘리야에게만 해당되는 것이 아닙니다. 성경에 기록된 많은 믿음의 선배들과 영웅들의 삶을 보면 이 공식이 공통분모입니다. 성경에 나오는 인물들 중에 가장 익숙한 인물이 누구입니까? 바로 아브라함입니다. 하나님은 아브라함을 갈대아 우르에서 부르셨습니다. 그를 부르신 후 하나님은 "내가 너로 큰 민족을 이루고 네게 복을 주어 네 이름을 창대하게 하리니 너는 복이 될지라"(창 12:2)라고 말씀하셨습니다. 아브라함은 하나님의 말씀을 따라갔습니다(창 12:4).

그러나 시간이 흘러도 자식이 생기지 않자, 아브라함과 사라는 의논하여 첩을 통해 자식을 낳았습니다. 이 아들을 하나님이 주신 아들이라 생각했지만, 하나님은 아니라고 하셨습니다. 대신 하나님은 아브라함을 찾아오셔서 말씀으로 그의 믿음을 충전시켜 주셨습니다. 아브라함은 이에 다시 삶을 살아가지만, 또다시 넘어졌습니다. 이 과정을 수없이 반복하며 다양한 경험을 거친 후 100세가 되었을 때, 마침내 아브라함은 이삭을 얻었습니다.

아브라함은 이제 모든 훈련이 끝난 줄 알았습니다. 훈련장의 담을 허물고 '이제 나는 훈련병이 아니라 실무를 책임지는 베테랑 군인이 되나 보다'라고 생각했습니다. 그러나 하나님이 이삭을 주신 지 얼마 지나지 않아, 성경은 이렇게 기록하고 있습니다.

그 일 후에 하나님이 아브라함을 시험하시려고 그를 부르시되 아브라함아 하시니 그가 이르되 내가 여기 있나이다 여호와께서 이르시되 네 아들 네 사랑하는 독자 이삭을 데리고 모리아 땅으로 가서 내가 네게 일러 준 한 산 거기서 그를 번제로 드리라 창 22:1-2

"이 일 후에"(왕상 17:17)와 "그 일 후에"(창 22:1), 공식이 똑같지 않습니까? 하나님이 아브라함을 부르셨습니다. 왜 부르셨습니까? 시험하려고 부르셨습니다. 아브라함의 훈련은 끝나지 않았던 것입니다. 이때 아브라함의 마음에 이런 생각이 들지 않았을까요?

'하나님, 이 상황은 무엇입니까? 그토록 오랜 세월을 기다렸다가 하나님이 주신 아들인데, 이제 그 아들을 번제로 바치라고 하시다니요! 하나님, 왜 이러십니까?'

아브라함의 입장에서는 '이제는 끝인가 보다' 했는데, 하나님이 아들을 번제로 바치라고 하시니 "하나님, 왜 이러십니까?" 하고 충분히 되물을 수 있는 상황이었습니다. 마찬가지로, 하나님은 우리를 진정한 신앙인으로 세우시기 위해 때로는 "하나님, 왜 이러십니까?" 하고 되물을 수 있는 자리까지 이끄십니다. 하나님은 우리가 겉모습만 그리스도인으로 사는 것을 원하지 않으십니다. 몇 가지 영적 체험에 머무는 것도, 교회 생활에 익숙해지는 것도, 믿음의 가문에서 태어나 습관적으로 교회를 다니는 것도, 직분을 받아 만족하는 것도 하나님이 원하시는 신앙이 아닙니다. 하나님이 원하시는 것은 겉이 아니라 본질이 신앙인으로 세워지는 것입니다.

내 형제들아 너희가 여러 가지 시험을 당하거든 온전히 기쁘게 여기라

약 1:2

시험을 당하는데 어떻게 기쁘게 여길 수 있습니까? 왜 하나님은 "너희가 여러 가지 시험을 당하거든 온전히 기쁘게 여기라"라고 말씀하십니까? 이는 하나님이 시련을 통해 우리를 온전하고 구비된 신앙인으로 만드시기 위해서입니다(약 1:3-4). 진정한 하나님의 사람, 종교인이 아닌 참된 신앙인이 되도록 우리를 훈련하시는 것입니다.

오늘날 우리에게도 "이 일 후에", 또 시련과 같은 훈련이 있습니까? '이만큼 하면 되었다' 싶은 순간 또다시 절망적인 상황에 직면할 때 우리는 그것이 하나님이 우리를 '하나님의 사람'으로 만드시기 위한 훈련임을 깨달아야 합니다. 이 사실을 깨달아야 훈련은 종료되고 새날이 주어집니다. 그렇지 않으면 "이 일 후에"와 같은 훈련의 분량과 기간이 점점 더 늘어날 것입니다. 온전한 하나님의 사람, 진정한 신앙인이 될 때 훈련은 완성됩니다.

지금 사르밧에서와 같은 훈련의 과정에 있다면, 낙심 대신 희망을, 좌절 대신 용기를 가지십시오. 그리고 그 과정을 통해 우리 자신을 하나님의 손에 완전히 맡기십시오. 쇠가 완전히 녹아야 새로운 형태로 빚어지듯, 우리도 하나님 앞에서 온전히 깨어지고 녹아야 합니다. 적당히 뜨거워지거나 일부만 변해서는 하나님의 걸작이 될 수 없습니다. 완전히 녹아 하나님의 손에 부어질 때 비로소 온전한 하나님의 사람으로 세워질 수 있습니다.

인격의 변화와 성숙

하나님은 우리의 인격적 변화와 성숙을 위해서 또다시 훈련의 자리로 우리를 이끄십니다.

사르밧 과부는 아들이 죽은 후 어떤 반응을 보였습니까?

여인이 엘리야에게 이르되 하나님의 사람이여 당신이 나와 더불어 무슨 상관이 있기로 내 죄를 생각나게 하고 또 내 아들을 죽게 하려고 내게 오셨나이까 왕상 17:18

지금 아들을 잃은 슬픔으로 인해 과부는 엘리야를 향하여 원망을 쏟아 놓습니다. "당신 때문에 내 아들이 죽었습니다." 아들의 죽음에 대한 책임을 엘리야에게 떠넘기고 있습니다. 우리가 아는 대로 엘리야는 아들의 죽음과 아무런 상관이 없습니다. 그런데도 그녀는 엘리야를 원망합니다. 그 이유는 자신에게 베풀어진 하나님의 은혜와 기적을 잊었기 때문입니다. 아들이 죽기 전까지 하나님이 그녀에게 베푸신 은혜를 위기로 인해 완전히 잊어버린 것입니다.

엘리야가 처음 과부를 만나 먹을 것을 좀 달라고 청했을 때 그녀는 죽음의 그림자가 드리워진 상태였습니다.

그가 이르되 당신의 하나님 여호와께서 살아 계심을 두고 맹세하노니 나는 떡이 없고 다만 통에 가루 한 움큼과 병에 기름 조금뿐이라 내가 나뭇가지 둘을 주워다가 나와 내 아들을 위하여 음식을 만들어 먹고 그 후에는 죽으리라 왕상 17:12

여인의 아들 역시 그때 죽음으로부터 자유로울 수 없었습니다. 그러나 엘리야의 말대로 했더니 그녀와 아들의 생명이 유지되었습니다. 뿐만 아니라 풍족하게 먹고 마시며 살 수 있었습니다.

그가 가서 엘리야의 말대로 하였더니 그와 엘리야와 그의 식구가 여러 날 먹었으나 왕상 17:15

사르밧 과부는 엘리야 덕분에 생명을 유지할 수 있었고, 그를 통해 하나님의 복을 받았습니다. 그런데 여인은 이 은혜를 잊고 엘리야를 원망했습니다.

당신이 나와 더불어 무슨 상관이 있기로 내 죄를 생각나게 하고
왕상 17:18

여기 중요한 가르침이 하나 있습니다. 통에 가루가 넘쳐 나는 하나님의 은혜를 누리고 기적을 즐길 때 그녀는 자신의 죄가 생각나지 않았습니다. 그러나 아들의 죽음과 인생의 절망 앞에서 비로소 자신의 죄를 바라보게 됩니다. 인생의 시련은 우리에게 회개의 기회를 제공합니다. 하나님은 우리를 모진 시련 앞에 세우시고, 기억하지 못했던 허물과 죄악을 생각나게 하시며 회개하게 하십니다.

그러나 성경에는 이 여인이 죄를 떠올리긴 했지만 회개했다는 기록은 없습니다. 오히려 엘리야에게 아들의 죽음에 대한 책임을 떠넘깁니다. "당신 때문에 내 아들이 죽었다"고 말합니다. 이는 아직도 훈련 중인,

완성의 단계를 향해 가고 있는 그리스도인의 인격을 보여 줍니다.

성경은 이 여인의 이름을 명시하지 않습니다. 단지 사르밧의 한 과부로 기록하고 있습니다. 왜일까요? 바로 우리의 모습일 수 있기 때문입니다. 남 탓을 하며 내 죄를 회개하지 않고 숨기는 것, 이는 전형적인 죄인들의 특성입니다. 한번 생각해 보십시오. 가뭄 때문에 많은 사람이 죽어 가는데도 여인의 집에는 양식이 풍족했습니다. 그녀는 곡식 통에서 가루를 퍼낼 때 하나님의 기적을 체험했습니다. 가루로 따뜻한 떡을 만들어 아들과 함께 먹을 때 하나님의 은혜를 분명히 생각했을 것입니다. 그런데도 여인은 원망하고 회개하지 않으며 남 탓만 했습니다. 이것이 우리의 모습은 아닙니까?

이제 엘리야를 주목해 보겠습니다. 이런 상황에서 엘리야는 얼마나 억울했을까요? 엘리야는 자원해서 사르밧으로 온 것이 아닙니다. 과부를 만나고 싶었던 것도 아닙니다. 그저 하나님이 가라고 하셔서 사르밧으로 왔고, 하나님이 과부를 만나라고 하셔서 만났습니다. 엘리야가 한 일은 순종뿐입니다. 그럼에도 불구하고 엘리야는 부당한 오해를 받아 억울한 상황에 놓입니다. 여인은 엘리야 덕분에 잘 먹고 잘 살았는데도 엘리야에게 책임을 전가합니다. 얼마나 분노가 치밀어 올랐겠습니까? 하지만 엘리야는 어떻게 반응했을까요?

엘리야가 그에게 그의 아들을 달라 하여 그를 그 여인의 품에서 받아 안고 자기가 거처하는 다락에 올라가서 자기 침상에 누이고 왕상 17:19

엘리야가 여인을 원망하거나 하나님께 분노하는 모습이 보입니까?

이 상황이라면 여인을 향해 화를 내도 이상하지 않을 것입니다. 그러나 엘리야는 여인의 품에서 아들을 받아 안았습니다. 이런 상황에서 우리는 문제에 휘말릴까 봐 피할지도 모릅니다. 그러나 엘리야는 그 아들을 받아 안고, 문제를 해결하려 했습니다. 사실 선지자가 시체를 접촉하는 것은 율법상 부정한 일이었습니다. 그럼에도 그는 기꺼이 문제를 끌어 안고 희생을 감수했습니다. 이것이 바로 훈련받은 성숙한 인격을 가진 사람의 모습입니다.

엘리야는 어떻게 이런 태도를 가질 수 있었을까요? 사르밧에서의 훈련 덕분이었습니다. 엘리야는 사르밧에서 자신을 완전히 내려놓았습니다. 그가 그 아들을 품에 안았을 때 '기도하면 반드시 살아날 것이다' 라는 확신이 있었을까요? 아닙니다. 오히려 갈등했습니다(왕상 17:20). 그러나 그는 확신이 없더라도 문제를 회피하지 않았습니다. 이것이 바로 훈련을 통해 빚어진 믿음의 모습입니다.

> 여호와께 부르짖어 이르되 내 하나님 여호와여 주께서 또 내가 우거하는 집 과부에게 재앙을 내리사 그 아들이 죽게 하셨나이까 하고
>
> 왕상 17:20

엘리야는 마음에 갈등이 있었지만, 시신을 끌어안고 자기가 거처하는 다락으로 올라갔습니다. 자신이 눕는 침대 위에 시신을 올려놓고 하나님 앞에서 씨름했습니다. 문제의 상황을 놓고 하나님께 도움을 청한 것입니다.

어떻게 보면 그냥 버려두면 됩니다. 그리고 그 과부와 헤어지면 끝

입니다. 그러나 엘리야는 오직 하나님과 씨름하며 하나님의 손길을 기다립니다. 이것이 훈련된 그리스도인의 모습입니다. 하나님을 믿는 신앙인의 모습입니다.

혹시 지금 시련을 겪고 있습니까? 버티고 감당하기 어려운 환란의 시간을 마주하고 있습니까? 다른 사람은 다 괜찮은 것 같은데, 왜 내게만 이런 혹독한 시련이 찾아온 것인지 궁금해하고 있습니까? 꼭 기억하십시오. 지금은 훈련 중입니다. 내가 아직 완전히 녹아지지 않았기 때문에 훈련이 계속되고 있는 것입니다. 그래서 하나님이 나를 변화시키고 성숙시키기 위해 지금 나를 다루고 계시는 것입니다.

그러나 내가 가는 길을 그가 아시나니 그가 나를 단련하신 후에는 내가 순금같이 되어 나오리라 욥 23:10

지금 힘들고 어렵지만, 훈련을 잘 통과해야 합니다. 이러한 훈련의 시간을 통해 하나님은 나를 바꾸시고 성장시키십니다. 이 사실을 기억하면서 우리를 살피고, 회개하고, 깨뜨려야 합니다. 하나님 앞에 온전한 사람이 되도록 믿음의 길을 달려가야 합니다.

기도의 훈련과 체험

하나님은 반복된 훈련을 통해 우리의 인격을 변화시키고 성숙하게 하십니다. 또한 우리를 새사람으로 만들기 위해 일하십니다. 동시에 이 기간 기도의 훈련을 시키시고, 체험하게 하십니다.

열왕기상 17장 1-17절에 엘리야가 기도했다는 언급은 없습니다. 엘리야는 순종했고, 참았고, 기다리며, 신뢰했습니다. 그것이 전부였습니다. 그의 신앙은 피동적이고 수동적인 형태였습니다. 그러나 죽음이라는 절망의 상황을 맞닥뜨리자 엘리야는 기도하기 시작합니다. 절망의 상태와 마주하니 엘리야의 신앙이 피동적인 신앙에서 능동적인 신앙으로 변했습니다.

> 그 아이 위에 몸을 세 번 펴서 엎드리고 여호와께 부르짖어 이르되 내 하나님 여호와여 원하건대 이 아이의 혼으로 그의 몸에 돌아오게 하옵소서 하니 왕상 17:21

당신은 죽음 같은 절망의 상황을 마주할 때 여호와께 부르짖어 기도합니까, 아니면 어떻게 하든지 상황만 피하려고 합니까? 혹시 타인에게 책임을 전가하며 완악한 마음으로 회개하지 못하는 상태에 있지는 않습니까?

> 여호와께 부르짖어 이르되 왕상 17:20

이 순간이 엘리야가 진정 엘리야 되는 순간입니다. '엘리'는 '나의 하나님'을 의미하며, '야'는 '여호와'를 뜻합니다. 따라서 '엘리야'라는 이름은 '여호와는 나의 하나님이시다'라는 의미를 가지고 있습니다. 진정으로 "여호와는 나의 하나님이시다"라는 고백이 나오는 순간은 바로 여호와를 향해 부르짖을 때입니다. 이때 훈련 중이었던 엘리야는 사르밧에서 완전히 녹아지고, 진짜 엘리야로 제련되어 나옵니다. 이제 "여호와는 나의 하나님이시다"라는 고백은 더는 지식에만 머물러 있지 않게 됩니다. 또한 "여호와는 나의 하나님이시다"가 호칭에만 머물러 있지 않게 됩니다. 여호와를 향해 부르짖을 때 비로소 "여호와는 나의 하나님이시다"라는 고백이 삶 속에 녹아들어, 모든 상황 속에서 튀어나오며 신앙의 실체가 됩니다. 그때야말로 진정한 엘리야가 되는 것입니다. 하나님은 우리가 이런 엘리야가 되기를 원하셔서 "하나님, 왜 이러십니까?" 하고 외치는 자리로 우리를 데려가십니다.

> 그 아이 위에 몸을 세 번 펴서 엎드리고 여호와께 부르짖어 이르되
>
> 왕상 17:21

엘리야는 죽은 아이 위에 몸을 세 번 펴서 엎드렸습니다. 이는 자신을 완전히 그 문제 위에 얹고, 문제와 자신이 하나가 되어 하나님께 드리는 행위입니다. 엘리야가 그 아이 위에 몸을 세 번 펴서 엎드리고 기도한 것은 기도의 기교나 방법을 가르쳐 주는 것이 아닙니다. 기도의 원리를 보여 줍니다. 문제를 해결할 수 없는 죽음 같은 상황, 시체처럼 절망적인 문제 위에 나 자신을 얹고 하나님께 나와 내 문제를 내어 드리는 것이 바로 기도입니다.

"하나님, 보십시오. 이것 때문에 내 인생이 꼬였습니다. 이것 때문에 내가 힘들고 어렵습니다. 하나님의 방법으로 하나님의 때에 해결하여 주옵소서."

이것이 바로 기도입니다. 엘리야의 기도와 체험은 한 아이를 살리

기 위한 것이었지만, 나중에는 이스라엘 민족 전체를 살리는 기도로 발전됩니다. 하나님은 엘리야가 한 어린아이의 죽음과 직면하게 하시고, 기도의 훈련을 통해 그를 민족을 살리는 기도자로 만드십니다. 이것은 갈멜산 사건의 전초전이었습니다.

> 여호와여 내게 응답하옵소서 내게 응답하옵소서 이 백성에게 주 여호와는 하나님이신 것과 주는 그들의 마음을 되돌이키심을 알게 하옵소서 하매 왕상 18:37

한 명의 아이를 살리는 기도의 훈련이 없었다면, 민족을 살리는 기도를 할 수 없었을 것입니다. 기초 없이 건물을 세울 수 없듯이, 씨를 뿌리지 않고 열매를 거둘 수 없듯이, 훈련 없이는 계급장을 달 수 없습니다.

근심하는 제자들을 향해 예수님이 하신 말씀을 기억합니까? 요한복음 14장에서 예수님은 "내 이름으로 무엇이든지 내게 구하면 내가 행하리라. 그러니 근심하지 말라"고 하셨습니다. 근심과 염려와 원망 대신에 기도하라는 말씀입니다. 그러면 하나님이 우리에게 새 일을 행하실 것입니다. 이 진리가 우리의 심령 속에 확신으로 자리 잡아야 합니다.

지금 힘들고 모진 연단과 시련의 시간을 지나고 있습니까? 지금은 공사 중이자 훈련 중이기 때문입니다. 곧 그 훈련의 결과로 성숙한 신앙인이 될 것입니다.

2
PART

문제,
신앙으로 풀어라

5

하나님의 때를 기다리라

왕상 18:1-15

가뭄을 맞은 지 삼 년째 되는 해에 하나님의 말씀이 엘리야에게 임합니다. 하나님은 엘리야에게 "아합을 만나라. 그리고 내가 비를 지면에 내리겠다"라고 말씀하십니다.

많은 날이 지나고 제삼년에 여호와의 말씀이 엘리야에게 임하여 이르시되 너는 가서 아합에게 보이라 내가 비를 지면에 내리리라 엘리야가 아합에게 보이려고 가니 그때에 사마리아에 기근이 심하였더라

왕상 18:1-2

앞서 엘리야는 아합왕을 피하여 그릿 시냇가로 도망쳤습니다. 실상은 하나님이 엘리야가 아합왕의 칼날을 피할 수 있도록 그릿 시냇가로 도망치게 하셨던 것입니다. 그런데 이제 엘리야는 아합왕을 피해 도망갔던 삶의 자리에서 다시 아합왕을 만나러 가야 하는 상황에 직면하게

되었습니다. 얼핏 보면 엘리야는 훈련을 수료하고 실전에 투입되는 것처럼 보입니다. 그러나 1절과 2절을 더 깊이 묵상해 보면, 한 단계 더 거쳐야 할 과정이 남아 있음을 알 수 있습니다.

엘리야에게 말씀이 주어지기까지의 시간은 3년이었습니다. 엘리야에게 있어 3년이라는 시간은 굉장히 힘든 기간이었습니다. 우리가 지금까지 살펴본, 그릿 시냇가에서 까마귀가 가져다주는 음식을 먹은 사건, 시돈에 속한 사르밧으로 자리를 옮겨 과부의 곡식 통에 가루가 떨어지지 않게 한 사건, 그 아들이 죽자 기도하여 살려 낸 사건 등 이 모든 일이 3년 안에 일어났습니다. 성경에는 몇 가지 사건만 기록되어 있지만, 그 외에도 여러 일들이 있었을 것입니다.

엘리야는 되도록 그 시간이 빨리 끝나기를 원했습니다. 그러나 하나님의 시간표는 달랐습니다. 하나님은 더 큰 일을 이루기 위해 엘리야를 더욱 단련시키고 준비시키셨습니다. 우리도 삶의 시련과 연단을 통해 하나님이 우리를 준비시키고 계심을 믿어야 합니다. 이 과정을 통해 우리는 더욱 하나님을 신뢰하고 의지하는 법을 배우게 됩니다.

많은 날이 지나고 3년이 되는 해에 하나님은 엘리야에게 가서 아합에게 보이라고 말씀하십니다. 엘리야는 말씀에 순종하여 시돈을 떠나 사마리아로 갑니다. 당시 지도를 보면 시돈 땅은 이스라엘의 최북단에 위치하고 있습니다. 반면, 사마리아는 북왕국 이스라엘의 최남단에 자리하고 있습니다. 이스라엘 전체로 보면 사마리아는 중간 지점에 해당하지만, 남북으로 분열된 후 북왕국 이스라엘을 기준으로 보면 사마리아는 최남단입니다. 지금 엘리야는 시돈에서 하나님의 말씀을 받고 아합왕을 만나기 위해 사마리아로 가고 있습니다.

성경은 이때 사마리아에 기근이 심했다고 기록하고 있습니다. 이는 사마리아뿐만 아니라 이스라엘 전역에 기근이 극심했음을 의미합니다. 이때가 바로 하나님의 때입니다. 이스라엘 전체가 기근에 휩싸여 있을 때, 그때가 하나님의 역사를 이룰 최적의 타이밍이었습니다. 하나님은 사마리아에까지 기근이 퍼져 이스라엘 전역이 극심한 기근에 시달릴 때, 엘리야를 다시 부르셨습니다. 여기서 우리는 신앙의 삶에 대해 중요한 교훈을 얻을 수 있습니다. 바로 신앙의 삶은 하나님의 시간표를 따라 하나님의 때를 기다리는 삶이라는 것입니다. 다시 말해, 신앙의 삶은 하나님의 계획과 타이밍에 순응하며, 그분의 인도하심을 신뢰하는 삶입니다.

기다림의 삶

신앙의 삶은 자신이 때를 정하고 계획한 대로 살아가는 삶이 아닙니다. 그리스도인은 하나님의 때를 기다리며 하나님의 시간을 따라 사는 사람입니다. 성경은 이러한 삶이 신앙의 삶이라고 말합니다. 많은 사람이 착각합니다. 인생의 시간표를 자신이 짤 수 있다고, 인생의 주인이 본인이라고 잘못 생각합니다. 그래서 늘 스스로 결정하며 살아갑니다. 그러나 이것은 인간의 오만이자 어리석음입니다. 또한 인간의 무지함을 드러내는 것입니다.

하루 24시간은 하나님이 정하신 것입니다. 기쁘고 신날 때, 원하는 대로 일이 풀릴 때는 하루가 너무 빨리 지나가는 것 같습니다. 그럴 때는 '하루가 40시간쯤 되면 좋겠다'는 생각이 들기도 합니다. 그러나 우리는 하나님의 시간표를 바꿀 수 없습니다. 반면, 인생이 곤고하고 힘들 때,

하루조차 견디기 어려운 상황에서는 하루가 천 년같이 느껴집니다. 그럴 때는 '하루가 12시간이면 좋겠다'는 생각이 들곤 합니다.

혹시 불면의 밤을 겪어 보았습니까? 잠이 오지 않는 밤은 길고도 깁니다. '속히 아침이 오면 좋겠다'는 생각밖에 들지 않습니다. 그러나 우리는 그 밤을 짧게 할 수 없습니다. 왜냐하면 시간의 주인은 하나님이시기 때문입니다.

낮과 밤을 하나님이 만드셨고, 봄, 여름, 가을, 겨울을 하나님이 정해 놓으셨습니다. 혹자는 추위를 많이 타기 때문에 '겨울이 짧으면 좋겠다'고 생각합니다. 그러나 여름이 긴 것도 싫습니다. 더위도 싫기 때문입니다. 그렇다면 봄이 길면 좋을까요? 봄에는 왠지 우울합니다. 그렇다면 알록달록 단풍이 드는 가을이 길면 좋을까요? 가을은 왠지 고독하고 외롭습니다. 결국 봄, 여름, 가을, 겨울, 어느 하나도 내 마음대로 할 수 있는 것이 없습니다. 그러므로 우리는 어떻게 살아야 합니까? 하나님의 시간표를 따라, 하나님의 때를 기다리며 살아야 합니다.

교회 생활도 마찬가지입니다. 하루아침에 좋은 교회가 만들어지지 않습니다. 하루아침에 좋은 성도가 되지 않습니다. 회의를 통해 좋은 성도가 되지 않고, 좋은 교회를 만들자고 결의한다고 해서 좋은 교회가 완성되지 않습니다. 어떤 분들은 교회에 와서 "이제야 좋은 교회를 만난 것 같습니다"라고 고백합니다. 그러나 4-5년이 지나면서 교회에서 이런저런 문제에 부딪힙니다. 그러면 또 교회를 옮기고자 마음먹습니다. 새로운 교회를 찾아가지만, 몇 년이 지나면 또다시 단점이 보이기 시작합니다. 그렇게 평생을 한 교회에 정착하지 못하고 이 교회, 저 교회 배회하며 인생을 보내는 안타까운 분들이 얼마나 많습니까?

엘리야를 보십시오. 그는 그릿 시냇가를 지나고, 다시 사르밧을 통과해야 했습니다. 가뭄 후에 많은 날을 보내야 했습니다. 이는 하나님의 시간표에 맞춘 기다림의 시간이었습니다. 김치도 된장도 발효와 숙성을 거쳐야 맛이 나고, 밥도 뜸이 들어야 제대로 된 밥맛을 낼 수 있습니다. 그래서 야고보 사도는 1세기 그리스도인들에게 이렇게 말합니다.

> 그러므로 형제들아 주께서 강림하시기까지 길이 참으라 보라 농부가 땅에서 나는 귀한 열매를 바라고 길이 참아 이른 비와 늦은 비를 기다리나니 약 5:7

이 말씀은 성도라면 하나님의 시간표를 따라 살고, 하나님의 때를 기다릴 줄 알아야 한다는 것입니다. 씨를 뿌린 농부는 김을 매면서 싹이 나고 잎이 자라는 때를 기다립니다. 하늘로부터 비가 내리기를 기다리며, 열매를 거두는 추수의 시간까지 꾸준히 기다립니다.

야고보 사도는 이 말을 1세기 그리스도인들에게 전했습니다. 그들은 환란과 핍박 가운데 살고 있었습니다. 내일 화형에 처해질지, 사자 굴에 던져질지 알 수 없는 상황에서 그들은 힘겹게 신앙의 삶을 살고 있었습니다. 오늘날에 비추어 보면, "예수 믿는다는 이유로 취직이 안 됩니다", "예수 믿는다는 이유로 결혼이 어렵습니다", "예수 믿는다는 이유로 사업의 거래처가 끊겼습니다", "예수 믿는다는 이유로 회사에서 왕따가 되고 승진에서 누락되었습니다"라는 말과 같습니다. 그런 그들에게 야고보는 하나님의 때를 기다리며 길이 참으라고 한 것입니다.

그러니 성도는 어떻게 살아야 할까요? 내 시간표대로, 내 감정대로,

내 기분대로, 내 마음대로 사는 것이 아니라, 하나님의 때를 기다리며 살아야 합니다. 그것이 바로 신앙의 삶을 사는 것입니다.

왜 기다려야 할까요? 기다림이라는 시간이 내 인생에 얼마나 유익이 되기에 기다려야 할까요? 기다림 속에서 비로소 하나님의 뜻이 드러나기 때문입니다. 기다림이 없으면 하나님의 뜻을 알 수 없기 때문입니다. 성급하게 결정하고 선택하면, 필연적으로 실수와 후회가 반복됩니다. 기다림의 과정을 통과할 때 하나님의 뜻을 알 수 있습니다.

여호수아 2장에는 이스라엘 백성이 여리고를 정복한 사건이 기록되어 있습니다. 여호수아는 이스라엘 백성을 이끌고 여리고를 정복하기 전에 두 명의 정탐꾼을 파송해 여리고성에 대한 정보를 알고자 했습니다. 두 명의 정탐꾼이 정탐하고 돌아왔습니다. 그런데 정작 여리고성을 함락시키고 정복할 때 이스라엘 백성은 싸우지 않았습니다. 하나님 말씀에 순종해 6일 동안 매일 여리고성 주위를 한 바퀴씩 돌았고, 7일째 되는 날에는 그 성을 일곱 번 돌고는 함성을 질러 무너뜨렸습니다.

여리고성 밖에서 돌기만 할 것이라면, 왜 두 명의 정탐꾼이 생명을 걸고 사선을 넘게 했을까요? 이 질문에는 명확한 답이 없습니다. 이해하기 어렵습니다. 그런데 성경을 보면, 이스라엘 백성이 여리고성을 돌 때 한 가지 주의하라며 하나님이 주신 명령이 있습니다.

너희는 외치지 말며 너희 음성을 들리게 하지 말며 너희 입에서 아무 말도 내지 말라 수 6:10

하나님은 이스라엘 백성에게 여리고성을 돌 때 소리치거나 말하지 말라고 명령하셨습니다. 이 명령에는 깊은 의미가 담겨 있습니다. 바로 하나님의 명령에 순종하며, 하나님의 때를 기다리고, 하나님의 방식대로 행함이 중요하다는 것입니다. 신앙의 삶은 이렇듯 우리의 이해를 뛰어넘는 하나님의 계획과 시간표를 신뢰하고 따르는 삶입니다.

당시 상황을 상상해 봅시다. 이스라엘 백성이 여리고성을 돌 때 두 명의 정탐꾼은 아마도 이런 의문을 가졌을 것입니다.

"우리가 왜 굳이 위험을 무릅쓰고 여리고성을 정탐하러 갔는가? 그저 성 주위를 돌기만 할 텐데, 정탐이 무슨 의미가 있나?"

만약 그 말을 다른 사람들이 들었다면 아마도 그들은 "그러게 말이야"라고 동조했을 것이며, 온갖 원망과 불평과 시비가 불 일 듯 일어났을 것입니다. 그렇기에 하나님은 아무 말도 하지 말고 성을 돌라고 명령하셨습니다.

그렇다면 하나님은 진정 어떤 이유로 여리고성에 정탐꾼을 파송하셨을까요?

진중에 두루 다니며 그 백성에게 명령하여 이르기를 양식을 준비하라 사흘 안에 너희가 이 요단을 건너 너희의 하나님 여호와께서 너희에게 주사 차지하게 하시는 땅을 차지하기 위하여 들어갈 것임이니라 하라
수 1:11

여호수아는 이스라엘 백성에게 "사흘 안에 요단강을 건너 약속의 땅에 들어갈 것이다"라고 명령했습니다. 이는 여호수아의 생각이자 계획이었지만, 궁극적으로는 하나님이 여호수아를 통해 이루신 일입니다.

그 후 여호수아는 두 명의 정탐꾼을 여리고로 보냈습니다. 그런데 정탐꾼이 돌아오는 데 시간이 걸렸습니다.

> 라합이 그들에게 이르되 두렵건대 뒤쫓는 사람들이 너희와 마주칠까 하노니 너희는 산으로 가서 거기서 사흘 동안 숨어 있다가 뒤쫓는 자들이 돌아간 후에 너희의 길을 갈지니라 수 2:16

라합은 정탐꾼들을 산에 숨겨 주었고, 그들은 그곳에서 사흘을 기다렸다가 다시 본진으로 돌아왔습니다. 이후 여호수아 3장에 이스라엘 백성이 요단강을 건너는 장면이 나옵니다. 요단강을 건넌 후 이스라엘 백성은 여리고성 주위를 7일 동안 돌았습니다. 여리고성을 정복한 후 여호수아는 이렇게 말합니다.

> 여호수아가 기생 라합과 그의 아버지의 가족과 그에게 속한 모든 것을 살렸으므로 그가 오늘까지 이스라엘 중에 거주하였으니 이는 여호수아가 여리고를 정탐하려고 보낸 사자들을 숨겼음이었더라 수 6:25

결국 정탐꾼을 보낸 것은 여리고성에 있는 라합과 그 가족을 구원하기 위한 하나님의 계획이었습니다. 이는 여리고를 정복한 후에야 비로소 알게 된 하나님의 섭리입니다. 이러한 하나님의 계획은 사실 기다림 없이는 이해할 수 없습니다.

혹시 하나님의 때를 기다리지 못해 땅을 치며 후회하고 가슴 아파했던 경험이 있습니까? 기다림은 결코 시간의 낭비가 아닙니다. 기다림은 결코 뒤처짐이 아닙니다. 하나님의 시간표에 맞추는 것은 후회 없는 삶을 살아가는 가장 확실한 길입니다. 신앙인은 하나님의 때를 기다리는 삶을 사는 사람입니다.

참음의 삶

열왕기상 18장의 구조를 보면 문맥이 다소 매끄럽지 못한 부분이 있습니다. 주연은 엘리야입니다. 그런데 엘리야를 중심으로 이야기가 전개되다가 3-15절에 오바댜라는 인물이 등장하며 그의 이야기가 기록되어 있습니다. 오바댜는 조연임에도 불구하고 18장에서 13절이나 할애되어 언급됩니다. 성경은 오바댜가 어떤 사람인지, 그가 무슨 일을 했는지를 엘리야와의 대화를 통해 주목하게 합니다. 이렇게 많은 지면이 할애된 이유는 오바댜를 통해 중요한 메시지를 전달하려는 성경의 의도가 있는 것입니다.

그렇다면 오바댜는 누구일까요? 오바댜는 오바댜서를 기록한 선지자와 동명이인입니다.

아합이 왕궁 맡은 자 오바댜를 불렀으니 왕상 18:3상

오바댜는 요즘 말로 하면 대통령 비서실장과 같은 위치에 있는 사람입니다. 왕궁의 실세 중 실세입니다. 그 당시 왕은 아합이었습니다.

오므리의 아들 아합이 그의 이전의 모든 사람보다 여호와 보시기에 악

을 더욱 행하여 왕상 16:30

아합은 역대 왕들보다 더욱 악을 행한 악한 왕입니다.

사마리아에 건축한 바알의 신전 안에 바알을 위하여 제단을 쌓으며 또 아세라 상을 만들었으니 그는 그 이전의 이스라엘의 모든 왕보다 심히 이스라엘 하나님 여호와를 노하시게 하였더라 왕상 16:32-33

아합왕은 악의 화신이며, 하나님을 대적한 대표적인 인물인 동시에, 하나님의 백성이 하나님에게서 떠나 바알에게로 향하도록 바알 신전을 짓고 아세라 신상을 세운 악인입니다. 그런데 이런 악의 화신 아합왕 밑에서 비서실장 역할을 하고 있는 오바댜라니, 뭔가 어울리지 않습니다. 이런 상황에서 어떤 생각이 드나요? '오바댜는 처세술이 좋은가 보다', 혹은 '신앙인인 오바댜가 악한 아합왕 밑에서도 자리를 잘 지키고 있구나. 아주 지혜롭고 능숙한 사람이구나'라고 생각할 수도 있겠습니다. 그러나 성경은 오바댜를 다음과 같이 묘사합니다.

이 오바댜는 여호와를 지극히 경외하는 자라 왕상 18:3하
내가 당신을 떠나간 후에 여호와의 영이 내가 알지 못하는 곳으로 당신을 이끌어 가시리니 내가 가서 아합에게 말하였다가 그가 당신을 찾지 못하면 내가 죽임을 당하리이다 당신의 종은 어려서부터 여호와를 경외하는 자라 왕상 18:12

오바댜는 "여호와를 지극히 경외하는 자"였습니다. 성경은 그가 무늬만 그리스도인이 아님을 강조하고 있습니다. 그는 단순히 신앙인이면서 출세 가도를 달리고 있는 인물이 아니었습니다. 오바댜는 어려서부터 여호와를 경외하는 자였고, 그의 신앙은 진실했습니다.

성경은 아합을 악한 왕으로 분명히 드러내면서, 오바댜를 어려서부터 지금까지 신앙이 변질되지 않은 지극히 경건한 자로 대조시키고 있습니다. 이 대조를 통해 성경은 중요한 메시지를 전달합니다. 바로 이것이 신앙의 삶이라는 것입니다. 삶의 환경이 어떠하든지 간에, 악한 세상이든지 간에, 살아가기 벅찬 환경이든지 간에, 힘들고 어려운 지경일지라도 신앙인은 신앙을 부여잡고 신앙을 지키며 환란과 핍박을 참아 내는 삶을 사는 것, 그것이 신앙의 삶입니다.

오바댜가 아합왕의 비서실장이라는 직위에 있으면서 신앙의 삶을 살기란 결코 쉬웠을 리 없습니다. 그럼에도 그는 어려서부터 지켜 온 신앙의 절개를 더럽히지 않고 포기하지 않았습니다. 그리고 많은 날이 지나고 가뭄이 3년째에 이르는 그 시간에도 여전히 신앙을 지키고 있었습니다. 목숨이 달아날지, 자리를 잃을지 모르는 상황에서도 타협하지 않고, 시대에 동화되지 않고, 신앙을 붙들고 지켰습니다. 성경은 이것이 신앙의 삶이라고 알려 줍니다.

오늘 우리가 살아가는 이 세상도 신앙을 지키며 살기가 매우 힘듭니다. 악이 판을 치고, 부정부패는 여전합니다. 윤리가 무너지고, 가치 기준이 흔들리며, 양심이 상실된 세대 속에서 우리는 살고 있습니다. 이러한 세상에서 주일을 온전히 성수하고, 십일조 생활을 철저히 하며, 신앙의 양심을 지키며 성경적 가치를 실천하기란 참으로 어렵습니다. 그래서 우리는 종종 참지 못합니다. 자신도 모르게 신앙의 길에서 돌이켜 세상 길로 발을 들여놓게 됩니다. 주변을 보면 무너지는 사람이 한두 명이 아닙니다. 세상과 동화되어 사는 사람이 많습니다.

그러나 이렇게 사는 것은 신앙의 삶이 아닙니다. 세상이 홍수처럼 휩쓸고 내려갈 때, 나뭇가지 하나를 붙들고 쓸려가지 않으려고 버티고 참고 견디는 것, 이것이 신앙의 삶입니다. 혹자는 이렇게 물을 수 있습니다.

"목사님, 참는 것도 한계가 있지 않습니까? 어느 정도로 참아야 합니까?"

그런 분들에게 소개하고 싶은 인물이 있습니다. 바로 노아입니다. 창세기 6장은 노아에 대해 이렇게 기록하고 있습니다.

이것이 노아의 족보니라 노아는 의인이요 당대에 완전한 자라 그는 하나님과 동행하였으며 창 6:9

노아는 하나님과 동행한 사람이었습니다. 그리고 그는 그 시대에 완전한 자였습니다.

그때에 온 땅이 하나님 앞에 부패하여 포악함이 땅에 가득한지라 창 6:11

노아 시대의 부패와 포악함은 오늘날과 같았습니다. 어떻게 보면, 오늘날보다 더 심했을 수도 있습니다. 오죽하면 하나님이 더 이상 참지 못하시고 하늘 문을 열어 그 땅을 홍수로 심판하기로 하셨을까요? 그런 시대와 상황 속에서도 노아는 하나님과 동행하며 신앙을 더럽히지 않고, 당대에 완전한 자로서 참아 내는 삶을 살았습니다.

신앙을 사수하며 사는 것이 힘든 줄 압니다. 성도들의 어려움을 이해하기에, 때로는 성도들의 손을 잡고 "힘드시죠? 그래서 그렇게 살 수밖에 없다는 것을 압니다. 세상이 이런데 어쩔 수 없지요. 그냥 그렇게 살아도 괜찮아요"라고 말하고 싶은 마음이 굴뚝같습니다. 그러나 하나님의 말씀이 "그렇게 살면 안 된다"고 가르치기에, 가슴을 도려내는 듯한 아픔이 있지만 인내하며 살아가자고 권면하는 것입니다.

우리는 하나님의 말씀을 붙잡고 우리의 신앙이 흔들리지 않도록, 신앙의 정조가 더럽혀지지 않도록 순결을 지키며 살아야 합니다. 세상의 길을 따라서는 안 됩니다. 정욕을 따라 살아서도 안 됩니다. 기분과 욕심을 따라 살지 않아야 합니다. 그렇게 살다가는 결국 세상에 휩쓸려 타락하고 말 것입니다. 고독해도, 외로워도, 때로 왕따가 되어도, 손해를 봐도, 하나님의 사람이라면 신앙을 붙들고 참으며 살아야 합니다. 그것이 신앙의 삶입니다.

최선의 삶

신앙인은 최선의 삶을 살아야 합니다. 도저히 신앙의 삶을 살아 낼 수 없을 것 같은 상황에서도 최선으로 살아가야 합니다.

> 이세벨이 여호와의 선지자들을 멸할 때에 오바댜가 선지자 백 명을 가지고 오십 명씩 굴에 숨기고 떡과 물을 먹였더라 왕상 18:4

이 말씀은 평소 오바댜가 어떻게 살아왔는지를 보여 줍니다. 이세벨은 아합왕의 아내입니다. 이세벨이 여호와의 선지자들을 멸하려고 시도할 때, 오바댜는 선지자 백 명을 오십 명씩 굴에 숨기고 떡과 물을 제공했습니다. 이것이 바로 신앙인 오바댜의 삶이었습니다.

이세벨은 바알 신을 이스라엘 땅으로 들여왔고, 이스라엘 백성이 하나님을 버리고 바알을 따르도록 종용했습니다. 뿐만 아니라 이스라엘 백성이 하나님께 돌아가지 못하도록 선지자들을 찾아서 죽였습니다. 성경은 당시 상황을 이렇게 기록하고 있습니다.

> 당신의 하나님 여호와께서 살아 계심을 두고 맹세하노니 내 주께서 사람을 보내어 당신을 찾지 아니한 족속이나 나라가 없었는데 그들이 말하기를 엘리야가 없다 하면 그 나라와 그 족속으로 당신을 보지 못하였다는 맹세를 하게 하였거늘 왕상 18:10

아합은 온 나라와 족속에 사람을 보내어 "너희, 엘리야를 봤느냐? 정말 못 봤느냐? 맹세해라! 만약 거짓말이면 너희 족속을 멸하겠다"라고 명령했습니다.

> 이제 당신의 말씀이 가서 네 주에게 말하기를 엘리야가 여기 있다 하라 하시니 그리하면 그가 나를 죽이리이다 왕상 18:14

만약 오바댜가 그런 아합왕에게 엘리야를 만났다고 하면 목숨이 위태로울 수밖에 없는 상황이었습니다. 그런데도 경건한 오바댜는 낙심하지도 않고 세상과 타협하지도 않았습니다. 그는 그 상황에서도 경건한 신앙인으로서 최선을 다했습니다. 그는 신앙인이기 때문에 해야 할 일, 즉 이전에도 그랬듯이 지금도 여전히 선지자들을 지키는 일을 하고자 했습니다. 그 땅에 선지자가 사라지면 하나님의 말씀이 전달되지 못하고, 하나님의 말씀이 전달되지 못하면 백성이 하나님께로 돌아설 수 없으므로, 오바댜는 목숨을 걸고 선지자 백 명을 굴속에 숨겨 두고 먹을 것을 제공했습니다.

만약 오바댜가 이 행동을 한 번만 했다면, 우리도 충분히 오바댜처럼 할 수 있을 것입니다. 일주일 정도라면 사람들의 눈치를 보면서 해낼 수 있을 것입니다. 하지만 많은 날이 지나고 3년에 이르도록 이 일을 지속한다는 것은 불가능합니다. 그럼에도 불구하고 오바댜가 이 일을 했다는 것은 그가 역경과 환란의 시간 가운데서도 그리스도인으로서 해야 할 일을 최선을 다해 수행했음을 의미합니다.

삶이 어떤 상황에 부딪힐지라도 낙심하거나 포기하지 않기를 바랍니다. 신앙의 길을 걷는 것이 어려운 상황에서도, 말 못할 고통과 두려움, 각종 걱정이 몰려와도 그리스도인으로서 해야 할 일이 있기에 최선을 다해 신앙의 길을 걸어가야 합니다. 감당해야 할 일을 감당하는 믿음의 사람이 되어야 합니다.

오바댜의 삶이 가능했던 이유는 그가 정신력이 강하고, 용기가 있고, 대찬 사람이어서가 아닙니다. 엘리야를 향해 오바댜가 반복해서 했던 말이 무엇입니까? 바로 '죽음에 대한 두려움과 공포'였습니다. "내가 죽임을 당하리이다", "그가 나를 죽이리이다", 이 같은 언급을 계속해서 했습니다. 오바댜 역시 심한 죽음의 공포 속에 있었습니다. 그러나 그는 두려움에 사로잡히지 않고 끝까지 신앙인으로서 해야 할 일을 했고, 가야 할 길을 갔고, 살아야 할 삶을 살았습니다. 이것이 바로 신앙의 삶입니다.

우리는 종종 이렇게 말합니다.

"믿으세요. 믿으면서 왜 두려워합니까? 믿으면서 왜 염려합니까? 아, 믿음이 부족해서 그렇군요."

물론 우리는 두려움 없이 믿어야 하고, 염려 없이 살아야 합니다. 그러나 현실은 두려움과 염려가 가득한 세상입니다. 목사도 강단에서는 "두려워하지 마십시오"라고 선포하지만, 강단에서 내려오면 두려움을 느낄 수밖에 없는 상황과 마주합니다. 그러나 목사로서 걸어가야 할 길이 있기에 두려움 속에서도 기도하며 믿음의 길을 갑니다. 신앙이란 두려움이 없는 것이 아닙니다. 두려움 속에서도 하나님을 붙잡고 믿음으로 끝까지 살아가는 것입니다. 그렇기에 우리는 신앙의 길을 걸을 수 있습니다. 신앙의 삶을 살 수 있습니다. 신앙으로 이겨 낼 수 있습니다.

결국 엘리야는 갈멜산에서 영광스러운 하나님의 역사를 보게 됩니다. 하늘에서 불이 떨어지고, 이스라엘 온 백성이 살아 계신 하나님을 고백하게 됩니다. 더럽고 부패한 것들이 소멸되고 정리되는 사건을 경험하게 됩니다. 그러므로 우리가 살아가는 최선의 삶은 절대 헛되지 않습니다. 참음의 삶에는 희생만 있는 것이 아닙니다. 우리의 기다림은 바보 같은 짓이 아닙니다. 그것은 진정한 승리를 위한 숨겨진 함성입니다.

포기하지 마십시오. 다시 신앙의 길에 서십시오. 우리의 더럽혀진 신앙의 양심을 다시 한 번 하나님 앞에 세우십시오. 두려워하지 말고 낙심하지 말고 기다리며 최선을 다하면 하나님의 때가 옵니다. 좋은 날이

옵니다. 모두가 부러워할 영광스러운 시간은 하나님의 시간표 속에서 하나님의 사람들에게 반드시 주어집니다. 하나님이 오늘 우리에게 말씀하십니다.

"너도 내 때를 기다려라. 너도 신앙을 붙들고 참아라. 성급하게 걸음을 내딛지 말고, 힘들어도 신앙의 길을 최선을 다해 걸어가라. 그러면 좋은 때가 온다."

이 말씀이 마음에 깊이 새겨지기를 바랍니다.

6

절대 신앙을 붙들라

왕상 18:15-24

그리스도인에게 "신앙으로 살라"는 말은 아무리 강조해도 지나치지 않습니다. 왜냐하면 그리스도인에게 있어서 신앙의 삶은 정체성이자 필수이기 때문입니다. 세상 사람과 그리스도인의 차이는 외모나 가진 것에서 나타나지 않습니다. 세상 사람은 세상의 삶을 살지만, 그리스도인은 신앙의 삶을 삽니다. 이것이 분명한 차이점입니다. 그렇기에 그리스도인은 어떤 상황에서도 신앙을 부여잡고 살아야 합니다.

우리는 신앙으로 사는 것이 절대 쉽지 않다는 것을 알고 있습니다. 우리가 발을 딛고 사는 이 세상에서 신앙의 삶을 살기란 그리 간단하지 않습니다. 그 이유는 우리가 부딪히는 다양한 상황 때문입니다. 환경과 상황이 신앙의 삶을 순조롭게 살도록 도와주지 않습니다. 그럼에도 불구하고 그리스도인은 신앙의 삶을 살아야 합니다. 하나님이 우리를 부르신 목적이 우리가 신앙 안에서 살아가는 것이기 때문입니다.

말씀대로 살기 힘든 현실 앞에서

엘리야의 삶을 다시 한 번 봅시다. 엘리야에게 하나님의 말씀이 임했습니다. 하나님이 그에게 "말씀대로 살라"고 하신 것입니다. 엘리야에게 있어서 말씀대로 사는 삶은 곧 신앙의 삶을 사는 것이었습니다.

많은 날이 지나고 제삼년에 여호와의 말씀이 엘리야에게 임하여 이르시되 너는 가서 아합에게 보이라 내가 비를 지면에 내리리라 왕상 18:1

열왕기상 17장을 시작할 때, 하나님은 엘리야에게 "아합을 피하여 그릿 시냇가로 도망가라"고 하셨습니다. 그런데 18장에 이르러 다시 "아합을 찾아가라"고 말씀하십니다. 이제 엘리야가 살아가야 할 삶은 '아합을 만나는 것'입니다.

엘리야가 아합에게 보이려고 가니 그때에 사마리아에 기근이 심하였더라 왕상 18:2

"가라"는 하나님의 말씀을 따르는 것이 신앙인의 길이기에 엘리야는 순종하면서 아합에게로 갑니다. 그러나 그 여정은 순탄치 않았습니다. 엘리야에게 있어서 아합을 만나는 것은 당시로서는 대단히 부적합한 상황이었습니다. 엘리야를 만나면 즉시 신고하라는 수배지가 전국 방방곡곡에 붙어 있었고, 엘리야를 보고도 신고하지 않거나 숨겨 주면 그 사람이나 공동체는 멸망할 상황이었기 때문입니다. 하나님의 말씀이 분명하기에 하나님의 말씀대로 살려고 해도 막상 이 같은 상황을 만나면 쉽지 않습니다. '간단하지가 않구나. 나는 순종하는 삶을 살고 싶었는데, 상황이 매우 심각하구나!'라고 느낄 것입니다.

엘리야는 아합왕에게로 가는 길에 경건한 사람 오바댜를 만났습니다. 오바댜와 대화를 나눠 보니 그는 정말 필요한 인물이자 당대의 경건한 그리스도인이었습니다. 그 시대에 꼭 있어야 할 사람이었습니다. 이세벨이 하나님의 선지자들을 모두 찾아 죽이는 그때에 오바댜는 선지자 백 명을 굴에 숨겨 놓고 3년이라는 긴 시간 먹을 것을 가져다준 충성스러운 하나님의 일꾼이었습니다. 그런 오바댜를 만난 엘리야는 "아합에게 내가 여기 있다고 말을 해 주시오"라고 합니다. 그러자 오바댜는 펄쩍 뛰며 말합니다.

"내가 당신을 봤다고 말하는 순간, 나는 죽음을 면치 못할 것입니다."

엘리야가 하나님의 말씀대로 아합을 만나러 가면 이 경건한 하나님의 사람 오바댜가 생명을 잃을 상황이 연출되고 있습니다.

'내가 신앙의 삶을 살면, 하나님의 말씀대로 살면 오바댜가 죽을 수 있겠구나!'

이처럼 엘리야가 하나님의 말씀대로 살지 못할 상황이 펼쳐지고 있는 것입니다. 이 같은 상황이 우리에게 닥친다면 어떻게 하겠습니까? 그래도 하나님이 내게 말씀하셨기에 말씀대로 살아야겠다고 다짐하겠습니까, 아니면 하나님의 말씀을 뒤로하고 닥친 현실을 피할 방법을 모색하겠습니까?

보통 가장 쉽고 빠른 방법은 잠적하여 도망치는 것입니다. 자신을 합리화하며 일단 피해야 후일을 도모할 수 있을 뿐만 아니라 소중한 사람을 지킬 수도 있습니다. 그러나 이럴 때 그리스도인에게 필요한 것은 인간의 전략이 아닌 신앙입니다. 그렇다면 우리에게는 어떤 신앙이 필요할까요?

절대 신앙

타협하고 변명하는 신앙이 아닌, 오직 여호와 한 분만을 의지하는 절대 신앙이 필요합니다.

> 엘리야가 이르되 내가 섬기는 만군의 여호와께서 살아 계심을 두고 맹세하노니 내가 오늘 아합에게 보이리라 왕상 18:15

오바댜와 대화를 마친 후 엘리야는 "그럴지라도 내가 오늘 아합에게 보이리라" 하고 결심합니다. 상황이 아무리 어렵고 위험해도, 그는 하나님의 말씀에 따라 아합에게 가겠다는 결의를 보였습니다. 기회주의적인 신앙이 아니라, 하나님의 말씀에 절대적으로 순종하는 신앙입니다. 엘리야의 이 신앙고백은 17장 1절에도 동일하게 기록되어 있습니다.

> 길르앗에 우거하는 자 중에 디셉 사람 엘리야가 아합에게 말하되 내가 섬기는 이스라엘의 하나님 여호와께서 살아 계심을 두고 맹세하노니 왕상 17:1

이처럼 엘리야의 신앙은 어떤 상황에도 변함없이 견고했습니다. 그때에도 이번에도 엘리야는 변하지 않는 믿음을 가지고 있었습니다. 이를 우리는 '절대적 신앙'이라고 부를 수 있습니다.

엘리야의 모습을 통해 우리 역시 신앙의 모습을 되돌아보아야 합니다. 오바댜와의 대화를 통해 우리는 엘리야의 신앙고백이 한결같다는 것을 확인할 수 있습니다. 뿐만 아니라 그의 신앙고백은 그릿과 사르밧에서의 많은 날을 지나며 더 탄탄해지고 깊어졌습니다. 더 성숙해진 것입니다.

엘리야는 죽음의 위협 앞에서도 한 치의 흔들림이 없었습니다. 그는 상황에 흔들리지 않고, 장애물에 굴하지 않는 신앙을 가졌습니다. 하나님은 우리에게서도 이런 신앙이 드러나기를 원하십니다. 성경은 상황, 감정, 관계에 따라 흔들리는 신앙의 삶을 말하지 않습니다. 어떠한 상황에도 요지부동하지 않는 신앙의 삶, 믿음의 고백이 한 치도 흔들림 없는 삶, 하나님의 말씀이라면 타협도 없고 변명도 없는 신앙의 삶을 하나님은 우리에게 요청하고 계십니다.

엘리야도 이러한 절대적 신앙을 자신뿐만 아니라 이스라엘 백성에게 요구했습니다. 그는 아합을 만나 이스라엘 백성을 다 갈멜산으로 모으라고 말합니다. 또한 이스라엘 백성을 혼란스럽게 한 바알과 아세라를 섬기는 선지자들도 함께 모으라고 합니다.

> 엘리야가 모든 백성에게 가까이 나아가 이르되 너희가 어느 때까지 둘 사이에서 머뭇머뭇하려느냐 여호와가 만일 하나님이면 그를 따르고 바알이 만일 하나님이면 그를 따를지니라 하니 백성이 말 한마디도 대답하지 아니하는지라 왕상 18:21

먼저 엘리야는 모인 이스라엘 백성에게 하나님과 바알 사이에서 언제까지 머뭇거릴 것인지를 따져 묻습니다. 여기서 '머뭇거리다'라는 단어 '파사흐'(פסח)는 '술에 취해 비틀거리다'라는 의미를 담고 있습니다. 술에 취한 사람은 비틀거리며 걷습니다. 이는 이스라엘 백성의 영적 상태를 그대로 보여 줍니다. 이스라엘 백성은 하나님의 사랑 안에서만 온전해질 수 있는 존재였습니다. 그러나 그들은 하나님을 향할 때도, 세상을 향할 때도 비틀거리며 나아갔습니다. 거룩과 방탕 사이를 오가고, 신앙과 불신앙 사이를 넘나들었습니다. 이익과 감정에 따라 움직이고, 상황에 따라 신앙과 세상을 오갔습니다. 그들의 신앙은 양다리 신앙이었고, 기회주의적인 신앙이었습니다.

"여호와가 만일 하나님이면 그를 따르고 바알이 만일 하나님이면 그를 따를지니라"라는 엘리야의 말에 이스라엘 백성은 아무 대답도 하지 않았습니다. 왜일까요? 구약성경에서 '아니다'라는 뜻을 가진 부정 전치사는 두 가지입니다. 하나는 '알'(אל)인데, 실제적인 부정을 뜻합니다. 또 하나 '로'(לא)가 있는데, 잠재적인 부정을 뜻합니다. 여기서는 '알'이 쓰였습니다. 다시 말해, 백성들은 실제로 선택할 의지가 없었다는 것을 드러내 줍니다. 그래서 그들은 단 한마디도 못한 것입니다.

신앙의 삶은 양다리를 걸치는 것이 아닙니다. 주일만 '주님의 날'로 여기고, 다른 요일은 '나의 날'로 사용하는 것은 올바른 신앙의 삶이 아닙니다. 예배드리는 한 시간만 주님께 드리고, 나머지 시간은 자신을 위해 쓰는 것도 마찬가지입니다. 온전한 십일조를 드리지 않고 적당히 '이 정도면 되겠지' 하며 헌금하는 태도도 신앙의 삶에서 벗어난 것입니다. 하나님은 우리에게 절대적인 신앙을 요구하십니다. 이는 하나님이 이미 여호수아를 통해 이스라엘 백성에게 가르치셨던 것입니다. 여호수아는 이스라엘 백성이 가나안 땅에 들어간 후 이렇게 말했습니다.

> 그러므로 이제는 여호와를 경외하며 온전함과 진실함으로 그를 섬기라 너희의 조상들이 강 저쪽과 애굽에서 섬기던 신들을 치워 버리고 여호와만 섬기라 만일 여호와를 섬기는 것이 너희에게 좋지 않게 보이거든 너희 조상들이 강 저쪽에서 섬기던 신들이든지 또는 너희가 거주하는 땅에 있는 아모리 족속의 신들이든지 너희가 섬길 자를 오늘 택하라 오직 나와 내 집은 여호와를 섬기겠노라 수 24:14-15

"너희가 지금 거주하고 있는 가나안 땅에서 아모리 족속의 신들을 섬길지, 하나님을 섬길지 선택하라"는 것입니다. 그러면서 여호수아는 "오직 나와 내 집은 여호와를 섬기겠노라"라고 말했습니다. 신앙에는 회색지대가 없습니다. 신앙에는 중간지대가 있을 수 없습니다. 하나님을 섬기는 것이 내게 득이 되지 않는다고 느낀다면 세상을 섬기라고 여호수아는 말합니다. 여호수아는 이 사실을 반복적으로 이스라엘 백성에게 전했습니다.

> 만일 너희가 여호와를 버리고 이방신들을 섬기면 너희에게 복을 내리신 후에라도 돌이켜 너희에게 재앙을 내리시고 너희를 멸하시리라 하니 백성이 여호수아에게 말하되 아니니이다 우리가 여호와를 섬기겠나이다 하는지라 수 24:20-21

혼합된 신앙, 즉 두 마음을 품은 신앙을 가지면 하나님이 은혜와 복을 주셨더라도 다시 빼앗아 가신다고 여호수아는 경고합니다. 이 말을 들은 이스라엘 백성은 정신이 번쩍 들어 "우리가 여호와를 섬기겠나이다" 하고 결단했습니다. 그러나 시간이 지나 열왕기에서 그들의 모습은 세상 앞에서 다시 넘어져 있었습니다.

오늘날 사탄은 한국 교회와 성도들을 기형적인 혼합주의 신앙으로 미혹하고 무너뜨리려 합니다. 이러한 상황에서 특히 목회자들이 정신을 차려야 합니다. 심리학, 인문학, 과학을 무분별하게 받아들이고, 심지어는 여타 종교의 좋아 보이는 부분들마저 끌어오면 교회를 혼란에 빠뜨릴 수 있습니다. 이것이 교회와 성도를 하나님에게서 멀어지게 만들려는 사탄의 책략입니다.

이러한 의미에서 교회 지도자들은 깨어 있어야 합니다. 성도들도 정신을 똑바로 차려야 합니다. 특히 이 시대의 젊은이들을 가르치는 대학부, 청년부 사역자들은 각성하고, 그들이 시대와 타협하지 않고 절대 신앙을 가지도록 하는 일에 집중해야 합니다. 시대적으로 교회가 아무리 촌스러워지고 무식해 보일지라도, 교회는 오직 여호와에 대한 절대 신앙을 가져야 합니다. 엘리야도 마찬가지였습니다.

> 엘리야가 백성에게 이르되 여호와의 선지자는 나만 홀로 남았으나 바알의 선지자는 사백오십 명이로다 왕상 18:22

엘리야는 자신이 고립된 상황임을 알고 있었습니다. 그는 홀로 남았습니다. 물론 숨겨진 하나님의 선지자들이 있었지만 그들이 드러나지 않았기에, 엘리야는 철저히 홀로인 것처럼 보였습니다. 그런 그의 모습은 외롭고 어리석어 보일 수도, 초라해 보일 수도 있었습니다. 그러나 엘리야는 결코 외롭고 어리석은 존재로만 남지 않았습니다. 그의 신앙은 결국 어떤 결과를 낳았습니까? 세상이 무너질 때에도 엘리야는 흔들림 없이 절대 신앙을 붙잡았습니다. 그리고 홀로 자신의 민족을 세우며, 그들이 어긋난 길에서 돌이킬 수 있도록 강력한 리더십을 발휘했습니다. 오늘날 우리도 엘리야와 같은 신앙의 삶을 살아가야 합니다.

한 가지 더 강조하고 싶은 점이 있습니다. 엘리야와 오바댜 사이에 오간 대화를 살펴보면, '아합 앞에 가면 안 된다'는 오바댜의 생각과 '그럼에도 아합에게 가야 한다'는 엘리야의 생각이 첨예하게 대립합니다. 그런데 이 상황에서 엘리야가 절대 신앙을 고백하자 그 신앙이 오바댜에게로 전염됩니다. 오바댜는 자신도 아합에게 가겠다고 고백합니다. 그리고 아합에게 가서 아합이 직접 엘리야를 찾아가도록 만듭니다.

이처럼 절대 신앙은 절대 신앙을 낳습니다. 반면에 혼합 신앙은 또 다른 기형을 만들어 냅니다. 우리는 세상을 닮아 가고 따라가는 자들이 아닙니다. 세상을 하나님을 향한 절대 신앙으로 끌어와야 합니다. 자라나는 우리 자녀들을 절대 신앙으로 양육해야 합니다. 쉽게 세상을 따라가게 해서는 안 됩니다. 세상이 허용한다고 해서, 유행이라고 해서 조건 없는 관용의 자세를 취해서는 안 됩니다. 자녀들이 주일에 한 시간 교회에 나오는 것으로 만족하게 해서는 안 됩니다. 세상의 것과 비교할 수 없는 소중한 신앙의 가치를 그들에게 전해 주어야 합니다. 절대 타협해서는 안 되는 진리를 전수해 주어야 합니다.

우리는 훗날 자녀 세대들만 남겨 놓고 세상을 떠나게 됩니다. 그럴 때 그들 역시 신앙의 자리에서 무너지는 것이 아니라 하나님을 향한 절대 신앙으로 살아갈 수 있어야 합니다. 만약 이 사명을 우리가 잘 감당하지 못한다면 우리의 '다음' 세대는 '다른' 세대가 되어 버립니다. 우리는 믿음의 주축이 되어 가족들을 절대 신앙의 자리로 이끌어 가는 사명을 끝까지 감당해야 합니다.

회개 신앙

절대 신앙 못지않게 중요한 것은 바로 회개 신앙입니다. 엘리야는 아합을 만나러 갑니다. 그러자 아합도 오바댜의 말을 듣고 엘리야를 만나러 옵니다. 둘이 만났을 때, 그들의 생각과 시각의 차이는 확연했습니다.

> 엘리야를 볼 때에 아합이 그에게 이르되 이스라엘을 괴롭게 하는 자여 너냐 왕상 18:17

아합은 이스라엘이 3년 동안 가뭄에 시달리고 기근과 역경에 휘말린 것이 엘리야 때문이라고 말합니다. 그러자 엘리야는 이렇게 대답합니다.

> 그가 대답하되 내가 이스라엘을 괴롭게 한 것이 아니라 당신과 당신의 아버지의 집이 괴롭게 하였으니 이는 여호와의 명령을 버렸고 당신이 바알들을 따랐음이라 왕상 18:18

엘리야는 아합에게 당신이 하나님의 명령을 버리고 바알을 따랐기 때문에 가뭄이 온 것이라고 말합니다. 그렇다면 누구의 말이 맞을까요?

열왕기상 16장을 보면, 유다의 아사왕 제38년에 아합이 이스라엘의 왕이 됩니다(29절). 아합은 이후 22년 동안 이스라엘을 다스렸는데, 많은 악을 행했습니다. 아합은 여로보암의 죄를 따라 바알을 위한 제단과 아세라 상을 만듦으로 이스라엘 백성을 하나님으로부터 멀어지게 했습니다. 또 시돈 사람의 왕 엣바알의 딸 이세벨을 아내로 삼고, 바알을 섬겨 예배하고, 사마리아에 건축한 바알의 신전 안에 바알을 위한 제단을 쌓았습니다. 이런 행위로 아합은 이전 이스라엘의 모든 왕보다 심히 하나님을 노하시게 했습니다.

아합이 하나님을 노하시게 한 원인은 1차적으로 아합 그 자신에게 있었지만, 근본적인 원인은 바로 그의 아버지 오므리에게 있었습니다. 오므리에게도 하나님을 향한 절대 신앙이 없었기 때문입니다. 부모의 신앙이 자녀에게로 그대로 이어진 것입니다. 그렇다면 아합왕은 이전의 왕들보다 자신이 더 악하게 살고 있다는 것을 알았을까요? 어릴 적 아버지의 행동을 보면서 자신의 아버지가 하나님의 말씀과 다른 삶을 살고 있다는 것을 몰랐을까요?

아합왕은 이스라엘 사람이자 하나님의 백성이었습니다. 그럼에도 불구하고 그는 하나님의 말씀을 무시했습니다. 뉘우침도 회개도 없었습니다. 왜냐하면 그는 이미 여호와의 명령을 떠났기 때문입니다. 그래서 하나님의 사람 엘리야가 가뭄을 선포하고 예고했음에도 자신의 죄악을 인정하고 뉘우치지 않았습니다. 대신 그는 엘리야에게 책임을 전가했고, 그 책임을 물어 엘리야를 죽이려 했습니다.

아합왕은 이미 죄로 인해 영안이 어두워진 상태였습니다. 그래서 자신을 돌아보지 못할뿐더러 민족을 돌아보지도 못했습니다. 반면에, 엘리야는 자신이 믿는 하나님이 살아 계신 하나님이심을 믿었기에 목숨을 걸고 신앙의 삶을 살아갔습니다. 그리고 자신뿐만 아니라 민족을 위해 헌신했습니다. 성경은 엘리야와 아합의 모습을 대조하여 우리에게 신앙의 삶이란 자신을 돌아보면서 뉘우치고 회개하는 삶이라고 가르쳐 줍니다.

열왕기상 17장에 나오는 사르밧 과부를 떠올려 보십시오. 과부의 아들이 죽었습니다. 그러자 그녀는 엘리야에게 이렇게 말했습니다.

> 하나님의 사람이여 당신이 나와 더불어 무슨 상관이 있기로 내 죄를 생각나게 하고 또 내 아들을 죽게 하려고 내게 오셨나이까 왕상 17:18

사르밧 과부는 아들의 죽음을 통해 자신의 죄를 보게 되었습니다. 그런데도 그녀는 회개하지 않았습니다. 대신 엘리야에게 책임을 전가했습니다. 자신의 죄가 생각나고, 자신의 허물이 여전히 내면에 자리하고 있음에도 그녀는 회개하지 않았습니다.

이를 통해 알 수 있는 사실이 있습니다. 아는 것과 뉘우치는 것은 다르다는 것입니다. 회개는 단순한 지적 동의가 아닙니다. 회개는 허물을 아는 것에서 멈춰서는 안 됩니다. 내 죄가 철저히 깨달아질 때 즉시 그 자리에서 결단하고 돌이키는 것이 바로 회개입니다. 죄악 된 모든 삶을 청산해 버리는 것이 회개입니다. 이러한 회개에는 보통 세 가지 요소가 필요한데, 바로 '지적인 깨달음', '감정적인 통회', '의지적 전환'입니다.

하나님이 원하시는 신앙의 삶은 변명하는 삶이 아닙니다. 고집하고 주장하는 삶도 아닙니다. 내 허물과 죄를 감추고 덮어 버리는 삶이 아니라, 뉘우치며 회개하는 삶이 우리가 살아야 할 신앙의 삶입니다.

사람은 다 약합니다. 지나온 삶의 발자국을 되돌아보면 허물이 많습니다. 실수투성이입니다. 하나님 앞에 얼굴을 들기에 부끄러운 생각과 언어와 행동들이 분명히 있습니다. 그러한 때에 우리에게 필요한 것은 숨기지 않는 솔직함입니다. 감추고 덮어 놓는 것이 아닌, 뉘우치며 돌이키는 것이 바람직한 신앙의 모습입니다.

> 이러므로 우리에게 구름같이 둘러싼 허다한 증인들이 있으니 모든 무거운 것과 얽매이기 쉬운 죄를 벗어 버리고 인내로써 우리 앞에 당한 경주를 하며 히 12:1

신앙의 삶을 살아갈 때 우리에게 꼭 필요한 것은 바로 죄를 벗어 던지는 것입니다. 그래야 신앙의 경주를 제대로 할 수 있습니다. 죄의 짐을 지거나 죄의 보따리를 숨겨 놓고서는 믿음의 경주를 제대로 할 수가 없습니다. 사람의 눈이 중요한 것이 아니라 하나님의 시선이 중요하기 때문입니다. 사람의 눈을 가리고 사람을 속이는 것보다 더 무서운 것은 하나님의 눈을 가리고 하나님을 속이는 것입니다. 그래서 성경은 이렇게 말합니다.

> 만일 우리가 우리 죄를 자백하면 그는 미쁘시고 의로우사 우리 죄를 사하시며 우리를 모든 불의에서 깨끗하게 하실 것이요 요일 1:9

우리 죄를 자백하면 하나님은 미쁘시고 신실하신 분이기에 우리 죄를 사하십니다. 그리고 그때부터 우리의 인생에는 새로운 날이 펼쳐집니다. 믿음의 삶이 새롭게 시작됩니다. 뿐만 아니라 하나님의 복을 붙잡을 수 있는 기회를 얻게 됩니다. 쇠렌 키르케고르(Søren Kierkegaard)는 "인간은 신 앞에 홀로 선 단독자다"라고 말했습니다. 하나님 앞에 홀로 설 때 우리에게는 고백하지 못할 죄가 없습니다. 알량한 자존심, 불어닥칠 후폭풍 등은 사실 진정한 신앙의 삶 앞에서는 아무 문제도 되지 않습니다. 하나님 앞에 홀로 선 그 자리에서 이렇게 고백합시다.

"하나님, 여전히 고집스럽고 거짓된 나이지만 내 허물을, 내 죄를 용서해 주십시오. 나는 하나님 앞에 부끄러운 자입니다."

이 고백에 하나님은 우리를 향해 손을 내밀어 주십니다. 그리고 새로운 길로, 더 나은 길로 우리를 인도해 주십니다.

결단 신앙

우리는 믿음으로 회개하고도 왜 또 넘어질까요? 그것은 세상의 허상과 헛것에 미혹을 받기 때문입니다. 결단하고 회개한 후에도 우리는 미혹을 받을 수 있습니다. 마치 그것이 진짜로 느껴지기 때문입니다. 사실 찬찬히 들여다보면 아무것도 아닌 그것이 우리를 행복하게 해 줄 것 같고 인생의 참된 낙처럼 느껴지기 때문입니다.

열왕기상 18장 본문에 등장하는 사람들을 한번 주목해 봅시다. 엘리야는 사람들을 다 불러 모은 후 무슨 일을 합니까? 누가 참된 신인지를 분명히 드러내고자 합니다. 엘리야는 하나님을 부르고, 바알 선지자들은 그들의 신을 각각 부른 다음 거기에 응답하는 신이 참 신이라고 선언합니다. 그러한 선언을 좋게 여긴 바알 선지자들은 즉시 그들의 제사를 통해 신을 부릅니다.

> 그들이 받은 송아지를 가져다가 잡고 아침부터 낮까지 바알의 이름을 불러 이르되 바알이여 우리에게 응답하소서 하나 아무 소리도 없고 아무 응답하는 자도 없으므로 그들이 그 쌓은 제단 주위에서 뛰놀더라
>
> 왕상 18:26

여기서 '뛰놀더라'라는 말은 단순히 놀았다는 의미가 아닙니다. 아무 응답이 없자 그들은 그들의 무속 의식 안에서 울부짖으며 절규했습니다. 바알은 풍요의 신이자 바람과 비를 다스리는 신으로, 바알이 비를 내리면 땅에 초목이 자라고, 가축이 그 초목을 먹어 번성하게 된다고 그들은 믿었습니다. 그래서 이스라엘 백성도 하나님이 아닌 바알에게 빠졌던 것입니다. 그러나 바알은 헛된 신입니다. 아무리 불러도 대답 없는 죽은 신입니다. 계속 반응이 없자 그들은 더 큰 소리로 바알을 부르며 몸을 상하게 했습니다.

> 이에 그들이 큰 소리로 부르고 그들의 규례를 따라 피가 흐르기까지 칼과 창으로 그들의 몸을 상하게 하더라 왕상 18:28

그들은 광란의 몸부림을 쳤습니다. 칼과 창으로 스스로의 몸을 상하게 해 피를 흘리면서 소리쳤으나 여전히 응답은 없었습니다.

이같이 하여 정오가 지났고 그들이 미친 듯이 떠들어 저녁 소제 드릴 때까지 이르렀으나 아무 소리도 없고 응답하는 자나 돌아보는 자가 아무도 없더라 왕상 18:29

왜 바알은 이처럼 울부짖는 그들에게 응답하지 않았을까요? 그 자체가 가짜이기 때문입니다. 헛된 우상이기 때문입니다. 오늘날 이 시대를 살면서 우리의 신앙을 뒤흔드는 것들도 바로 이러한 헛된 우상들입니다. 세상 사람들은 마치 바알과 같이 헛된 것들이 인생을 성공으로 이끌어 줄 것이라 생각합니다. 그것이 행복을 가져다줄 것이라 착각합니다. 그래서 몸부림치며 쫓아가지만, 여호와 외에 이 땅의 모든 것은 헛된 우상일 뿐입니다.

오늘날 세상을 한번 보십시오. 종종 우리는 "세상이 점점 걷잡을 수 없이 돌아간다"고 말합니다. 왜 세상이 이처럼 이성을 잃고 있는 것일까요? 헛된 우상의 미혹을 받았기 때문입니다. 세상의 것들이 모두 헛된 것이라면 우리는 어떻게 해야 할까요? 버리기로 결단해야 합니다. 거짓이 아닌 참된 것을 바라보고 그것을 쫓아야 합니다. 헛된 것이라는 사실을 알면서도 여전히 따라가고 있다면 우리는 단호하게 떠나기로 결단해야 합니다. 그리고 우리의 자녀들과 다음 세대에게도 이러한 허상에 속지 말라고 가르쳐야 합니다.

바알은 헛된 것입니다. 반면, 엘리야가 믿은 하나님은 참 신이십니다. 엘리야가 단을 쌓고 "여호와여 내게 응답하옵소서"(왕상 18:37)라고 기도했을 때, 하늘에서 불이 떨어졌습니다. 이 장면은 하나님만이 참 신이시고 진정한 하나님이시라는 것을 보여 줍니다. 엘리야는 여기서 멈추지 않고 또 하나의 단호한 행동을 취합니다.

> 엘리야가 그들에게 이르되 바알의 선지자를 잡되 그들 중 하나도 도망
> 하지 못하게 하라 하매 곧 잡은지라 엘리야가 그들을 기손 시내로 내려
> 다가 거기서 죽이니라 왕상 18:40

엘리야는 바알의 선지자 450명을 기손 강가에 데려가 모두 죽였습니다. 왜일까요? 남겨 두면 또 미혹의 불씨가 되어 이스라엘 백성이 다시 넘어질 것이 뻔하기 때문입니다. 이것은 신앙의 결단이자 영적인 결단이었습니다.

우리도 신앙의 결단이 필요하다면 지금 당장 해야 합니다. 후일로 미루어서는 안 됩니다. 지적인 동의가 있고, 양심에 찔림이 있을 때 즉시 그에 따른 행동도 수반해야 합니다. 틈을 주면 안 됩니다. 방치해서는 안 되며 지금 당장 결단해야 합니다. 내 속의 헛된 것들을 제거해야 하나님이 기뻐하시는 신앙인으로 살아갈 수 있습니다. 우상들을 태워 버려야 부흥의 불길과 새로운 시작이 일어납니다. 지금 당장 결단할 수 있기를 바랍니다. 지금 회개하고 하나님을 향한 절대 신앙으로 살겠다는 결단이 있어야 우리에게 희망이 있습니다.

7

무너진 제단을 다시 세우라

왕상 18:30-40

신앙의 삶은 단순히 교회에 출석하거나 종교 활동에 참여하는 것에 그치지 않습니다. 그것은 삶의 현장에서 믿음을 드러내고 실천하는 것이며, 하나님께 훈련받는 과정이기도 합니다. 군인이 전쟁을 대비해 매일 훈련받듯이, 그리스도인도 끊임없이 연단되고 다듬어져야 합니다. 특히 신앙의 삶은 내 계획과 내 뜻대로 사는 것이 아니라 하나님의 뜻과 하나님의 시간표에 나를 맞추어 사는 삶입니다. 이는 하나님의 때를 기다리며 살아가는 것을 의미합니다. 즉 하나님이 내 인생의 때를 정해 놓으셨고, 삶의 모든 계획을 알고 계신다는 사실을 인정하는 것이 신앙의 삶입니다.

우리는 다양한 상황 속에서도 흔들리지 않고, 여호와를 중심에 두며, 절대적인 믿음으로 살아가는 것이 신앙의 삶임을 배웠습니다. 반대로, 환경에 따라 요령껏 살아가는 삶은 신앙의 삶이 아니라는 것도 알게되었습니다. 하나님은 우리가 자신의 지식이나 감정에 치우쳐 사는 것을 기뻐하지 않으십니다.

열왕기상 17-18장은 두 개의 시간적인 배경을 무대로 하고 있습니다. 먼저, 17장의 시간적 배경은 엘리야가 아합을 떠난 때이고, 18장은 그렇게 떠났던 엘리야가 아합에게로 다시 돌아온 때입니다.

길르앗에 우거하는 자 중에 디셉 사람 엘리야가 아합에게 말하되 내가 섬기는 이스라엘의 하나님 여호와께서 살아 계심을 두고 맹세하노니 내 말이 없으면 수년 동안 비도 이슬도 있지 아니하리라 하니라 왕상 17:1

17장에서 엘리야는 아합을 만난 후 그를 피해 그릿 시냇가로 갑니다. 그리고 그곳에서 얼마간의 시간을 보낸 후 다시 사르밧으로 갑니다. 엘리야가 아합을 피했던 이유는 비 때문입니다. 엘리야는 아합에게 수년 동안 이스라엘에 절대로 비가 내리지 않을 것이라 선언했기 때문입니다. 그리고 18장에서 엘리야는 아합을 다시 만납니다.

많은 날이 지나고 제삼년에 여호와의 말씀이 엘리야에게 임하여 이르시되 너는 가서 아합에게 보이라 내가 비를 지면에 내리리라 왕상 18:1

아합을 피했던 엘리야가 그를 다시 만난 이유는 첫째로, 하나님이 엘리야에게 말씀하셨기 때문이고, 둘째로 바로 비 때문입니다. 여기서 한 가지 질문을 던질 필요가 있습니다. "왜 하나님의 백성인 이스라엘이 비 문제와 직면해야 하는가? 하나님은 왜 비를 통해 이스라엘 백성을 다루시는가?"입니다. 하나님은 왜 이스라엘 백성이 가뭄을 맞게 하셔서 고통을 겪게 하셨을까요? 왜 그들이 수년이라는 긴 고통의 시간을 보내게 하셨을까요?

> 그가 대답하되 내가 이스라엘을 괴롭게 한 것이 아니라 당신과 당신의 아버지의 집이 괴롭게 하였으니 이는 여호와의 명령을 버렸고 당신이 바알들을 따랐음이라 왕상 18:18

이스라엘 백성이 하나님의 말씀에서 떠나 있었기 때문입니다. 그들은 하나님께 속한 자들임에도 불구하고 하나님을 따르지 않았습니다. 하나님 대신 바알을 선택했습니다. 그래서 그들에게 가뭄이라는 문제가 닥친 것입니다. 이 문제로 인해 엘리야는 그들 앞에 다시 나섭니다. 그리고 하나님은 지금 엘리야를 통해 문제를 해결하려 하십니다.

그렇다면 엘리야를 통해 나타나는 모든 일은 자연스럽게 이스라엘 백성의 신앙 문제와 연결됩니다. 이스라엘 백성이 처한 모든 상황이 사실은 그들의 비뚤어진 신앙을 바른 자리로 되돌리시기 위한 하나님의 연출이기 때문입니다. 그리고 그 계획과 작업은 엘리야를 통해 행해졌습니다. 그렇다면 하나님은 이스라엘 백성이 어떤 신앙의 삶을 살기를 원하셨을까요? 하나님이 엘리야를 통해 이스라엘 백성에게 가르치려고 하신 신앙의 삶이란 무엇일까요?

회복의 삶

하나님은 이스라엘 백성에게 회복의 삶을 사는 것이 신앙의 삶이라는 것을 가르치십니다. 삐뚤어진 신앙의 자리에 그대로 머물러 있거나 넘어져 주저앉아 있는 것이 아니라 다시 회복되는 삶을 사는 것이 하나님이 그들에게 원하신 삶의 모습이었습니다.

하나님은 아합에게 엘리야를 보내셨습니다. 아합과 이스라엘 백성이 처한 문제를 해결하시기 위해서였습니다. 지금 이스라엘 백성에게는 비가 필요한 상황입니다. 비가 수년 동안 내리지 않았고, 가뭄으로 그들은 아사 직전에 놓였습니다. 하나님은 그들을 다시 회복시키기 위해 엘리야를 보내셨습니다. 그런데 하나님은 그들에게 바로 비를 허락하지 않으셨습니다. 엘리야는 아합을 찾아간 후 상식적인 행동이 아닌, 일반인이 이해할 수 없는 일을 진행합니다.

너희는 너희 신의 이름을 부르라 나는 여호와의 이름을 부르리니 이에 불로 응답하는 신 그가 하나님이니라 백성이 다 대답하되 그 말이 옳도다 하니라 왕상 18:24

엘리야는 먼저 아합과 이스라엘을 혼란스럽게 하는 이방신 선지자들에게 영적인 대결을 요구했습니다. 각자 섬기는 신에게 제사를 드리고, 먼저 불로 응답하는 신을 진정한 신으로 여기자고 제안합니다. 이방신을 섬기는 선지자들도 엘리야의 요구에 선뜻 응합니다. 그러고 난 후 엘리야가 취한 행동은 다음과 같습니다.

엘리야가 모든 백성을 향하여 이르되 내게로 가까이 오라 백성이 다 그에게 가까이 가매 그가 무너진 여호와의 제단을 수축하되 왕상 18:30

엘리야는 이스라엘 백성을 다 부른 후 무너진 제단을 다시 쌓습니다. 엘리야가 제단을 다시 쌓았다는 것은 그때까지 제사를 드리는 제단이 무너져 있었다는 것을 뜻합니다. 그리고 그렇게 방치된 제단은 현재 이스라엘 백성의 신앙의 현주소를 우리에게 보여 줍니다. 하나님께 제사를 드려야 하는 이스라엘 백성은 하나님 대신 바알을 찾았습니다. 그렇게 하나님의 제단을 찾지 않자 제단은 점점 방치되었고, 곧 허물어지고 무너져 버린 것입니다.

> 저녁 소제 드릴 때에 이르러 선지자 엘리야가 나아가서 말하되 아브라함과 이삭과 이스라엘의 하나님 여호와여 주께서 이스라엘 중에서 하나님이신 것과 내가 주의 종인 것과 내가 주의 말씀대로 이 모든 일을 행하는 것을 오늘 알게 하옵소서 여호와여 내게 응답하옵소서 내게 응답하옵소서 이 백성에게 주 여호와는 하나님이신 것과 주는 그들의 마음을 되돌이키심을 알게 하옵소서 하매 왕상 18:36-37

무너진 이스라엘 백성의 신앙을 회복하기 위해 엘리야는 하나님께 기도하며 제사를 드렸습니다. 또한 엘리야는 단순히 이스라엘이 처한 상황과 문제만을 해결하기 위해 제사를 드린 것이 아닙니다. 오직 이스라엘 백성이 '여호와가 참 하나님'이심을 알게 하려고 그는 모든 백성을 부른 후 하나님께 제사를 드렸습니다.

이 마음은 하나님 편에서도 동일했습니다. 하나님은 이스라엘 백성의 신앙이 회복되기를 원하고 계셨습니다. 이 부분은 우리에게도 마찬가지로 적용되어야 합니다. 진정한 신앙은 '이스라엘'이라는 이름을 가

지고 있는 것만으로 이루어지지 않습니다. '약속의 사람', '언약의 백성'
이라는 타이틀을 가지고 있는 것에 만족하거나 머무는 것으로 신앙은
자라지 않습니다. 그것은 신앙의 삶이 아닙니다. 진정한 신앙의 삶이란
하나님이 기뻐하시는 모습으로 회복되는 삶입니다.

하나님은 엘리야를 통해 이스라엘에게 어떤 결과를 보이셨습니까?

조금 후에 구름과 바람이 일어나서 하늘이 캄캄해지며 큰비가 내리는
지라 아합이 마차를 타고 이스르엘로 가니 왕상 18:45

엘리야가 모든 영적 전쟁을 끝낸 후 3년 6개월 동안 잠겨 있었던 하
늘이 열렸습니다. 가뭄에 시달리던 고통의 장소가 다시 하나님의 복이
내리는 현장으로 회복되었습니다. 뿐만 아니라 바알의 제단에 엎드렸던
이스라엘 백성이 이제 다시 하나님 앞에 엎드리게 되었습니다.

모든 백성이 보고 엎드려 말하되 여호와 그는 하나님이시로다 여호와
그는 하나님이시로다 하니 왕상 18:39

신앙의 회복, 이것이 하나님이 이스라엘에게 원하셨던 삶입니다.
하나님은 우리의 신앙도 회복되기를 원하십니다. 우리 육신의 삶도 회
복되고, 영적인 삶도 회복되는 것이 하나님이 원하시는 신앙의 삶입니
다. 넘어지고 무너진 자리, 삶의 여러 가뭄의 자리에서 다시 회복되는 삶
으로 나아가는 것이 하나님이 바라시는 신앙의 모습입니다.

반대로, 신앙으로 살지 않는 삶은 어떤 삶일까요? 하나님의 언약 백

성이면서도 넘어진 자리에 그대로 머물러 있는 것, 예배가 무너져 있음에도 방치해 둔 채 단지 그리스도인이라는 이름으로만 살아가는 것, 이는 신앙의 삶이 아닙니다. 진정한 신앙의 삶은 넘어진 그 자리에서 다시 일어서는 것입니다. 삐뚤어진 것이 있다면 바르게 세워야 합니다. 여호와를 떠났다면 다시 돌아오는 삶이 회복의 삶이자 신앙의 삶임을 우리는 기억해야 합니다.

불과 몇 년 전, 우리는 코로나19라고 하는 전대미문의 전염병으로 인해 신앙생활에 많은 제약을 받았습니다. 두려움과 염려, 불편함 때문에 자신도 모르는 사이에 신앙이 약해지기도 했고 또 넘어지기도 했습니다. 지켜야 할 것들을 마땅히 지키지 못한 때도 있었습니다. 그러나 이제는 그러한 삶의 모습을 다 내려놓고 진정한 신앙의 삶을 위해 몸부림쳐야 합니다. 인생의 여러 가뭄을 해결하지 않은 채 그대로 살아가는 것, 비가 여전히 오지 않는 상황임에도 불구하고 모든 것을 포기하는 삶은 하나님이 기뻐하지 않으십니다.

우리는 모두 그리스도인입니다. 하나님의 백성입니다. 또 교회 안에서 여러 직분도 가지고 있습니다. 이렇게 껍데기와 형식은 가지고 있는데 정작 우리 속에 하나님을 향한 신앙이 무너져 있다면 우리는 이제 삶을 돌이켜야 합니다. 여호와의 명령을 따르지 아니하며, 하나님을 예배해야 할 제단이 무너진 채, 단지 무늬만 종교인으로서 매일매일을 살아가고 있다면 단호히 그 자리에서 벗어나야 합니다.

기적의 삶

하나님이 이스라엘 백성에게 가르치고자 하신 신앙의 삶은 한계를 넘는 기적의 삶입니다. 하나님은 하나님의 백성들이 단순히 현실에 매몰되고 한계에 갇혀 사는 삶이 아니라 하나님이 행하시는 기적을 믿는 삶을 살기를 원하십니다.

왜 하나님은 비와 가뭄으로 이스라엘 백성을 간섭하셨을까요? 하나님이 행하시는 능력 중에 이보다 더 큰 기적도 얼마든지 있습니다. 그런데 왜 하필 비였을까요?

> 그가 대답하되 내가 이스라엘을 괴롭게 한 것이 아니라 당신과 당신의 아버지의 집이 괴롭게 하였으니 이는 여호와의 명령을 버렸고 당신이 바알들을 따랐음이라 왕상 18:18

하나님은 앞서 엘리야를 통해 아합에게 그가 처한 상황의 원인을 알려 주셨습니다. 바로 하나님이 아닌 바알을 섬겼기 때문에, 그와 이스라엘 백성은 가뭄을 맞을 수밖에 없었습니다. 바알은 바람과 비를 주관하는 신, 경작의 신, 농사의 신, 풍요의 신으로 알려져 있었습니다. 따라서 당시 사람들은 비를 내릴 수 있는 신은 바알이라고 여겼습니다. 그런데 진짜 비를 주관하시는 참 신은 바로 하나님이십니다.

하나님은 3년 6개월이라는 긴 시간 동안 하늘의 문을 잠그셨습니다. 하지만 그 긴 시간 가뭄을 맞이한 이스라엘 백성은 여전히 하나님이 아닌 바알을 따랐습니다. 그렇기 때문에 그들에게 필요한 것은 단순히 비가 아니라, 무엇이 진짜인지 무엇이 가짜인지를 판단하는 근본적인 신앙의 회복이었습니다.

> 너희는 너희 신의 이름을 부르라 나는 여호와의 이름을 부르리니 이에
> 불로 응답하는 신 그가 하나님이니라 왕상 18:24

엘리야가 누가 진정한 신인지를 이방신 선지자들과 함께 판단함에
있어서 세운 전제는 바로 "불로 응답하는 신"이었습니다. 그리고 그는
진정한 신은 바로 하나님이심을 모든 사람에게 알리기 위해 특별한 전
략을 세웠습니다. 먼저 무너진 제단을 다시 쌓고, 제단 주변에 도랑을 파
고, 나무를 벌이고, 그 위에 각을 뜬 송아지를 놓습니다. 보통은 송아지
의 각을 떴으니 바로 하나님께 불을 내려 달라고 기도해야 마땅한데 엘
리야는 달랐습니다.

> 그가 여호와의 이름을 의지하여 그 돌로 제단을 쌓고 제단을 돌아가며
> 곡식 종자 두 스아를 둘 만한 도랑을 만들고 또 나무를 벌이고 송아지
> 의 각을 떠서 나무 위에 놓고 이르되 통 넷에 물을 채워다가 번제물과
> 나무 위에 부으라 하고 또 이르되 다시 그리하라 하여 다시 그리하니
> 또 이르되 세 번째로 그리하라 하여 세 번째로 그리하니 물이 제단으로
> 두루 흐르고 도랑에도 물이 가득 찼더라 왕상 18:32-35

엘리야는 네 통에 물을 채워다가 제물과 나무 위에 세 번이나 반복
해서 부었습니다. 당연히 하나님께 드릴 제물은 물에 흠뻑 젖은 상태이
고 제단도 다 젖었습니다. 성경은 도랑에 물이 가득 찼다고 기록하고 있

습니다.

불이 붙으려면 물기가 완벽히 제거된 상태여야 합니다. 그런데 엘리야는 보란 듯이 네 통에 물을 채워다가 제물과 나무 위에 세 번이나 반복해서 부었습니다. 왜 이렇듯 무모한 행동을 했을까요? 완벽한 기적을 일으키시는 분은 바로 하나님이심을 알리기 위해서였습니다.

일반적인 상태의 제물이 놓인 상태에서 불이 떨어졌다면 당시 완악한 이스라엘 백성은 그들의 무지함으로 그 모든 일이 하나님의 역사라는 것을 인정하지 않았을 가능성이 농후했습니다. 그리고 하나님이 아닌 바알이 내렸을 것이라 착각했을 수도 있습니다. 그래서 엘리야는 초자연적인 현상으로 불을 구했던 것입니다. 도무지 불이 붙을 수 없는 상황 가운데 인간의 상식과 경험과 지식과 이성을 뛰어넘는 방법으로 승부를 지은 것입니다. 엘리야에게는 기적의 주인은 오직 하나님이시라는 굳은 믿음이 있었습니다. 이것이 바로 신앙의 삶입니다.

신앙의 삶을 산다는 것은 이성적인 영역에만 신앙을 제한해서 사는 삶이 아닙니다. 하나님이 인간의 모든 한계를 뛰어넘는 삶을 허락하신다는 사실을 믿고 기대하고 소망하는 것이 신앙의 삶입니다. 신앙은 하나님과 사람 사이의 관계 속에서 일어납니다. 사람과 사람의 관계 속에서 이루어질 수 없는 일도 하나님과 인간의 관계 속에서는 얼마든지 일어날 수 있습니다. 그러니까 기적이라는 것은 수평적 사고에서는 전혀 불가능하지만 수직적 사고에서는 얼마든지 가능합니다. 신앙의 영역에서는 기적이 일상입니다.

사실 우리의 신앙 자체가 기적입니다. 예수님의 탄생을 생각해 보십시오. 예수님은 처녀의 몸에서 태어나셨습니다. 이처럼 동정녀 탄생을 믿는 것이 신앙입니다. 내 죄를 대신해 예수님이 십자가에 죽으셨다는 것을 믿는 것이 신앙입니다. 그 예수님이 사흘 만에 다시 살아나셨다는 것을 믿는 것이 신앙입니다. 살아나신 예수님이 승천하셨다는 것을 믿는 것이 신앙입니다. 승천하신 예수님이 재림하겠다고 하신 말씀을 믿는 것이 바로 신앙입니다. 우리가 가진 상식의 한계를 뛰어넘어 하나님으로 인한 기적의 삶을 믿는 것, 그것이 신앙입니다.

우리의 삶에는 한계가 있습니다. 그 한계를 여실히 보여 주는 것이 바로 바알에게 응답받기 위해 오랜 시간 부르짖은 선지자들의 모습입니다. 열왕기상 18장 26-29절에는 바알 선지자들의 몸부림이 기록되어 있습니다. 그들은 바알이 응답하지 않자 더욱 광란의 몸부림을 쳤습니다. 급기야 자신들의 몸을 자해하면서까지 죽기 살기로 부르짖었습니다. 그러나 결과는 어떠했습니까? 아무 일도 일어나지 않았습니다.

이를 통해 성경이 우리에게 드러내는 바는 바알 선지자들의 노력입니다. 인간의 노력은 한계가 있습니다. 인간의 노력과 열정이 기적을 만들어 낼 수는 없습니다. 인간은 인간이기 때문입니다. 인간은 자신이 가진 한계를 뛰어넘을 수 없습니다. 아무리 탁월한 존재라 해도 죽음을 뛰어넘을 수는 없습니다. 평생을 바다 위에서 보낸 노련한 선장이라도 바다 위를 육지처럼 걸을 수는 없습니다. 이것이 인간이 가진 한계입니다.

또 돈이 모든 것을 해결해 줄 수 없습니다. 물론 돈으로 화려하고 멋진 집을 살 수 있습니다. 그러나 행복은 살 수가 없습니다. 돈으로 온갖 좋은 침대들은 살 수 있지만 잠은 살 수 없습니다. 돈으로 사람을 살 수 있지만 사랑은 살 수 없습니다. 이것이 인간의 한계입니다. 그러나 하나님의 역사는 인간의 한계를 뛰어넘습니다. 이것을 믿는 것이 신앙의 삶입니다. 그리스도인에게 기적은 단순히 기적으로 끝나지 않습니다. 기적은 그리스도인에게 일상이 됩니다.

마가복음 9장에는 귀신 들린 아들을 고치기 위해 예수님의 제자들에게 그를 데리고 온 한 아버지가 등장합니다. 아쉽게도 제자들은 귀신 들린 아들을 감당하지 못했습니다. 그래서 후에 아버지는 다시 예수님께 와서 이렇게 말했습니다.

> 귀신이 어디서든지 그를 잡으면 거꾸러져 거품을 흘리며 이를 갈며 그리고 파리해지는지라 내가 선생님의 제자들에게 내쫓아 달라 하였으나 그들이 능히 하지 못하더이다 막 9:18

예수님은 아버지에게 말씀하셨습니다.

> 할 수 있거든이 무슨 말이냐 믿는 자에게는 능히 하지 못할 일이 없느니라 막 9:23

이것이 바로 신앙의 세계입니다. 제자들은 자신들이 쫓아내려고 했으나 실패했던 귀신이 쫓겨나는 것을 보고 예수님께 어떻게 그러한 일이 가능한지 물었습니다. 그때 예수님은 말씀하셨습니다.

> 기도 외에 다른 것으로는 이런 종류가 나갈 수 없느니라 막 9:29

"기도 외에"라는 말은 "신앙 외에"라는 표현으로 바꿀 수 있습니다.

쉽게 말해서, 인간의 노력으로는 불가능하나 신앙으로는 가능하다는 말씀입니다. 인간에게는 한계가 있지만 신앙의 세계에서는 믿고 신뢰하는 삶을 사는 것이 바로 신앙의 삶이라는 말씀입니다.

한계 상황을 만날 때, 도무지 답이 없는 순간을 맞이할 때 우리에게 필요한 것은 바로 기적의 주인이신 하나님을 믿는 믿음입니다. 하나님의 도움을 구하며 하나님께 매달리는 삶이 신앙의 삶임을 기억합시다.

소통의 삶

하나님이 엘리야를 통해 이스라엘 백성에게 가르치려고 하신 신앙의 삶은 소통의 삶입니다. 신앙으로 산다는 것은 그저 교회에 출석만 하는 것을 뜻하지 않습니다. 성경은 하나님과 소통하며 교제하는 삶이 신앙의 삶이라고 가르칩니다.

비가 필요할 때 엘리야는 하나님께 불을 구했습니다. 이 부분이 잘 이해가 되지 않을 수 있습니다. 하지만 이스라엘 백성에게 이것은 엄청난 메시지였습니다. 왜냐하면 구약성경에는 하나님께 제사를 지낼 때 불이 내려 제물을 불태웠던 사건이 여러 번 기록되어 있기 때문입니다.

레위기 9장을 보면, 하나님이 이스라엘 백성에게 허락하신 성막이 완공되고 난 후 아론을 제사장으로 세우는 장면이 나옵니다. 성막은 하나님이 인간을 만나겠다고 하신 약속의 장소입니다. 그래서 '성막', '회막'이라고 불립니다. 아론을 성막의 첫 제사장으로 삼고, 첫 제사를 지낼 때 하늘에서 불이 내려 제물을 불살랐습니다(레 9:24). 이것은 하나님이 아론이 드린 제사에 '응답하셨다'는 뜻입니다. 인간과 하나님과의 소통이 이루어진 것입니다.

역대상 21장에도 비슷한 장면이 기록되어 있습니다. 범죄한 다윗이 하나님께 제사를 드리려는 목적으로 오르난(아라우나)의 타작마당을 산 이후에 하나님께 제사를 드립니다. 그때에도 하나님은 불을 내려 제물을 불태우셨습니다(대상 21:26). 또한 다윗의 아들 솔로몬이 성전 건축을 마친 후 드린 제사에서도 볼 수 있습니다. 하나님은 하늘에서 불을 내려 솔로몬이 드린 제물을 태우심으로 그의 제사를 받으셨습니다(대하 7:1).

이들의 공통점은 하나님께 드린 제사에 불이 임했다는 것입니다. 그리고 제사에 드려진 제물이 불에 의해 불살라졌습니다. 이스라엘 백성은 이 사건들을 누구보다 잘 알고 있었습니다.

엘리야에게 불로 임하신 하나님의 역사 앞에서 이스라엘 백성이 기억해야 할 것이 있었습니다. 바로 하나님과의 소통입니다. 그들은 바알이 아닌 하나님을 섬겨야 할 존재이며, 계속해서 하나님과 소통해야 하는 하나님의 자녀임을 기억해야 했습니다. 엘리야는 한 번의 큰 사건으로 이스라엘 백성을 놀라게 하고자 제사를 드리지 않았습니다. 엘리야는 이스라엘 백성으로 하여금 잃어버린 하나님과의 소통을 상기시켰습니다. 하나님과의 소통을 잃어버리고 여호와를 예배해야 할 제단마저 무너지게 한 그들에게 다시 하나님 앞으로 나아올 것을 거듭 강조한 것입니다.

> 엘리야가 모든 백성을 향하여 이르되 내게로 가까이 오라 백성이 다 그에게 가까이 가매 그가 무너진 여호와의 제단을 수축하되 왕상 18:30

엘리야는 왜 이스라엘 백성을 향하여 가까이 오라고 했을까요? 엘리야가 백성을 불러 모은 까닭은 그들의 눈으로 직접 보게 하기 위해서였습니다. 그들이 하나님이 아닌 바알을 찾는 동안 하나님의 제단이 상대적으로 초라하게 무너져 버린 현실을 직접 보도록 했습니다.

어떤 건물이든 어떤 장식이든 고의가 없을지라도 버려두면 자연스레 허물어집니다. 방치하면 당연히 못 쓰게 됩니다. 예를 들어, 자동차를 오래 사용하면 자연스레 여러 가지 크고 작은 결함이 발생합니다. 하지만 자동차를 운행하지 않은 채 주차장에 가만히 세워 놓아도 타이어의 바람이 빠지고 내연 기관들에 이상이 생기기 마련입니다.

엘리야는 이스라엘 백성 앞에서 무너진 여호와의 제단을 수축했습니다. 이를 통해 이스라엘 백성이 자신들의 상태를 돌아보고, 하나님이 그들에게 무엇을 말씀하고 계시는지 듣기를 바랐습니다.

> 야곱의 아들들의 지파의 수효를 따라 엘리야가 돌 열두 개를 취하니 이 야곱은 옛적에 여호와의 말씀이 임하여 이르시기를 네 이름을 이스라엘이라 하리라 하신 자더라 왕상 18:31

하나님은 야곱의 이름을 이스라엘로 바꾸셨습니다. 그리고 야곱의 열두 아들로 큰 지파를 이루게 하셔서 이스라엘이라는 나라를 세우셨습니다. 엘리야가 이스라엘 백성 앞에서 야곱의 아들들의 지파 수대로 열두 돌을 취해 단을 쌓은 것은 당시로서는 매우 충격적인 사건이었습니다. 엘리야가 열두 돌을 다시 쌓은 것은 이스라엘 백성의 신앙이 '총체적으로 무너졌다'는 것을 보여 줍니다. 이는 열두 지파 중 어느 지파도 여호와의 제단을 찾아오지 않았음을 의미합니다.

이스라엘 백성은 바알을 섬김으로써 하나님과 소통하지 않았습니다. 하나님과 철저하게 단절된 삶을 살았습니다. 그러면서도 그들은 그 땅에서 잘살아 보려고 바알의 제단을 드나들었습니다. 이런 그들을 하나님은 여전히 사랑하시어 그들의 신앙을 회복시키고 다시 하나님과 소통하는 사람들이 되게 하기를 원하셨습니다.

신앙의 삶을 산다는 것은 무너진 상태로, 신앙의 자리에서 멀어진 채로 그냥 살아가는 것이 아닙니다. 회복의 삶을 살아야 하는 것입니다. 내 힘으로 어쩔 수 없다고 포기하고 방치하며 낙심한 채 사는 것이 아닙니다. 하나님을 신뢰하고 하나님으로 인해 나의 한계를 넘어서는 기적을 구하며 사는 삶, 그것이 신앙의 삶입니다. 신앙의 삶이란 예배를 통해 끊임없이 하나님과 소통하는 삶입니다.

우리 역시 다시 신앙의 삶을 살기로 결단하는 은혜가 있기를 소망합니다. 무늬만 그리스도인이 아닌 진정한 신앙인의 삶을 살기를 원합니다. 하나님이 우리에게 주실 복을 받아 누리는 참된 신앙인이 되기를 축복합니다.

8

기도가 답이다

왕상 18:41-46

우리가 아무런 감동 없이 맞이하고 있는 오늘은 어제 세상을 떠난 사람들이 그렇게도 절박하게 맞이하고 싶었던 내일입니다. 그러나 그들은 그들이 소망했던 내일, 즉 오늘을 맞이하지 못하고 세상을 떠났습니다. 그들과 우리를 비교해 보면 별로 다를 바가 없는데 말입니다. 그런 점에서 보면 지금 우리가 오늘을 살아가고 있는 것은 기적이고 축복이며 은혜입니다. 그러니 우리는 늘 오늘을 살고 있음에 감사해야 합니다.

만약 어제 세상을 떠난 이들이 그토록 살고 싶어 했던 오늘을 우리가 아무렇지도 않게 살고 있다면, 이제부터라도 우리는 어떻게 살아야 할까요? 잘 살아야 합니다. 그래야 오늘을 살지 못하고 떠난 그들 앞에 부끄럽지 않고, 오늘을 주신 하나님께 보답하는 삶이 될 것입니다.

그렇다면 어떻게 사는 삶이 잘 사는 삶일까요? 경제적으로 여유롭게 사는 것, 어제보다 좀 더 풍족하게 사는 것, 질병에 시달리거나 고통 받지 않고 건강하게 사는 것 등이 세상 사람들의 기준에서는 잘 사는 삶이라고 볼 수 있습니다. 또 인간관계 가운데 여러 갈등에 얽히지 않고 만나는 사람들 모두와 원만한 관계를 유지하는 것 역시 잘 사는 삶이라고 할 수 있겠습니다.

이러한 삶은 누구나 다 원하는 삶입니다. 하지만 우리는 세상 사람들과는 구별된 사람들입니다. 그래서 우리를 '성도'라고 부릅니다. 그렇다면 성도로서 살아야 하는 잘 사는 삶이 있을 것입니다. 세상 사람들과 달리, 우리가 살아야 하는 잘 사는 삶이 분명히 있을 것입니다. 그 삶을 우리는 신앙의 삶이라고 정의합니다.

지금까지 살펴본 열왕기상 17-18장의 엘리야를 바라볼 때 가장 먼저 떠오르는 것이 무엇입니까? 또 엘리야의 삶에서 결정적인 사건은 무엇이라고 생각합니까? 아마도 많은 사람이 갈멜산에서의 영적 전투와 불로 응답하신 하나님을 떠올릴 것입니다. 이 기적적인 사건은 엘리야의 삶에서도 중요한 순간임이 틀림없습니다. 하지만 다시 생각해 보면 하늘에서 불이 내린 것보다 더 엄청난 사건이 있었습니다. 죽었던 사람이 다시 살아난 사건이 바로 그것입니다.

열왕기상 17장에는 사르밧 과부의 아들이 죽음에서 다시 살아난 이야기가 기록되어 있습니다. 엘리야가 그 아들을 다시 살려 냈습니다. 이는 하늘에서 불이 내린 것보다 더 엄청난 사건입니다. 그런데 성경을 자세히 보면, 죽었던 사람을 다시 살린 것도, 하늘에서 불이 내린 것도 모두 기도로 말미암았음을 알 수 있습니다.

그 아이 위에 몸을 세 번 펴서 엎드리고 여호와께 부르짖어 이르되 내 하나님 여호와여 원하건대 이 아이의 혼으로 그의 몸에 돌아오게 하옵

소서 하니 왕상 17:21

엘리야가 기도한 후 죽었던 아이가 살아났습니다. 아이가 살아난 사건보다 더 중요한 것은 엘리야의 기도입니다. 성경은 아이가 살아난 것을 기도의 결과로 기록하고 있습니다.

하늘에서 불이 내린 사건도 마찬가지입니다. 열왕기상 18장 37절을 보면, 엘리야가 "여호와여 내게 응답하옵소서 내게 응답하옵소서 이 백성에게 주 여호와는 하나님이신 것과 주는 그들의 마음을 되돌이키심을 알게 하옵소서"라고 기도하자 하늘에서 불을 내렸습니다. 하늘에서 불이 내린 것도 엄청난 사건이지만, 그 불을 내리게 한 엘리야의 기도는 더 중요합니다. 엘리야의 인생에서 하이라이트는 불 내림이나 죽었던 자가 살아난 사건이 아니라, 그의 기도입니다. 엘리야의 기도가 있었기에 죽었던 자가 살아날 수 있었고, 하늘에서 불이 내려올 수 있었습니다.

성경은 이러한 기적의 사건들을 통해 단순히 우리가 감탄하기를 기대하지 않습니다. 성경은 엘리야가 위대하다는 점을 말하고 있지 않습니다. 엘리야의 삶을 본받아 우리도 기도의 사람으로 살아갈 것을 가르치고 있습니다. 야고보 사도가 가르친 대로, 엘리야는 우리와 성정이 같은 사람이었습니다(약 5:17). 그런 그가 기도를 통해 불가능한 일을 가능케 했다면, 우리도 기도를 통해 그러한 삶을 살아 낼 수 있습니다. 이것이 성경이 우리에게 소개하는 진정한 신앙의 삶입니다.

신앙의 삶은 기도의 삶입니다. 신앙으로 산다는 것은 기도의 삶을 산다는 것을 의미합니다. 이 장에서는 엘리야를 통해 기도의 본질, 기도의 근본적인 성격에 대해 살펴보겠습니다.

기도의 시작, 확신

기도란 무엇일까요? 기도는 확신입니다. 확신이 기도의 시작이요, 출발점입니다. 기도는 하나님에 대한 확신으로부터 시작합니다. 하나님에 대해 확신하는 사람이 기도할 수 있습니다. 따라서 기도하는 사람은 하나님에 대한 확신이 견고한 사람입니다.

> 엘리야가 아합에게 이르되 올라가서 먹고 마시소서 큰비 소리가 있나이다 왕상 18:41

엘리야는 아합에게 큰비 소리가 있을 것이니 이제는 올라가서 먹고 마시라고 말합니다. 그런데 엘리야가 지금 큰비 소리가 들린다고 말하고 있지만, 이어지는 본문의 상황을 보면 비 소리는 없었습니다. 뿐만 아니라 비가 올 만한 상황이나 조건, 징조도 전혀 없었습니다. 먹구름이 몰려오는 것도 아니었고, 천둥이 들리는 것도 아니었습니다. 어떤 날씨 변화도 없었습니다.

오히려 엘리야는 그의 사환에게 비가 오고 있는지를 물었습니다. 그리고 사환은 비가 올 기미가 보이지 않는다고 말했습니다(왕상 18:43). 분명 엘리야는 아합에게 큰비 소리가 들릴 것이라고 말했지만, 실제로는 비 소리가 들릴 만한 상황이 전혀 아니었습니다.

여기서 엘리야가 말한 큰비 소리는 물리적인 비 소리를 말하지 않습니다. 이것은 앞서 하나님이 엘리야에게 주셨던 말씀에 대한 믿음의 표현이며, 그 말씀에 대한 확신의 고백이자, 하나님의 말씀대로 이루어질 것을 신뢰하는 신앙의 행위였습니다.

많은 날이 지나고 제삼년에 여호와의 말씀이 엘리야에게 임하여 이르시되 너는 가서 아합에게 보이라 내가 비를 지면에 내리리라 _{왕상 18:1}

앞서 하나님의 말씀이 임했기에, 비가 올 환경이든 아니든 엘리야는 확신했던 것입니다. 기도는 이처럼 확신으로부터 시작됩니다.

신앙의 삶이란 하나님에 대한 절대적 확신을 갖는 것입니다. 조건과 상황, 계산에 따라 움직이는 것이 아닙니다. 하나님이 말씀하셨기에 그 말씀을 신뢰하는 삶이 바로 신앙의 삶입니다. 하나님이 우리에게 원하시는 삶은 하나님을 향한 절대적인 확신으로 사는 삶입니다. 따라서 기도를 이렇게 정의할 수 있습니다.

"기도는 하나님을 향한 절대적 신뢰를 하나님의 말씀에 근거하여 표현하는 믿음의 행위다."

기도는 주문이 아닙니다. 기도는 확신입니다. 기도는 신앙의 행위입니다. 하나님을 확신하는 신앙의 표현이 바로 기도입니다. 기도하지 않는 사람은 하나님을 믿지 않는 사람이라고 할 수 있습니다. 왜냐하면 하나님을 확신하지 않기에 기도하지 않는 것이기 때문입니다.

너희는 욕심을 내어도 얻지 못하여 살인하며 시기하여도 능히 취하지 못하므로 다투고 싸우는도다 너희가 얻지 못함은 구하지 아니하기 때문이요 구하여도 받지 못함은 정욕으로 쓰려고 잘못 구하기 때문이라 _{약 4:2-3}

야고보서는 마음에 소원이 있어도 얻지 못하고, 수단과 방법을 가리지 않고 열정을 다해도 얻어 내지 못하는 상황의 원인을 말합니다. 바로 기도의 부재입니다. 우리가 기도하지 못하는 이유는 하나님에 대한 확신이 없기 때문입니다. 또 하나님께 구하고자 하여도 받지 못함은 기도의 부재뿐만 아니라 정욕으로 쓰려고 잘못 구하기 때문입니다. 이는 하나님의 약속을 신뢰하지 않고 자기 계산대로 구하는 것과 같은 의미입니다.

기도의 절대적인 필수 요소가 있습니다. 첫째, 하나님의 말씀이 있어야 합니다. 둘째, 그 하나님의 말씀에 대한 확신이 있어야 합니다. 그리고 확신에서 멈추면 안 됩니다. 셋째, 그 확신을 가지고 기도에 임해야 합니다. 확신을 가지고 있어도 기도하지 않으면 그 기도는 온전히 이루어지지 않습니다. 믿기는 하지만 기도하지 않는다면, 그 확신의 행위가 없는 것입니다.

여기서 이런 의문이 생길 수 있습니다. 하나님이 큰비를 내리겠다고 약속하셨다면 비는 자연스레 내릴 터인데, 왜 기도가 필요한 것일까요? 전능하신 하나님은 우리가 구하지 않아도 그냥 주시면 되는데 왜 기도를 요구하실까요? 차라리 기도하지 않는 것이 어떤 부분에서는 더 믿음이 좋아 보이지 않습니까?

간혹 "목사님, 하나님이 때가 되면 다 해결해 주실 것입니다. 하나님이 다 알고 계시니 무조건 주실 것입니다"라고 말하며 기도하지 않는 성도들이 있습니다. 얼핏 들으면 굉장히 믿음이 좋은 것 같지만, 이 부분에 대해 성경은 결정적인 대답을 줍니다.

주 여호와께서 이같이 말씀하셨느니라 그래도 이스라엘 족속이 이같이 자기들에게 이루어 주기를 내게 구하여야 할지라 겔 36:37

에스겔서에서 하나님은 이스라엘 백성의 회복과 번영과 풍요를 약속하셨습니다. 주께서 이와 같이 말씀하셨으나, 이제 이스라엘 족속이 이같이 자기들에게 이루어 주시기를 하나님께 구하여야 한다고 하나님은 말씀하셨습니다. 이것이 답입니다. 하나님이 약속의 말씀을 주셨어도, 그 말씀대로 이루어지기를 구하는 삶이 진정한 신앙의 삶입니다. 기도는 하나님이 약속하신 것에 대한 확신의 표현입니다. 기도는 하나님이 약속하신 것을 믿는다는 믿음의 고백입니다.

기도는 하나님이 약속하신 것이 내 삶에 이루어질 것을 믿는 행동의 표현입니다. 그리고 그 믿음의 삶이 바로 기도입니다. 그래서 기도는 말을 그럴듯하게 잘해야 하는 웅변이 아닙니다. 또 무엇인가를 성취하기 위한 주문도 아닙니다. 기도는 신앙의 삶 자체입니다. 하나님에 대한 이러한 견고한 확신이 우리에게 있기를 바랍니다. 그 확신을 통해 기도가 삶으로 연결될 수 있기를 바랍니다.

기도의 자세, 몰입

기도는 하나님께 집중하는 것입니다. 세상과 단절하고 하나님께만 몰입하는 것, 그것이 바로 기도입니다. 신앙도 마찬가지입니다. 신앙의 삶이란 하나님께 집중하는 삶입니다. 우리의 생각과 판단, 행동과 모든 부분을 하나님께로 집중시키며 사는 것이 신앙의 삶입니다.

하나님께 대한 확신으로 가득 찬 엘리야는 갈멜산 꼭대기로 올라가서 땅에 꿇어 엎드려 그의 얼굴을 무릎 사이에 넣고 기도했습니다. 엘리야는 왜 산꼭대기로 올라갔을까요? 엘리야는 꼭대기를 참 좋아하는 것 같습니다. 앞서 사르밧 과부의 아들이 죽었을 때, 엘리야는 그를 끌어안고 다락으로 올라갔습니다. 한번 생각해 봅시다. 살아 있는 사람은 몸무게가 20킬로그램이든, 30킬로그램이든 들 수 있지만, 시신은 들기가 쉽지 않습니다. 어차피 기도할 것이라면 아들이 쓰러진 그 자리에서 기도하면 될 텐데, 왜 시신을 안고 다락으로 올라갔을까요? 기도는 꼭대기에서 해야 하기에 엘리야가 꼭대기로 올라간 것일까요? 아닙니다. 꼭대기가 뜻하는 것은 '골방'입니다. 이것은 하나님께로의 집중을 뜻합니다.

마태복음 6장에는 예수님이 제자들에게 기도를 가르치시는 장면이 나옵니다. 그때 예수님은 이렇게 말씀하셨습니다.

> 너는 기도할 때에 네 골방에 들어가 문을 닫고 은밀한 중에 계신 네 아버지께 기도하라 은밀한 중에 보시는 네 아버지께서 갚으시리라 마 6:6

여기 언급된 '골방'이나 '은밀한 곳'은 집중의 의미를 담고 있습니다. 즉 기도할 때는 다른 것을 향한 시선을 내려놓고 오직 하나님께만 집중하라는 뜻입니다.

> 또 너희는 기도할 때에 외식하는 자와 같이 하지 말라 그들은 사람에게 보이려고 회당과 큰 거리 어귀에 서서 기도하기를 좋아하느니라 내가 진실로 너희에게 이르노니 그들은 자기 상을 이미 받았느니라 마 6:5

마태복음 6장 6절의 배경이 되는 5절은 바리새인들에게 주신 예수님의 말씀입니다. 바리새인들은 늘 하나님이 아닌 사람을 의식했습니다. 그래서 어느 곳에 사람이 많이 왕래하는가, 어디가 넓은 거리인가, 언제쯤 사람이 오는가를 보았다가 사람들이 많이 붐비는 시간에 손을 들고 기도했습니다. 사람들의 주목을 받고자 기도한 것입니다. 그래서 예수님은 그들의 기도를 부정하셨습니다. 신앙의 삶이란 우리의 생각, 정신, 마음, 행동 그리고 육체까지 모두 하나님께로 집중하는 것입니다.

엘리야가 산꼭대기로 올라간 이유는 분명합니다. 산 아래 현장은 참과 거짓이 뒤엉켜 대단히 소란스러운 곳이었기 때문입니다. 바알과 여호와의 싸움이 벌어지고 있었고, 거짓된 미혹의 소리와 춤으로 가득한 곳이 바로 산 아래였습니다. 그곳에서는 하나님께 집중할 수 없었습니다. 그래서 엘리야는 기도하기 위해 산꼭대기로 올라갔습니다.

산꼭대기에서 엘리야는 사람들 앞에 서서 자신을 보라고 하지 않았습니다. 오히려 그는 땅바닥에 엎드려 얼굴을 무릎 사이에 넣고 기도했습니다. 프란츠 델리치(Franz Delitzsch)라는 신학자는 이 모습을 두고 "엘리야가 하나님께만 전념하는 자세"라고 설명합니다. 지금 하나님께만 몰입하고 있는 것이 바로 기도라는 것입니다.

기도란 마음을 편안하게 해 주는 주문이 아닙니다. 기도란 내 가슴에 맺혀 있는 한을 푸는 것도 아닙니다. 기도는 내 영과 육 전체가 하나님께만 집중하는 것입니다. 이런 삶을 살기 위해서는 지혜가 필요합니다. 하나님께 몰입할 수 있는 시간을 떼어 놓는 것이 지혜입니다.

하루 24시간 동안 우리는 어떻게 살고 있습니까? 우리는 자주 "하는 일도 없이 바쁘다"고 고백합니다. 하나님께 집중하는 시간은 1분도 없이 24시간을 보내는 경우가 많습니다. 하루 24시간 중 5분이라도 하나님께 몰입해 보는 것은 어떨까요? 저는 성도들에게 수년 전부터 '115기도 운동'을 권면해 왔습니다. '하루에 한 번 5분이라도 하나님께 집중하자'는 것입니다. 하나님을 생각하고 하나님을 의식하자는 것입니다.

우리가 지금까지 살아온 인생 가운데 하나님께 집중한 시간이 얼마나 될까요? 우리가 살아온 시간 중 10퍼센트도 채 되지 않을 수 있습니다. 우리는 늘 분주하고 바쁜 일상을 살아갑니다. 또 세상도 우리를 어떻게 해서든 하나님과 떼어 놓기 위해 늘 분주한 상황을 연출합니다. 하나님께 집중할 수 있는 시간을 떼어 놓는 것 그리고 하나님께 집중할 수 있는 장소를 마련하는 것, 이것은 신앙의 삶에서 꼭 필요한 지혜입니다.

예수님도 그렇게 사셨습니다. 예수님은 날이 밝기도 전에 자신을 찾아오는 수많은 사람으로 늘 분주하셨습니다. 또 예수님의 설교를 듣기 위해 항상 많은 무리가 몰려들었습니다. 그래서 예수님은 이른 새벽, 하루가 시작되기 전에 하나님께 집중하는 시간을 가지셨습니다. 온종일 사람들 사이에서 바쁘게 지내시다가 하루의 일과가 끝난 깊은 밤에 하나님께 집중하러 감람산으로 가셨습니다. 예수님이 이같이 하셨다면 우리도 그런 삶을 살아야 하지 않겠습니까?

기도의 성격, 기대

혹시 지금 하나님을 기대하고 있습니까? 눈앞이 캄캄한 문제 상황에서 온전히 하나님을 기대하고 있습니까, 아니면 사람을 기대합니까? 사방이 가로막혀 어디로도 나아갈 수 없는 절망의 상황에서도 우리는 하나님을 기대하는 삶을 살아야 합니다. 그리고 우리의 경험과 재주가 아닌 하나님의 선하신 능력과 그분의 방법을 바라보며 살아야 합니다.

엘리야는 산꼭대기에 올라가 하나님께 집중하며 기도했습니다. 그는 기도하면서 한 가지를 확인했습니다.

> 그의 사환에게 이르되 올라가 바다 쪽을 바라보라 그가 올라가 바라보고 말하되 아무것도 없나이다 이르되 일곱 번까지 다시 가라 왕상 18:43

왜 엘리야는 기도하면서 사환에게 바다 쪽을 보라고 했을까요? 비올 징조가 보이는지를 확인하려는 것이었습니다. 사환이 아무 징조가 없다고 말하자, 엘리야는 계속해서 다시 보라고 말합니다. 엘리야가 계속해서 다시 보라고 사환에게 요구한 것은 의심과 염려 때문이 아니었습니다. 엘리야는 이미 비가 내린다는 확신을 갖고 있었습니다. 그는 그 확신으로 비가 올 것을 기대하며 기다리고 있었기 때문에 사환에게 바다 쪽을 보라고 한 것입니다. 하나님이 반드시 응답하신다는 믿음이 있었기에 엘리야는 끝까지 하나님의 응답을 기다린 것입니다.

우리는 종종 기도하면서도 하나님을 기대하지 않습니다. 사도행전 12장을 보면, 초대 교회 성도들은 야고보의 순교로 인해 극심한 불안과 두려움에 사로잡힙니다. 그들에게 있어서 불안과 두려움은 당연한 것이었습니다. 왜냐하면 지도자를 잃었기 때문입니다. 그런데 그 상황에서 베드로까지 붙잡혀 투옥됩니다. 얼마나 놀랐겠습니까? 그때 그들은 모여서 기도합니다. 베드로의 석방을 위해 하나님께 간절히 기도합니다. 그때 하나님은 그들의 기도를 들으시고, 천사를 보내 옥문을 열고 베드로를 석방시켜 주십니다.

　베드로는 그들이 기도하고 있는 집으로 옵니다. 대문을 두드리자 여자아이 하나가 나와서 문을 열어 줍니다. 감옥에 있어야 할 베드로가 문 앞에 서 있는 것을 본 여자아이는 놀라 방으로 달려 들어가서는 기도하는 사람들에게 소리칩니다. "베드로가 대문 밖에 서 있어요!" 그때 베드로의 석방을 위해 기도했던 이들의 반응을 보십시오.

그들이 말하되 네가 미쳤다 하나 행 12:15

　베드로를 보고 베드로가 왔다고 말한 여자아이가 제정신이 아닌 것일까요? 아니면 베드로의 석방을 위해 기도했는데, 베드로가 석방되었다는 소식을 전해 주는 아이더러 제정신이 아니라고 한 이들이 잘못된 것일까요? 제정신이 아니라고 말하는 사람들에게 잘못 본 것이 아니라 참말이라고 항변하는 아이의 모습을 통해 우리가 기억해야 할 것이 있습니다. 그것은 바로 기도하면서도 믿지 못했던 그들의 모습이 우리의 모습일 수 있다는 사실입니다.

　어떤 성도는 기도하고 나면 속이 시원하다고 합니다. 그냥 있으면 화병이 날 것 같아서 너무 힘든데, 기도실에 와서 소리치고 울부짖고 통곡하니 그간 자신을 힘들게 한 사람으로 인한 스트레스가 시원하게 내려간다는 것입니다. 이런 분은 속이 진정 시원해지려면 기도를 하는 대신 소화제를 먹어야 합니다. 기도는 단지 신세 한탄이나 분풀이, 속풀이의 수단이 아닙니다. 기도는 하나님의 응답을 기대하는 것입니다. 하나님의 역사를 기대하는 것입니다. 하나님이 주실 것을 기대하는 것입니다. 하나님의 일하심을 기대하는 것이 기도입니다.

예수께서 그들에게 대답하여 이르시되 하나님을 믿으라 내가 진실로
너희에게 이르노니 누구든지 이 산더러 들리어 바다에 던져지라 하며
그 말하는 것이 이루어질 줄 믿고 마음에 의심하지 아니하면 그대로 되
리라 그러므로 내가 너희에게 말하노니 무엇이든지 기도하고 구하는
것은 받은 줄로 믿으라 그리하면 너희에게 그대로 되리라 막 11:22-24

이 말씀에서는 "믿으라", "믿고", "믿으면"이라는 표현이 계속 반복됩
니다. 여기서 믿는다는 것은 하나님을 기대하라는 말입니다. 엘리야는
지금 하나님을 기대하고 있습니다. 하나님이 주실 것을 기대하고, 하나
님의 역사를 기대하고 있습니다.

일곱 번째 이르러서는 그가 말하되 바다에서 사람의 손만 한 작은 구름
이 일어나나이다 왕상 18:44

엘리야의 말대로 구름에 주목한 사환은 일곱 번째 하늘을 바라볼
때 손만 한 작은 구름을 보았습니다. 저는 이 장면을 이렇게 상상해 봅니
다. 가기 싫어하는 사환이 끝끝내 가서 겨우 손만 한 구름을 발견하고 마
지못한 어조로 "선생님, 손만 한 구름이 하나 보입니다"라고 보고했을
것입니다. 그런데도 엘리야는 이렇게 말합니다.
"그래, 아합왕에게 가서 지금 마차를 타고 내려가시라고 전하라. 비
에 막히지 않도록."

손만 한 구름 하나도 보이지 않았던, 쨍쨍한 대낮에도 엘리야는 하나님을 기대했습니다. 손만 한 구름이 보일 때도 엘리야는 하나님을 기대했습니다. 그는 한순간도 하나님에 대한 기대를 저버리지 않았습니다. 그랬더니 어떤 일이 엘리야에게 나타났습니까?

> 조금 후에 구름과 바람이 일어나서 하늘이 캄캄해지며 큰비가 내리는 지라 왕상 18:45

순서를 잘 기억하십시오. 먹구름이 몰려오고, 바람이 불어오고, 하늘이 캄캄해지고, 천둥이 들려오니 그제야 엘리야가 하나님을 기대한 것이 아닙니다. 엘리야가 어린아이와 같은 마음으로 하나님을 온전히 기대했더니 상황이 바뀌었습니다. 하나님을 기대했더니 조건이 갖춰졌습니다. 조건과 상황이 맞아떨어져서 하나님을 기대한 것이 아니라, 하나님을 기대했더니 상황과 조건이 맞아떨어진 것입니다. 이것이 신앙입니다. 성도는 하나님을 기대하고 살아갑니다.

'조금 후에 비가 내렸다'는 말은 우리에게는 하나님을 기대하며 기다리는 시간이 필요하다는 것을 의미합니다. 하나님을 기대한다면 '조금 후'를 기다릴 수 있습니다. 하나님을 기대한다면 '조금 후'의 시간을 기다리며 낙심하거나 절망하지 않습니다. 하나님을 기대하면 '조금 후'의 시간도 기쁨으로 감당할 수 있습니다.

큰비가 내린 것은 기대의 필연적 결과입니다. 기대가 상황을 만들었고, 기대가 조건을 만들었으며, 그 기대가 만들어 낸 상황과 조건으로 인한 당연한 결과입니다. 이것이 기적 아닙니까? 우리의 지금까지의 인생을 한번 돌아보십시오. 하나님을 기대하며 살아왔는지, 아니면 여전히 나를 의지하고 살아왔는지 냉철하게 판단해야 합니다. 이른 아침 눈을 뜨며 하나님이 기적처럼 주신 오늘이라는 선물을 아무런 생각 없이 맞이하지 않아야 합니다. 하나님이 주신 기적의 은총인 오늘 하루를 하나님이 어떻게 인도하실지, 어떤 사건으로 나를 만드시며 세워 가실지 기대하며 시작해야 합니다. 매 순간 하나님을 기대하며 살아간다면, 그것은 신앙의 삶일 뿐만 아니라 행복한 삶이 될 것입니다. 그 삶은 늘 우리의 가슴을 벅차오르게 할 것입니다.

현대 선교의 아버지라 불리는 윌리엄 캐리(William Carrey)가 선교를 떠날 때, 많은 사람이 그를 응원하기보다는 불신하며 비난했습니다. 당시에도 하나님의 역사를 기대하지 않는 사람들이 많았습니다. 그때 캐리는 하나님을 기대하지 않는 사람들을 향해 이렇게 외쳤습니다.

"하나님으로부터 위대한 일을 기대하고, 하나님을 위해 위대한 일을 시도하라."

"Expect great things from God, attempt great things for God."

하나님을 기대하지 않으면 아무것도 시도할 수 없습니다. 하나님을 믿는 우리가 신앙의 삶을 살면서, 하나님을 위해 아무것도 시도한 일 없이 인생의 마침표를 찍는다면 잘 살았다고 말할 수 없습니다. 하나님을 기대하며 하나님을 위해 기도의 삶을 살아가기를 축복합니다.

9

예배가 능력이다

왕상 18:30-35

열왕기상 17-18장은 가뭄과 비의 이야기를 담고 있습니다. 17장은 가뭄의 상황 속에서 일어난 일들을 다루고 있으며, 18장은 가뭄이 끝나고 비 이야기로 이어집니다. 가뭄과 비, 이것은 어쩌면 우리의 인생 스토리일 수도 있습니다. 우리의 삶은 결국 가뭄과 비의 반복일지도 모릅니다.

살면서 가뭄을 만나지 않는 사람은 없습니다. 우리 모두는 다양한 형태와 색깔의 인생 가뭄을 경험합니다. 뿐만 아니라 우리는 인생의 가뭄 속에서 늘 비를 기다리며 허덕입니다. 질병의 가뭄 속에서는 건강의 비를 기다리고, 궁핍의 가뭄 속에서는 물질의 소낙비를 기다리며 살아갑니다. 이렇듯 우리는 인생의 여러 가뭄의 상황 속에서 늘 큰비가 쏟아지기를 소망하며 몸부림칩니다. 이것이 바로 우리가 사는 인생입니다. 그렇다면 가뭄과 큰비 사이에서 어떻게 살아야 가뭄을 비로 연결 지으며 신앙인으로서 살아갈 수 있을까요?

성경을 보면, 열왕기상 17장의 가뭄이 18장에서 큰비로 이어지기까지 엘리야가 무너진 여호와의 제단을 수축한 일이 있었습니다. 여호와의 제단이 무너진 채로 있을 때, 이스라엘 백성은 가뭄에 묶여 있었습니다. 그러나 여호와의 제단이 재건되자 그들에게 있었던 가뭄 문제가 해결되고 큰비가 쏟아졌습니다.

그렇다면 이 가뭄의 원인은 무엇이었을까요? 바로 무너진 여호와의 제단이었습니다. 다시 말해, 무너진 제단 때문에 하늘 문이 3년 6개월 동안 닫혀 있었던 것입니다. 제단이 무너져 있었기 때문에 하나님은 그들에게 진노하셨고, 그들에게 비를 허락하지 않으셨습니다. 이스라엘 백성은 꼼짝없이 하나님의 징계 아래에서 헐떡이며 살았습니다. 그러나 무너졌던 여호와의 제단이 재건되자, 장대비가 쏟아지고 3년 6개월 동안 지속되었던 지긋지긋한 가뭄이 해결되었습니다. 그렇다면 우리의 인생에서 답은 무엇일까요? 바로 제단입니다. 인생의 문제 해결 또한 제단에 달려 있습니다.

제단은 무엇일까요? 제단은 제사를 드리는 현장이며, 하나님과의 만남의 장소였습니다. 제사는 오늘날의 예배입니다. 그래서 '제단'은 '예배를 드리는 시간', '예배를 드리는 장소', '예배를 드리는 현장'으로 바꿀 수 있습니다.

그렇다면 제단과 신앙은 어떤 관계가 있을까요? 가뭄과 큰비 사이에서 우리가 신앙으로 산다는 것은 예배를 붙들고 산다는 말과 같습니다. 예배의 삶을 사는 것이 신앙의 삶을 사는 것이며, 예배를 통해서만 가뭄을 큰비로 연결 지을 수 있습니다. 그렇기에 만약 우리가 예배를 놓치고 예배가 무너진 채로 산다면 가뭄이 지속될 뿐 큰비를 맞이할 수 없게 됩니다. 이것이 열왕기상 17-18장이 우리에게 주는 큰 교훈입니다.

예배를 붙들며 사는 삶이 신앙의 삶이라면, 예배의 본질과 의미, 성격은 무엇일까요?

정체성의 확인

예배는 우리가 누구인지 정체성을 확인하는 중요한 행위입니다. 예배는 우리의 뿌리입니다. 내가 어디(누구)에 속했는지, 나의 가치는 무엇이며, 나의 주인은 누구신지를 확인하는 것이 예배입니다. 그래서 예배는 인생의 호적(제적)과 같은 것입니다. 우리의 신분이 무엇인지 상기시켜 주며 우리가 얼마나 가치 있는 존재인지를 살필 수 있게 해줍니다.

예배는 단순한 의식이 아닙니다. 예배는 우리의 정체성과 가치를 확인하고, 우리의 뿌리가 무엇이며 우리의 주인이 누구신지를 되새기는 중요한 행위입니다. 예배를 통해 우리는 우리의 존재와 가치를 재확인하고, 신앙의 근본을 다시 한 번 마음에 새깁니다. 이 과정에서 신앙의 깊이를 더할 수 있고 가뭄과 같은 삶의 어려움 속에서도 비에 대한 희망을 회복할 수 있습니다.

엘리야는 이스라엘의 무너진 제단을 수축했습니다.

> 엘리야가 모든 백성을 향하여 이르되 내게로 가까이 오라 백성이 다 그에게 가까이 가매 그가 무너진 여호와의 제단을 수축하되 왕상 18:30

엘리야는 제단을 수축하면서 먼저 모든 백성을 향하여 "내게로 가까이 오라"고 말합니다. 당시 이스라엘 백성은 산에 있었습니다. 엘리야가 무너진 제단을 수축하기 시작하며 모든 백성을 향해 "내게로 가까이 오라"고 하자 백성들은 다 그에게 가까이 갔습니다. 그때 비로소 엘리야는 무너진 여호와의 제단을 수축했습니다. '수축한다'는 말은 재건한다는 의미입니다. 엘리야는 왜 무너진 제단을 재건하면서 백성들에게 가까이 오라고 했을까요?

여호와의 제단이 무너져 있었다는 말은 원래 그곳에 제단이 있었다는 것입니다. 여호와의 제단이 거기 있었다는 것은 이전 이스라엘 백성이 여호와께 제사를 지냈던 사람들임을 의미합니다. 그런데 그 여호와의 제단이 무너져 있다는 것은 어느 시점부터 그들이 하나님을 예배하지 않았다는 이야기입니다. 제단이 무너진 채로 방치되어 있었다는 것은 그들이 하나님을 예배하는 하나님의 사람으로 살지 않았다는 증거입니다. 그래서 엘리야는 백성들을 다 가까이 오게 했습니다. 그것은 무너진 여호와의 제단을 보라는 뜻입니다.

엘리야는 백성들에게 "너희가 누구인데 여호와의 제단을 무너진 채로 버려두느냐? 너희가 누구인데 바알의 제단에 가서 제사를 지내느냐?"라고 묻고 있는 것입니다. "여호와의 제단은 이렇게 무너지고 허물어져 있는데, 바알의 제단은 저렇게 찬란하게 서 있다니 말이 되느냐?"라고 말한 것입니다. 무너진 여호와의 제단을 보며 이스라엘의 영적 현주소를 정확하게 알라는 의미입니다. 그래서 엘리야는 무너진 여호와의 제단을 백성들에게 보여 주며, 그들이 찾지 않았던 현장을 보게 합니다. 이스라엘 백성은 여호와의 제단이 무너진 채로 버려져 있음에도 불구하고 누구 하나 그 제단을 재건할 생각조차 하지 않고 노력도 기울이지 않았던 모습을 보게 됩니다. 그리고 엘리야는 다음과 같이 행동합니다.

야곱의 아들들의 지파의 수효를 따라 엘리야가 돌 열두 개를 취하니 이 야곱은 옛적에 여호와의 말씀이 임하여 이르시기를 네 이름을 이스라엘이라 하리라 하신 자더라 왕상 18:31

이스라엘 백성이 어떻게 왕성해졌습니까? 하나님이 언약을 통해 야곱의 아들 열두 명을 큰 민족으로 성장하게 하셨습니다. 얍복 나루에서 야곱이 천사와 씨름할 때, 하나님이 그의 이름을 '이스라엘'로 바꾸어 주셨습니다.

엘리야가 돌 열두 개를 취함으로써 이스라엘 백성에게 전하려는 메시지는 무엇일까요? 그들은 바알을 섬겨야 할 자들이 아니라, '이스라엘'이라는 이름을 주신 하나님을 섬겨야 할 하나님의 자녀라는 메시지입니다. 이스라엘 백성은 엘리야가 취한 돌 열두 개가 무엇을 의미하는지 잘 알고 있었습니다.

그가 여호와의 이름을 의지하여 그 돌로 제단을 쌓고 왕상 18:32

엘리야는 직접 취한 열두 개의 돌을 통해 제단을 재건합니다. 또 무너진 제단을 수축함으로써 이스라엘 백성에게 중요한 교훈을 가르칩니다. 이스라엘 백성은 본디 어떤 존재입니까? 그들은 하나님을 섬기는 제단이 되어야 할 존재입니다. 이스라엘 백성의 신분은 무엇입니까? 그들은 하나님을 예배하며 살아야 할 사람들입니다.

앞서 예배란 우리가 누구인지 확인하는 것이라고 했습니다. 세상에서 정신없이 살아가며 마음과 눈을 세상에 빼앗긴 우리에게 예배는 "나는 하나님의 자녀다", "나는 하나님의 사람이다", "나는 하나님의 선택받은 사람이다", "나는 이스라엘이다", "나는 여호와의 제단 앞에 엎드릴 자다", "내 몸은 여호와의 제단이고, 내 삶은 여호와께 제사드리는 삶이어야 한다"는 것을 확인시켜 줍니다. 이것이 바로 제사요, 이것이 바로 예배입니다.

우리가 예배를 드리는 것은 세상을 향하여 "나는 세상에 속한 자가 아니며, 하나님께 속한 자다"라고 선언하는 행위입니다. 우리가 예배를 드리는 것은 "나의 주인은 바알이 아니라 여호와 하나님이시다"라고 선언하는 것입니다. 예배는 우리 자신에게 "정신 차려야지. 나는 하나님의 사람이다"라고 다시 확인시키는 음성입니다. 이것이 바로 예배입니다. 그래서 예배는 선택이 아닌 필수입니다. "예배는 드릴 수도 있고 드리지 않을 수도 있다", 이런 차원이 아닙니다. 왜냐하면 그리스도인에게 예배는 생명과도 같기 때문입니다. 하나님의 사람이라면 예배는 필수입니다.

열왕기상 17장과 18장을 보면 현격한 차이점이 있습니다. 17장에서는 여호와 하나님이 엘리야의 하나님만 되십니다. "여호와께서 엘리야에게 이르시되 그릿 시냇가로 가라", "여호와께서 엘리야에게 이르시되 내가 까마귀들에게 명령하여 먹을 것을 날라다 줄 것이다", "여호와께서 엘리야에게 이르시되 시돈에 속한 사르밧으로 가라" 등 하나님이 엘리야에게 계속 말씀하십니다. 그러나 18장 1절에서는 여호와 하나님이 엘리야에게 "아합에게로 가라"고 말씀하십니다. 엘리야가 무너진 제단을 수축하고 난 후, 하나님과 이스라엘 백성의 관계가 회복됩니다. 제단이 수축된 이후 제사를 드리자, 이스라엘 백성은 눈이 열려 "여호와 그는 하나님이시로다"(왕상 18:39)라고 고백합니다. 이제 이스라엘 백성이 하나님을 보게 되고, 하나님도 이스라엘 백성을 향해 말씀하시고 주목하십니다.

그 결정적인 열쇠가 무엇입니까? 바로 제단이자 제사입니다. 이처럼 예배는 우리가 누구인지를 드러나게 하고 확인하게 하는 행위입니다. 이것이 바로 예배의 의미이며 예배의 성격입니다. 그러므로 예배는 우리 신앙의 중심이 되어야 합니다. 그리스도인의 삶의 중심은 늘 예배가 되어야 합니다.

우리 인생에서 가뭄이 큰비로 연결되는 열쇠는 무엇일까요? 바로 예배입니다. 우리의 재주가 아닙니다. 우리의 인맥도 아닙니다. 우리의 지식과 경험, 발 빠른 판단이 아닙니다. 여호와의 제단이 가뭄을 큰비로 연결시켜 주는 연결고리가 되는 것입니다. 가뭄이라는 밑바닥에서 큰 장대비가 쏟아지는 언덕으로 뛰어오르는 발판이 바로 예배입니다. 이것이 예배의 가치입니다.

그러나 우리는 종종 예배를 붙들고 뛰어오르려 하지 않습니다. 예배를 붙들고 비를 만나려 하지 않습니다. 나의 재주로 가뭄을 뛰어넘으려 하고, 나의 계산으로 큰비를 만나 보려 합니다. 그러나 성경은 예배가 열쇠라고 가르칩니다. 예배가 성공의 비결입니다. 예배가 승리의 방법입니다. 예배가 부흥의 열쇠입니다. 가정의 평안과 우리가 추구하는 행복은 예배로 인해 꽃피웁니다. 그렇다면 우리는 어떻게 살아야 할까요? 예배에 목숨을 걸어야 합니다.

우리의 삶에 예배가 깊어지기를 바랍니다. 우리의 삶에 예배가 반복되기를 바랍니다. 예배를 통해 신자는 자신의 정체성을 확인하고 하나님과의 관계를 회복할 수 있습니다. 예배를 통해 가뭄을 넘어서 큰비를 만날 수 있습니다. 예배가 삶의 중심이 되고, 예배를 통해 하나님과 깊은 교제를 나누며 살아가기를 소망합니다.

온전한 드림

예배는 하나님으로부터 무엇을 얻기 위한 것이 아니라, 우리 자신을 하나님께 온전히 드리는 것입니다. 하나님께 드리는 행위, 그것이 예배입니다.

엘리야가 무너진 여호와의 제단을 수축한 일차적인 목적은 참 신이 누구인지를 밝히기 위함이었습니다. 엘리야는 바알과 아세라의 선지자를 갈멜산에 모으고 그들에게 이렇게 제안했습니다.

> 너희는 [너희의 제단에서] 너희 신의 이름을 부르라 나는 [나의 제단에서] 여호와의 이름을 부르리니 이에 불로 응답하는 신 그가 하나님이니라 왕상 18:24

그 후 엘리야는 무너진 제단을 수축했습니다. 그러나 사실, 제단을 수축한 근본적인 목적은 하나님께 제물을 드리기 위해서였습니다.

> 그런즉 송아지 둘을 우리에게 가져오게 하고 그들은 송아지 한 마리를 택하여 각을 떠서 나무 위에 놓고 불은 붙이지 말며 나도 송아지 한 마리를 잡아 나무 위에 놓고 불은 붙이지 않고 왕상 18:23

무너진 제단을 수축한 후 엘리야가 정성껏 준비한 제물을 하나님께 드렸을 때 하나님은 불로 응답하셨습니다.

> 이에 여호와의 불이 내려서 번제물과 나무와 돌과 흙을 태우고 또 도랑의 물을 핥은지라 왕상 18:38

하나님은 엘리야가 드린 제사를 받으셨습니다. 불이 내려서 번제물과 그 나머지를 핥은 것은 하나님이 엘리야가 드린 제사를 받으셨다는 표식입니다. 이처럼 제사의 근본적인 성격은 하나님께 드리는 것입니다. 이것이 제사의 본질입니다.

하나님께 예배를 드리고 있습니까, 아니면 예배를 구경하고 있습니까? 우리는 하나님께 우리를 드리는 예배를 드리고 있습니까, 아니면 예배의 자리에 관객이나 감독자로 앉아 있습니까? 우리가 분명하게 정신을 차리지 않으면, 예배의 자리에서 우리 자신을 드리는 예배자가 아니라 예배를 구경하는 관객이 되어 있을 수 있습니다. 관객이 되면, 하나님께 나를 드리는 것이 중심이 아니라 구경만 하게 되어 판단할 것들이 많아집니다. 목회자의 양복 색깔과 넥타이의 조화, 찬양대의 숫자와 자리 배치, 규모와 조명 상태, 성도들의 머리 모양 등 구경거리만 가득합니다. 이러한 구경꾼은 물론 감독자도 있습니다. 이러한 현상이 발생하는 이유는 예배의 근본적인 성격을 모르기 때문입니다.

예배는 하나님께 드리는 것입니다. 따라서 예배의 모든 행위는 하나님을 지향해야 합니다. 찬양도 우리가 듣기 좋은 곡조로 부르지만, 사람을 위한 것이 아닙니다. 사람들로부터 점수를 받거나 합창의 어우러

짐을 평가받기 위한 것이 아닙니다. 하나님께 드리는 것이 찬양입니다.

기도도 마찬가지입니다. 내 기도가 사람들에게 얼마나 감동을 줄지, 내 기도가 얼마나 논리적으로 전달되고 나의 성경 지식을 드러낼지, 내가 얼마나 기도를 잘한다는 평가를 받을지 등에 대한 미혹이 무의식적으로 자리할 수 있습니다. 예배의 성격을 모르기 때문입니다. 기도는 하나님께 드리는 것입니다.

첫째로, 예배에서의 '드림'은 얻음보다 선행적이어야 합니다. 다시 말해, 예배는 얻고 난 후에 드리는 것이 아니라, 얻기 전에 드리는 것입니다. 엘리야는 비가 쏟아진 후에 감사의 의미로 예배를 드린 것이 아닙니다. 비는 아직 오지 않았습니다. 그런데도 선행적으로 먼저 예배를 드렸습니다. 이것이 예배요, 이처럼 예배는 선행적 '드림'입니다.

우리는 종종 환경이 바뀌지 않으면 예배를 드리지 않습니다. 예배할 환경, 조건, 마음의 상태가 갖춰지지 않았기 때문에 예배를 드리지 못하겠다고 생각합니다. 이런 경우, 언제 예배를 드려야 하겠습니까? 상황이 정리되고, 조건이 갖추어지며, 마음이 편해지면 과연 예배를 드릴 수 있을까요? 절대로 그렇지 않습니다. 그리고 성경도 그렇게 가르치지 않습니다. 무엇보다 예배는 얻음보다 선행적으로 드리는 것입니다.

둘째로, '드림'의 방향은 사람이 아니라 하나님을 향해야 합니다. 우리의 예배를 받으시는 분은 바로 하나님이십니다. 그러므로 예배를 받으시고 응답하시는 분도 하나님이십니다.

너희는 너희 신의 이름을 부르라 나는 여호와의 이름을 부르리니 이에 불로 응답하는 신 그가 하나님이니라 백성이 다 대답하되 그 말이 옳도

다 하나라 왕상 18:24

엘리야는 이방신을 섬기는 선지자들에게 "너희는 너희 신의 이름을 불러라. 나는 내가 믿는 신 여호와의 이름을 부를 것이다"라고 했습니다. 그러므로 여호와의 제단에서의 '드림'은 전적으로 하나님을 향하고 있습니다. 아합왕을 향한 것이 아니며, 이스라엘 백성을 향한 것도 아닙니다. 우리는 예배할 때, 예배의 분위기와 감정, 순서 등 모든 것을 내게 맞추려고 해서는 안 됩니다. 자신에게 맞추려 하지 마십시오. '이 점이 못마땅해. 이 부분이 내 마음에 안 들어. 이 점이 불편해. 이것이 눈에 거슬려'라고 생각하는 대신에, 온전히 하나님께 맞추어야 합니다. 예배는 하나님을 향하는 것입니다.

셋째로, 예배가 하나님 앞에서의 '드림'이라면, 이 드림은 무조건적이 아닌 조건적인 드림입니다. 즉 '하나님의 원하심을 따라 구별되어 드리는' 드림이 바로 예배라는 것입니다. 바알을 섬기는 선지자들의 제사와 여호와를 향한 엘리야의 제사를 비교해 봅시다.

그들이 받은 송아지를 가져다가 잡고 아침부터 낮까지 바알의 이름을 불러 이르되 바알이여 우리에게 응답하소서 하나 아무 소리도 없고 아무 응답하는 자도 없으므로 그들이 그 쌓은 제단 주위에서 뛰놀더라

왕상 18:26

바알 선지자들은 받은 송아지를 가져다가 잡고 아침부터 낮까지 바알의 이름을 불렀습니다. 그런데 그 결과는 어떠했습니까? 아무 소리도

없었습니다.

엘리야는 그들에게 송아지 두 마리를 가져다가 각각 한 마리를 택하여 각을 떠서 그것을 제물로 삼자고 했습니다. 그런데 그들은 단순히 송아지를 잡았을 뿐, 더 이상의 일을 하지 않았습니다. 그러나 엘리야는 제단을 재건하고, 나무를 벌이고, 정성스럽게 송아지의 각을 떠서 나무 위에 놓았습니다. 이를 통해 우리가 알 수 있는 것은, 예배는 우리의 기분이나 편리에 따라 드리는 것이 아니라 하나님의 기준에 맞게 드려야 한다는 것입니다. 예배는 조건적입니다.

구약성경에 따르면, 하나님께 제물을 바칠 때는 흠 없고 온전한 것, 점이 없는 것을 바쳐야 한다는 조건이 있습니다. 눈멀고 병든 제물이나 내가 바치고 싶은 제물을 바칠 수 있는 것이 아닙니다. 하나님의 원하심을 따라 구별되어 드리는 것이 제사였습니다. 우리의 예배는 어떻습니까? 혹 기분에 따라 예배를 드리고 있지는 않습니까? 예배는 기분이나 조건에 따라 드리는 것이 아닙니다. 예배는 우리의 신분에 따라 마땅히 해야 할 일입니다.

예배가 하나님께 드리는 것이라면, 예배에는 수고롭고 번거로우며, 내 것을 내어 놓아야 하는 희생적 행위가 수반되어야 합니다. 송아지를 바쳐야 하고, 송아지의 각을 떠야 하며, 무너진 제단을 돌을 가져다가 수축해야 합니다. 우리가 하나님 앞에 드리는 예배 가운데 우리를 온전히 드리는 헌신이 있는지 살피는 지혜가 필요합니다.

하나님의 현현

예배는 하나님의 현현, 즉 하나님이 나타나시는 것입니다. 그러므로 예배에는 반드시 하나님의 임재가 있어야 합니다. 엘리야의 제사에서 하나님의 임재는 무엇으로 나타났습니까? 하늘로부터 불이 내리는 현상으로 나타났습니다. 여호와 하나님이 이스라엘 백성에게 직접 현현하신 것입니다.

반면에 바알의 제단은 어떠했습니까? 열왕기상 18장 29절에는 "이같이 하여 정오가 지났고 그들이 미친 듯이 떠들어 저녁 소제 드릴 때까지 이르렀으나 아무 소리도 없고 응답하는 자나 돌아보는 자가 아무도 없더라"라고 기록되어 있습니다. 바알의 제단에서 그들은 온 정성을 다해 미친 듯이 떠들었습니다. 그러나 그들에게는 아무 소리도 없고, 신을 통한 응답도 없었습니다. 이는 참된 예배가 아닙니다. 인간들의 놀이 그 이상도, 이하도 아닙니다.

하나님을 예배할 때 열정도 중요합니다. 갖추어진 세련미도 중요합니다. 환경과 조건도 중요합니다. 그러나 가장 중요한 것은 그 예배에 하나님의 임재가 있느냐입니다. 그 예배에 하나님과의 만남이 있느냐가 가장 중요합니다. 하나님과의 만남이 없으면 예배가 아닙니다. 그것은 단지 종교적인 행위일 뿐입니다.

그래서 우리는 예배를 다음과 같은 단어들로 묘사하곤 합니다.

"하나님과의 만남, 하나님과의 교제, 하나님과의 소통, 하나님의 현현, 하나님의 나타나심."

모두 우리 편에서는 하나님과의 만남을 의미합니다. 이것이 예배입니다.

예배의 생명이 무엇입니까? 예배의 생명은 우리가 얼마나 세련되고 품위 있고 고상한 예배의 행위를 했느냐가 아닙니다. 예배의 생명은 하나님의 임재, 하나님의 현현입니다. 이것이 바로 예배입니다. 그러므로 예배는 잘 연출된 드라마도 연극도 아닙니다. 예배는 하나님을 만나는 알현(謁見)의 현장입니다.

저는 우리 교회 성도들에게 설교에 대해 묘사하기를, "말씀으로 찾아오시는 하나님"이라고 특별하게 표현합니다. 그래서 공예배를 위한 대표기도를 섬기는 성도들에게도 "말씀으로 찾아오시는 하나님을 우리가 만나는 예배가 되게 해 주옵소서"라고 기도하라고 가르칩니다.

우리는 예배를 어떻게 이해하고 있습니까? 예배는 하나님이 찾아오시는 것입니다. 예배는 찾아오시는 하나님을 우리가 만나는 시간입니다. 예배에는 다음과 같은 세 가지 현상이 드러나야 합니다.

첫째, 위로부터 내려오는 것이 있어야 합니다. 엘리야의 제사에서는 불이 내려왔습니다. 우리가 하나님께 드리는 제사를 하나님이 받으셨다면, 하나님으로부터 내려오는 것이 있어야 합니다. 열왕기상 18장 38절에 "여호와의 불이 내려서"라는 말씀이 있습니다. 즉 하나님이 위로부터 내려오셔야 합니다.

둘째, 위로부터 내려오는 것을 보고 엎드림이 있어야 합니다. 열왕기상 18장 39절 상반 절에 "모든 백성이 보고 엎드려 말하되"라는 말씀이 있습니다. 이스라엘 백성은 제사의 현장에서 위로부터 불이 내리는 것을 보았고, 엎드렸습니다. 예배하는 우리에게 이런 엎드림의 현상이 있어야 합니다.

셋째, 내려오는 것에 대한 반응이 있어야 합니다. 하늘로부터 불이 내리는 것을 보고 이스라엘 백성은 즉시 엎드렸습니다. 그리고 "여호와 그는 하나님이시로다"(왕상 18:39)라고 고백했습니다. 하늘에서 불이 내려오는 것을 보고 단순히 놀라고 만 것이 아니라 "맞다! 바알은 하나님이 아니다. 내가 속았다. 여호와가 하나님이시다. 하나님께 돌아가야겠다" 하는 고백이 있었다는 것입니다.

이것을 우리가 드리는 예배에 적용해 봅시다. 우리의 예배에 있어서 말씀은 하늘로부터 내려오는 여호와의 불과 같습니다. 그리고 말씀이 우리의 심령에 여호와의 불처럼 임해야 합니다. 말씀이 우리에게 들려져야 합니다. 단지 예배의 자리에 나와 있는 것만이 예배의 전부가 되어서는 안 됩니다. 말씀이 들려지지 않고 그 말씀 앞에 순종하는 마음이 없다면 그것은 예배가 아닙니다. 단지 설교자의 강연을 듣는 것으로 그칠 뿐입니다.

예배 중에 설교를 듣다가 양심이 찔리고 가책을 느끼며 목덜미가 화끈거렸던 경험이 있습니까? 그럴 때 어떻게 했습니까? 혹시 애써 들키지 않으려고, 아닌 척하기 위해 마음에 커튼을 치고 그 말씀을 차단한 경험은 없었습니까? 말씀 앞에 그렇게 반응했다면 그것은 예배가 아닙니다. 말씀이 나를 겨냥하는 것 같아 마음이 찔리고 눈물이 나며 부끄러워 고개를 들 수 없고, 설교자와 눈을 마주치지 못했던 경험이 있습니까?

'정말 하나님이 나에게 하시는 말씀이구나. 내가 잘못 살았다. 내가 죄인이다'라고 생각하고 여기서 끝나 버리면, 그것도 예배가 아닙니다. 참된 예배에는 반드시 죄가 죽는 결과가 있습니다. 이스라엘 백성이 하나님께 "여호와 그는 하나님이시로다"라고 고백한 후, 다음에 이어지는 행동이 40절에 나옵니다.

엘리야가 그들에게 이르되 바알의 선지자를 잡되 그들 중 하나도 도망하지 못하게 하라 하매 곧 잡은지라 엘리야가 그들을 기손 시내로 내려다가 거기서 죽이니라 왕상 18:40

혹시 이 장면이 잔인하게 느껴질지 모르겠습니다. 무너진 제단을 수축하고, 제사를 지내 불이 내려왔고, 온 백성이 여호와가 하나님이심을 고백했으니, 그것으로 목적이 달성되었다고 생각하는 사람도 있을 것입니다. 이렇게 모두가 하나님이 참 신이시라고 고백하고 알게 되었는데, 군이 바알 선지자들을 잡아서 죽일 필요가 있었을까요? 엘리야는 왜 바알의 선지자들을 잡아 죽였을까요?

그 이유는 그들이 여호와의 제단을 무너뜨린 주범들이었기 때문입니다. 그들은 이스라엘 백성을 여호와의 제단으로 인도하지 않고 바알의 제단으로 이끈 미혹자들이었기 때문입니다. 그들을 죽이는 것은 이스라엘 백성의 죄를 죽이는 것이며, 그들의 욕심과 그릇됨, 교만함을 죽이는 것과 같았기 때문입니다. 또한 이는 이스라엘 백성의 무지를 죽이는 것과 같은 의미입니다.

우리가 드리는 예배에서 우리의 죄와 허물이 결박되고 있는지 살펴보아야 합니다. 말씀을 들으면서, 그 말씀이 우리의 귀에 들려질 때, 우리는 그 말씀을 통해 죄와 허물을 발견하고 결박해야 합니다. 결박한 후에는 그 죄를 우리의 기손 강가로 끌고 가서 처단해야 합니다.

말씀을 통해 죄를 결박하지만 예배가 끝나고 나면 다시 죄를 풀어놓거나 실제로 죄를 죽이지 않고 다시 살아 돌아다니게 하는 성도들이 있습니다. 이런 방식으로는 우리의 삶이 절대로 달라지지 않습니다. 우리의 삶에 여전히 큰비가 내리지 않는 이유는 우리의 죄를 제대로 처단하지 않기 때문입니다. 예배를 통해 우리의 죄와 허물을 죽여야 합니다. 진정으로 말살해야 합니다. 우리의 예배가 살아나야 죄가 죽습니다. 예배가 살아야 우리 삶의 가뭄이 해결됩니다. 예배가 살아야 기도가 이어집니다. 우리 안에 있는 죄를 해결해야 기도가 살아납니다.

바알의 선지자들을 처단한 후 엘리야는 큰비가 올 것이라고 말하며 기도를 시작합니다. 죄가 죽지 않는다면 큰비 소리도 여전히 들리지 않을 것입니다. 죄가 죽지 않으면 기도도 살아나지 않습니다. 기도의 행위를 할 수는 있지만, 하나님이 들으시는 기도는 되지 않습니다. 결국 예배가 살아야 모든 문제가 해결됩니다. 예배를 회복해야 합니다.

예배가 우리의 삶 그 자체가 되어야 합니다. 주일에 드리는 한 시간의 예배로는 신앙의 삶을 살기 어렵습니다. 예배가 일상이 되어야 가뭄이 비가 됩니다. 성령이 하시는 말씀을 듣는 귀가 우리에게 있기를 축복합니다. 예배에 목숨 거는 성도들이 되기를 바랍니다.

3
PART

세상,
그러할지라도

10

세상이 도전장을 내밀지라도

왕상 19:1-5

　우리가 이 세상에서 신앙으로 살아가기 위해 한 가지 중요한 것이 있습니다. 바로 우리가 살아가는 삶의 현장이 어떤 곳인지를 잘 아는 것입니다. 《손자병법》에 "지피지기 백전불태"(知彼知己 百戰不殆)라는 말이 있습니다. '적을 알고 나를 알면 백 번 싸워도 패하지 않는다'는 말입니다. 우리가 살아가는 삶의 현장이 어떤 곳인지 잘 알면 우리는 늘 승리하는 신앙의 삶을 살 수 있습니다.

　우리가 살아가는 삶의 현장은 어떤가요? 대단히 매력적이고 호기심을 끌 만큼 충분히 멋진 곳인가요, 아니면 진절머리가 날 만큼 힘든 곳인가요? 책으로 접하고 머리로 이해하는 것과 실제로 부딪히며 사는 현실은 큰 차이가 있습니다. 우리에게 기쁨과 희망을 주기보다는 좌절과 절망을 안겨 주고, 고통과 상처를 주는 일이 더 많은 것이 우리가 사는 이 세상의 현실입니다. 이런 환경에서 그리스도인인 우리는 어떻게 살아야 할까요?

열왕기상 19장에는 엘리야를 포함한 세 사람이 등장합니다. 엘리야, 아합, 이세벨이 19장의 출연진입니다. 이 장에서는 그 인물들 중 아합과 이세벨을 통해 우리가 살아야 할 삶의 현장인 세상이 어떤 곳인지 살펴보고자 합니다.

세상은 불신의 현장이다

아합이라는 인물을 통해 알 수 있는 세상의 모습은 불신의 현장이라는 것입니다. 아합은 엘리야가 행한 모든 일과 그가 바알 선지자들을 칼로 죽인 일을 이세벨에게 전합니다. 아합이 누구입니까? 아합은 북이스라엘의 왕입니다. 이세벨은 왕비이자 그의 아내입니다. 아합이 아내 이세벨에게 갈멜산에서 일어난 일을 설명하는 것을 보면, 이세벨은 그 현장에 없었던 것으로 보입니다.

아합이 이야기한 내용은 두 가지였습니다. 첫째는 그가 엘리야를 통해 보게 된 기적이고, 둘째는 이후 엘리야가 바알 선지자들을 칼로 죽인 일입니다.

엘리야는 누가 참 신인지를 결판내기 위해 바알과 아세라 선지자들을 갈멜산으로 불렀습니다. 엘리야는 홀로 여호와의 제단을 수축했고, 바알의 선지자들은 그들의 신 바알에게 제사를 지냈습니다. 엘리야는 각자 섬기는 신의 이름을 불러 거기에 응답하는 신, 즉 불을 내려 응답하는 신이 참 신임을 확인하자고 했습니다. 결과는 어떠했습니까? 아침부터 저녁까지 온종일 사력을 다해 몸부림친 바알의 선지자들에게는 아무 응답이 없었습니다. 그러나 엘리야가 하나님께 제사를 드리자 하나님은 응답하셨습니다. 하늘로부터 불이 내렸고 그 불이 엘리야가 직접 마련한 제단의 제물을 불살랐습니다. 이로써 참 신이 누구인지가 명확히 판명되었습니다.

또 엘리야는 갈멜산에서 하나님이 응답하신 사건 이후에 이스라엘 백성을 미혹한 바알 선지자들을 기손 시내로 데려가 죽였습니다. 이 사건을 아합은 이세벨에게 이야기합니다.

두 사건은 살아 계신 하나님이 증명된 사건입니다. 이로써 여호와 하나님은 살아 계시고 응답하시는 참 신이심이 드러났습니다. 이 사건들을 통해 이스라엘 백성이 지금까지 따랐던 바알은 실존하지 않는 허상이자 거짓이라는 것을 모두가 알게 되었습니다. 진리가 승리한 것입니다.

아무리 아합왕이 그의 강력한 권력으로 하나님을 따르지 못하게 하고, 그의 아내 이세벨까지 하나님의 사람들을 찾아내어 죽이려 했을지라도 여호와는 살아 계셨습니다. 이스라엘 백성이 여호와의 제단을 방치한 채 바알의 제단을 찾고 그 앞에 엎드릴 때에도 여호와 하나님은 살아 계셨습니다. 불로 응답하신 하나님은 역사의 주관자이십니다. 하나님은 이스라엘 백성을 간섭하시고, 그들에게 관심을 가지고 계십니다. 그들이 도움을 구할 때 반드시 개입해 도우시고 필요를 채우십니다. 이 모든 것이 드러난 사건이 바로 갈멜산의 대결입니다.

그런데 1절을 자세히 살펴보면, 아합의 태도가 매우 애매합니다.

> 아합이 엘리야가 행한 모든 일과 그가 어떻게 모든 선지자를 칼로 죽였는지를 이세벨에게 말하니 왕상 19:1

아합은 엘리야가 행한 모든 일과 그가 선지자들을 칼로 죽인 일을 이세벨에게 설명했습니다. 사실 바알 선지자들을 죽인 것도 엘리야가 행한 일입니다. 그런데 아합은 두 사건을 구분하여 설명합니다. 왜냐하면 아합이 이세벨에게 설명하는 내용의 방점이 여호와가 참 하나님이심을 알리기보다는 엘리야에 의해 선지자들이 비참하게 죽었다는 데 있었기 때문입니다.

> 이세벨이 사신을 엘리야에게 보내어 이르되 내가 내일 이맘때에는 반드시 네 생명을 저 사람들 중 한 사람의 생명과 같게 하리라 그렇게 하지 아니하면 신들이 내게 벌 위에 벌을 내림이 마땅하니라 한지라
>
> 왕상 19:2

아합의 말을 들은 이세벨은 당장 사신을 보내 엘리야를 죽이겠다고 결심합니다. 그런데 아합은 이를 보고도 만류하지 않습니다. 그가 직접 보고 경험한 하나님이 참 신이시라고 말해도 부족한 상황에 아합은 아무 반응도 하지 않습니다. 하나님의 역사를 보고도 아합은 받아들이지 않았습니다. 이것이 바로 우리가 신앙의 삶을 살아가는 세상의 현주소입니다.

세상은 어떤 곳입니까? 세상은 하나님의 주권 아래 움직이고 있습니다. 해가 동쪽에서 떠서 서쪽으로 지고, 밤이 되면 달이 뜨는 일은 변함이 없습니다. 사계절이 어김없이 돌아오는 것도 하나님의 섭리가 운행되고 있기 때문입니다. 그러나 세상은 그 모든 것을 보고도 하나님을 믿으려 하지 않습니다. 하나님을 철저히 불신하는 곳이 바로 우리가 살

아가는 세상입니다.

교회는 이미 많은 순기능을 감당하고 있습니다. 세상을 향해 윤리적이고 도덕적인 삶을 권장하고, 가난한 자들을 돕고, 상처받은 자들을 품으려 합니다. 그럼에도 불구하고 세상은 교회의 긍정적인 면을 인정하기보다는 부정적인 면을 들추어내려 합니다. 왜 그렇습니까? 각자 시각과 가치관이 다르기 때문입니다. 세상과 교회의 사고 체계가 근본적으로 다르기에, 세상은 진리를 불신하고 거부합니다.

너희에게나 다른 사람에게나 판단받는 것이 내게는 매우 작은 일이라 나도 나를 판단하지 아니하노니 내가 자책할 아무것도 깨닫지 못하나 이로 말미암아 의롭다 함을 얻지 못하노라 다만 나를 심판하실 이는 주시니라 고전 4:3-4

사도 바울의 삶의 기준은 늘 예수 그리스도였습니다. 비록 세상이 진리를 거부하고, 진리의 전달자인 자신을 싫어한다 해도 바울은 그것에 연연하지 않고 오직 예수 그리스도만을 바라보며 살았습니다.

혹시 신앙의 삶을 살아가다가 세상에서 받은 오해와 편견, 공격에 속상하고 상처받고 마음 아파한 적이 있습니까? 세상이 우리를 불신하고 우리의 삶을 힘들게 하더라도 슬퍼하거나 노여워하지 마십시오. 이는 세상이 신앙의 사람을 대하는 당연한 태도요, 우리가 신앙의 삶을 살고 있다는 증거입니다. 신앙의 삶을 살아가는 사람은 세상을 보며 사는 자가 아니라 영원한 천국을 소망하며 사는 사람입니다. 세상에 마음을 쏟지 말고, 세상을 믿지 말며, 세상에 서운해하지 마십시오. 세상은 하나님을 보면서도 받아들이지 않는 불신의 현장입니다.

우리는 오늘의 세상이 아니라 내일의 천국을 소망하며 살아가야 합니다. 천국을 소망하며 사는 삶을 통해 진정한 신앙의 길을 걸어가기를 바랍니다.

세상은 공포의 현장이다

우리가 신앙의 삶을 살아가야 할 이 세상은 우리를 겁박하고 위협하며 두려움과 공포를 조성하는 현장이기도 합니다. 이세벨을 통해 이러한 세상의 모습을 볼 수 있습니다.

이세벨은 열왕기상 19장 2절에서 사신을 엘리야에게 보내 그를 죽일 것을 다짐합니다. 아합이 엘리야가 행한 일과 그가 선지자들을 죽인 이야기를 전하자, 이세벨은 분노하며 엘리야를 협박했습니다. 정상적이라면 엘리야의 사건을 통해 여호와가 참 신이심을 인정하고 회개해야 마땅합니다. 하지만 이세벨은 오히려 분노하고 공격하며 협박합니다. 이것이 바로 세상의 모습입니다. 세상은 하나님 앞에 순복하지 않습니다. 진리를 받아들이지 않고, 오히려 도전합니다.

요즘 세상은 소위 '팬덤'(Fandom)이라는 것이 진리가 되었습니다. 또한 거대한 세력이나 그에 따른 흐름이 절대적 진리로 받아들여지기도 합니다. 윤리도 진리도 아닌 거대한 팬덤이 일종의 패러다임을 결정하고 만들어 냅니다.

성경은 동성애에 대해 죄라고 분명히 말하고 있습니다. 그러나 세상은 그 진리에 반대하고 시대적 흐름이라는 옷을 입혀 동성애는 더 이상 죄가 아니라는 윤리적 기준을 만들어 내고 있습니다. 정치도 마찬가지입니다. 국민의 복리와 안정을 위해 무엇이 옳은지를 논의하기보다는 자신들을 지지하는 팬덤의 요구를 더 중요하게 여깁니다. 사회 내에서 인권과 행복 추구권이라는 이름을 내세워 진리를 무너뜨리려 하는 세력 또한 점점 커지고 있습니다.

최근 존엄사 문제를 입법화하자는 움직임도 이러한 세상의 모습을 보여 줍니다. 자기 생명의 권리를 주장하며, 삶이 힘들고 고통스러울 때 죽을 권리를 보장하라는 요구가 법적으로 제도화되려는 상황입니다. 생명의 주인은 하나님이십니다. 생명을 나고 죽게 하는 이는 하나님이십니다. 세상은 죽을 권리가 있다고 주장하지만, 생명의 주권은 하나님께 있습니다. 이처럼 세상의 기준과 가치관은 하나님의 진리에 도전합니다. 자존심이 진리보다 중요하고, 옳고 그름보다 내 편이냐 네 편이냐가 기준이 됩니다.

아합은 이스라엘의 왕이고, 이세벨은 왕비입니다. 그들은 이스라엘 백성의 행복을 위해 일해야 할 사람들입니다. 갈멜산에서 여호와가 참 신이심이 밝혀졌다면, 그들은 이를 인정하고 회개해야 했습니다. 그러나 오히려 엘리야를 죽이려 합니다. 민족의 정체성을 일깨운 엘리야를 죽이려는 이세벨은 권력을 남용하고 있습니다. 오늘날 세상도 마찬가지입니다. 권력을 남용해 사익을 추구합니다. 이런 현장에서 신앙의 삶을 사는 것은 결코 쉽지 않습니다.

하지만 여기서 우리가 알아야 할 중요한 사실이 있습니다. 바로 그리스도인들이 신앙의 삶을 살지 못하도록 협박하는 세상의 진짜 정체를 알아야 한다는 것입니다. 이세벨이 진짜 엘리야를 죽이려 했다면 사신이 아닌 자객을 보내야 했습니다. 그러나 그녀는 사신을 보냈습니다. 이는 엘리야를 협박한 후 스스로 도망하거나 굴복하게 하려는 의도입니다. 이세벨도 엘리야가 두려웠기에 협박만 한 것입니다.

이처럼 세상의 협박은 기만에 불과합니다. 세상은 결코 하나님보다 크지 못합니다. 세상은 우리를 하나님의 손에서 빼앗지 못합니다. 하나님이 세상보다 능하시기 때문입니다. 그렇기에 우리는 세상을 두려워할 이유가 없습니다. 하나님이 지금까지 우리를 지켜 주셨듯이, 앞으로도 우리를 지켜 주실 것입니다. 세상의 협박에 절망할 이유는 없습니다. 담대하십시오. 세상의 협박에 움츠러들지 마십시오. 주눅 들지 마십시오. 하나님을 두려워하는 자가 세상에서 승리할 것입니다. 2천 년 기독교 역사에서 교회가 망한 적은 없습니다. 우리나라의 교회 역사만 봐도 알 수 있습니다. 일제의 총칼 앞에서도 교회는 무너지지 않았습니다. 오히려 더 든든히 세워졌습니다. 그 이유는 우리의 주인이 바로 하나님이시기 때문입니다.

성경에 가장 많이 등장하는 표현 중 하나는 "두려워하지 말라"입니다. 이스라엘 백성이 위기에 처할 때마다 하나님은 "두려워하지 말라"고 하셨습니다. 구약뿐만 아니라 신약에서도 마찬가지입니다. 1세기 교회가 환란과 핍박을 당할 때 성경은 "항상 기뻐하고, 범사에 감사하며, 쉬지 말고 기도하라"고 명령했습니다(살전 5:16-18). 두려워하거나 주눅 들라고 가르친 적은 없습니다. 그 이유는 복음은 진리이고, 하나님은 살아 계시며, 그 하나님이 우리를 살피시고 간섭하시는 분이기 때문입니다.

야곱아 너를 창조하신 여호와께서 지금 말씀하시느니라 이스라엘아

너를 지으신 이가 말씀하시느니라 너는 두려워하지 말라 내가 너를 구
속하였고 내가 너를 지명하여 불렀나니 너는 내 것이라 네가 물 가운데
로 지날 때에 내가 너와 함께할 것이라 강을 건널 때에 물이 너를 침몰
하지 못할 것이며 네가 불 가운데로 지날 때에 타지도 아니할 것이요
불꽃이 너를 사르지도 못하리니 대저 나는 여호와 네 하나님이요 이스
라엘의 거룩한 이요 네 구원자임이라 사 43:1-3

하나님이 우리에게 말씀하십니다. 강을 건널 때에도, 불 가운데로
지날 때에도 두려워하지 말라고 하십니다. 이유는 단 하나, 여호와가 우
리의 하나님이 되시기 때문입니다. 우리가 하나님의 소유이기 때문입니
다. 그렇기에 우리는 부족해도, 허물이 있어도, 연약해도 두려워할 이유
가 없습니다.

지금 무엇이 두렵습니까? 무엇 때문에 움츠리고 주눅 들어 있습니
까? 왜 세상에서 당당하게 신앙의 삶을 살지 못합니까? 여호와가 우리
의 하나님이십니다. 이 믿음을 가지고 주어진 신앙의 삶을 힘차게 살아
갑시다. 그리고 잊지 마십시오. 세상은 하나님의 진리를 거부하고 신앙
을 공격할 수 있지만, 우리는 그 세상을 알고 분별하며, 그 안에서 하나
님의 사람으로 살아가야 할 존재입니다. 두려움 대신 믿음으로, 침묵 대
신 기도로, 도망 대신 담대함으로 나아갑시다. 세상이 아무리 흔들려도,
하나님을 아는 우리는 흔들리지 않을 것입니다. 이것이 바로 지피지기
의 신앙입니다.

11

삶이 무너져 내릴지라도

왕상 19:1-5

새로운 생명이 태어날 때 울음을 터뜨리는 이유를, 혹자는 처음 마주하는 세상이 낯설고 두렵기 때문이라고 합니다. 이는 과학적 결과에 따른 것이 아니라 앞으로 살아갈 세상이 힘들고 어려울 것이라는 은유적 표현입니다. 우리는 낯선 것에 대해 두려움을 느낍니다. 그러나 낯선 것만이 두려움을 주는 것은 아닙니다. 매우 익숙하고 일상적인 것에서도 우리는 두려움을 느낄 때가 있습니다.

신앙생활도 마찬가지입니다. 예배를 잘 드리고 교회생활을 성실히 하다가도, 어느 순간 시험에 들어 신앙의 뿌리가 흔들리는 경우를 경험할 때가 있습니다. 여러 가지 은사를 체험하고 성령 충만한 삶을 살다가도, 갑자기 기도가 무너지고 어려움을 겪는 때가 있습니다. 늘 다른 사람들을 돕고 연약한 사람들의 신앙을 세워 주다가도, 어느 순간 어처구니없는 일로 인해 자신이 넘어지는 경우가 있습니다. 교회 생활이 참 재밌고 신이 나다가도, 어느 순간 교회 생활이 힘들게 느껴질 때도 있습니다.

앞서 열왕기상 17-18장의 엘리야를 통해 신앙의 삶이란 무엇인지에 대해 살폈습니다. 17-18장에서 엘리야는 대단히 잘나가는 인물이었습니다. 그는 세상 모든 사람이 여호와를 떠나 바알을 섬길 때 홀로 살아계신 하나님께 대한 신앙을 잃지 않았습니다. 또 그는 하나님이 내리신 혹독한 훈련을 잘 받아 냈고, 그 시간을 통해 보통 사람이 경험할 수 없는 영적인 체험을 했습니다. 죽었던 자가 살아나는 기적, 까마귀를 통해 식량을 공급받은 사건, 하늘로부터 불이 내려와 응답하신 하나님을 체험한 사건, 이 모두를 경험한 사람이 바로 엘리야였습니다.

그러나 열왕기상 19장에 들어서면서 갑자기 엘리야는 무너집니다. 18장에서의 화려함은 다 사라지고 급격히 추락합니다.

> 그가 이 형편을 보고 일어나 자기의 생명을 위해 도망하여 유다에 속한 브엘세바에 이르러 자기의 사환을 그곳에 머물게 하고 자기 자신은 광야로 들어가 하룻길쯤 가서 한 로뎀 나무 아래에 앉아서 자기가 죽기를 원하여 이르되 여호와여 넉넉하오니 지금 내 생명을 거두시옵소서 나는 내 조상들보다 낫지 못하니이다 하고 왕상 19:3-4

이세벨의 위협 앞에서, 엘리야는 자신이 처한 형편을 보고 생명을 보존하기 위해 브엘세바로 도망칩니다. 그리고 광야로 들어가 한 로뎀 나무 아래 앉아 죽기를 원하며 하나님께 자신의 생명을 거두어 달라고 청합니다. 엘리야는 왜 이렇게 갑자기 무너졌을까요? 그 이유는 지극히 작은 것에 있었습니다.

이세벨이 사신을 엘리야에게 보내어 이르되 내가 내일 이맘때에는 반드시 네 생명을 저 사람들 중 한 사람의 생명과 같게 하리라 그렇게 하지 아니하면 신들이 내게 벌 위에 벌을 내림이 마땅하니라 한지라

왕상 19:2

엘리야는 이세벨의 말 한마디에 좌절했습니다. 당시 가장 강력한 권력과 힘을 가진 아합왕의 아내 이세벨의 위협에 그는 순간 죽기를 원하며 절망의 나락으로 떨어진 것입니다. 엘리야는 선지자입니다. 단순히 이론적 지식을 가졌기에 그가 선지자가 된 것은 아닙니다. 그는 하나님 앞에서 철저하게 훈련받고 다져졌고, 하나님과의 생생한 경험을 가진 사람이었습니다. 그는 하늘을 움직여 비를 내리시는 하나님을 경험했고, 죽었던 자를 다시 살리시는 하나님의 기적 또한 체험했습니다.

그런 그가 어떻게 이처럼 한순간에 무너질 수 있을까요? 잘 이해가 되지 않습니다. 다른 사람은 무너질지언정 엘리야는 무너지지 않아야 하는데, 어떻게 엘리야가 이렇게까지 추락할 수 있을까요?

질문이 하나 더 생깁니다. 왜 성경은 18장까지의 화려하고 강력한 엘리야의 모습만을 기록하면 되는데 굳이 19장에서 넘어지고 좌절하는 엘리야의 모습을 보여 주는 것일까요? 여기에는 성경이 주는 또 다른 교훈이 있습니다. 바로 엘리야 같은 인물도 한순간에 무너질 수 있는 연약한 존재라는 것입니다. 동시에 우리 역시 이처럼 한순간에 무너질 수 있다는 것을 보여 줍니다. 그래서 신앙의 삶이란 참 쉽지 않고 간단하지 않습니다.

엘리야가 이렇게 무너질 수 있다면 우리도 얼마든지 무너질 수 있

습니다. 신앙 연륜이 오래되고, 성경 지식이 풍부하며, 여러 가지 영적인 은사를 체험했더라도 사소한 것에 걸려 넘어질 수 있습니다. 혹시 지금 그런 상황에 처한 것은 아닙니까? 자신의 신앙이 왜 이렇게 흔들리고 있는지, 왜 이 지경에 이르렀는지 원인을 찾고 있지는 않습니까? 무엇이 원인입니까? 이때 어떻게 해야 합니까? 신앙인으로서 신앙의 삶을 제대로 살기 위해서는 반드시 이 문제를 점검하고, 해답을 찾아야 합니다. 이러한 상황에 부딪힐 때 극복하는 방법을 알고 있어야 합니다.

신앙의 삶을 사는 것은 지극히 당연한 일입니다. 그런데 엘리야도 무너졌다면 우리도 무너질 수 있습니다. 이 부분을 해결해야 신앙의 삶을 제대로 살 수 있습니다. 그렇다면 우리가 신앙의 삶을 살아감에 있어서 확인하고 점검해야 할 부분은 무엇일까요?

초점을 확인하라

갑작스러운 절망과 좌절 앞에서 가장 먼저 확인하고 점검해야 하는 것은 바로 우리의 영적 시선입니다. 신앙의 삶을 살아감에 있어서 현재 내 마음이 어디에 있는지, 무엇에 주목하고 있는지를 살펴봐야 합니다. 엘리야가 갑작스럽게 그리고 너무나 쉽게 무너진 원인은 이세벨의 협박과 위협 때문이었습니다. 그는 하나님이 아닌 상황과 사람을 바라보았기에 그만 무너지고 만 것입니다.

열왕기상 17장과 18장에서 우리가 살펴본 엘리야는 달랐습니다. 그에게 두려움과 낙심과 절망이 전혀 없었기 때문이 아닙니다. 그때도 지금과 같은 두려움과 절망이 있었습니다. 물론 생명의 위협도 있었습니다. 엘리야는 아합을 만나러 가는 길에 오바댜를 만났습니다. 그때 오바댜는 아합이 엘리야를 죽이기 위해 모든 준비를 끝냈다는 정보를 주었습니다. 그러나 엘리야는 그 소식 앞에서 도망하지 않았을 뿐만 아니라 두려워하지도 않았습니다. 당당하게 아합을 만나러 갔습니다. 어떻게 그럴 수 있었을까요? 그때 엘리야는 오직 여호와만 바라보았기 때문입니다.

만약 엘리야의 시선이 아합에게 맞춰졌다면, 그는 두려워 떨었을 것입니다. 아합에게 초점을 맞추었다면, 그는 즉시 무너졌을 것입니다. 그러나 엘리야는 그때도, 광야에서도 오직 여호와 하나님 한 분만을 바라보았습니다. 그래서 그는 절망하지 않을 수 있었습니다.

엘리야는 그릿 시냇가에서도 오직 여호와의 말씀만을 붙들었습니다. 하나님은 엘리야를 광야로 보내셨을 때 그가 시냇물을 마시고 까마귀를 통해 음식을 공급받을 수 있도록 하셨습니다. 만약 당시에 하나님이 아닌 상황과 환경만 바라보았다면 그는 원망과 분노를 쏟아 내면서 하나님에 대한 상처를 안고 낙심했을 것입니다. 그러나 그는 하나님을 바라보았습니다. 17장 어느 곳에도 엘리야가 낙심하거나 두려워했다는 기록이 없습니다.

사르밧 과부의 집에서도 마찬가지였습니다. 엘리야가 당도한 사르밧에는 기대와 달리 아무것도 가지지 않은 과부가 있었습니다. 과부는 자신의 생명도 지키기 어려운 상황이었지만, 엘리야는 절망하지 않았습니다. 왜냐하면 여호와의 말씀을 믿었기 때문입니다. 과부의 아들이 죽었을 때도 엘리야는 낙심하지 않고 생명의 주인이신 하나님을 바라보았습니다. 그 결과, 상황은 역전되었고 죽음이 생명으로 바뀌었습니다. 가루가 떨어진 빈 곡식 통도 가뭄이 끝날 때까지 마르지 않았습니다.

갈멜산에서는 어떠했을까요? 바알 선지자들과의 영적 전투에서도 엘리야는 그들을 바라보지 않았습니다. 그는 숫자나 상황에 압도되지 않고 응답하실 여호와 하나님만을 주목했습니다. 그 결과, 하나님은 불로 응답하셨고 엘리야는 영적 전투에서 승리했습니다.

그러나 19장의 엘리야는 이전의 모습과는 사뭇 다릅니다. 왜냐하면 그의 시선이 하나님이 아닌 이세벨에게 머물러 있었기 때문입니다. 그의 시야에서 하나님이 사라져 버리신 것입니다. 사실은 하나님이 사라지신 것이 아니라, 그의 시선이 하나님에게서 다른 곳으로 옮겨진 것입니다. 그의 초점이 잘못 맞춰진 것입니다. 그 결과, 엘리야는 두려움에 사로잡혀 낙심하고 절망하고 좌절하고 맙니다.

엘리야는 3년 6개월 동안 비를 멈추게 하신 하나님을 바라보아야 했습니다. 그릿에서 까마귀를 통해 음식을 공급하신 하나님, 사르밧 과부의 집에서 빈 곡식 통에 가루를 채우신 하나님, 죽었던 과부의 아들을 살리신 하나님을 바라보아야 했습니다. 갈멜산에서 바알의 선지자들을 무찌르고 불로 응답하신 살아 계신 하나님을 기억해야 했습니다. 그러나 엘리야는 초점을 잃어버렸고, 그래서 무너졌습니다.

이처럼 하나님의 백성도 낙심하고 절망할 수 있습니다. 또 살아 계신 하나님을 믿고 예배하며 살아가지만 때로 두려움에 떨고 낙심하여 신앙의 삶을 살지 못하는 경우도 있습니다. 그 이유는 단순히 상황 때문은 아닙니다. 엘리야의 경우, 19장에서 처한 상황보다 사실은 18장에서의 상황이 더 심각했습니다. 하나님이 변심하셔서 엘리야가 두려워한 것이 아닙니다. 하나님은 어제나 오늘이나 영원토록 동일하십니다. 엘리야가 무너진 이유는 그의 연약함과 부족함 이전에, 그의 시선이 하나님께 맞춰져 있지 않았기 때문입니다. 우리가 절망에 처하는 가장 근본적인 이유는 외부 상황이나 사람, 돈, 기질 때문이 아닙니다. 우리가 하나님께 초점을 맞추지 않아서 그렇습니다.

지금 우리의 영적 시선을 다시 한 번 점검해 봐야 합니다. 우리는 무엇을 보고 있으며 어디에 초점을 맞추어 살아가고 있습니까? 지난 시간 어디에 주목하며 세상을 살았습니까? 무엇이 우리를 한숨짓게 하고, 무엇이 우리를 두려워하게 하며, 무엇이 우리를 넘어지게 했습니까? 하나님 때문입니까, 아니면 다른 것들 때문입니까? 만약 다른 것들 때문이라면, 그것이 하나님보다 크지 않다는 사실을 깨달아야 합니다. 우리가 가진 두려움의 가장 근본적인 원인은 바로 하나님을 보지 않고, 엘리야처럼 이세벨이라는 환경을 보기 때문입니다. 우리가 무너지는 이유는 하나님의 소리가 아닌 이세벨의 소리를 듣기 때문입니다.

> 내가 너희에게 말하기를 그들을 무서워하지 말라 두려워하지 말라 너희보다 먼저 가시는 너희의 하나님 여호와께서 애굽에서 너희를 위하여 너희 목전에서 모든 일을 행하신 것같이 이제도 너희를 위하여 싸우실 것이며 신 1:29-30

하나님은 광야를 지나면서 늘 넘어지고 원망하고 불평하고 절망하는 이스라엘 백성에게 무서워하지 말고 두려워하지 말라고 명령하셨습니다. 그 이유는 하나님이 그들보다 먼저 행하시며 그들에게 승리를 약속하셨기 때문입니다. 하나님은 광야에 선 이스라엘 백성에게 하나님만을 바라볼 것을 명령하셨습니다. 그들의 시선을 하나님께 고정하라고 말씀하셨습니다.

광야에 있는 이스라엘 백성에게 닥치는 고난과 어려움은 어찌 보면 당연한 것들입니다. 그러나 하나님은 그들이 만나게 될 수많은 대적과 이방 군대 앞에서 절대로 낙심하지 말라고 말씀하셨습니다. 이유가 무엇일까요? 하나님 앞에서 그 모든 것은 이스라엘에게 전혀 위협이 되지 않기 때문입니다. 이스라엘이 하나님 앞에서 가져야 할 것은 하나님을 향한 온전한 신뢰와 믿음이었습니다.

우리의 삶도 마찬가지입니다. 우리의 시선을 여호와 하나님께 고정하면 우리는 두려움을 이길 수 있습니다. 우리 삶의 자리에서 보이지 않으시는 하나님을 주목한다면 지난날 우리의 인생길에서 우리를 안고 보호하신 하나님을 볼 수 있습니다. 마치 부모가 걸음이 서툰 아이를 품에 안고 안전하게 데리고 가는 것처럼, 하나님은 우리의 그리고 이스라엘 백성의 모든 인생길을 그렇게 인도하셨습니다.

가끔 우리가 겪었던 광야와 같은 삶의 자리는 우리를 두렵게 하고 힘들게 했습니다. 그러나 그 힘들고 고통스러운 순간에 하나님은 어떻게 일하셨습니까? 우리가 의식하지 못하는 순간에도 하나님은 항상 우리를 안으시고 지금까지 모든 걸음을 인도해 주셨습니다.

여호와 하나님께 우리의 시선을 둘 때 우리 안의 모든 두려움이 사라진다는 사실을 신뢰하는 것, 이것이 신앙의 삶을 살아가는 그리스도인들에게 필요합니다. 우리의 시선을 하나님께 고정하기를 바랍니다. 신앙은 하나님을 바라보는 것입니다. 사람을 보고 세상을 보면 원망스럽고, 두렵고, 때로는 분노가 치밀어 오를 수 있습니다. 그러나 하나님을 바라보면 이내 우리에게는 평강이 찾아오고, 희망이 샘솟으며, 살아갈 용기를 얻게 됩니다.

도망을 멈추라

우리의 삶이 두려움에 붙들리고, 신앙까지 흔들리고 무너질 때 도망을 멈추어야 합니다. 이세벨의 협박 앞에서 엘리야가 취한 행동은 도망치는 것이었습니다. 엘리야는 이세벨의 위협을 깨닫고 두려움에 사로잡혀 도망쳤습니다. 북왕국의 선지자인 엘리야는 남왕국의 최남단인 브엘세바까지 도망갔습니다. 브엘세바를 넘어가면 광야입니다. 엘리야는 사환을 브엘세바에 머물게 하고, 자신은 하룻길을 더 나아가 광야로 들어갔습니다. 사람이 기거할 수 없는 광야로 도망친 것입니다. 도망칠 수 있는 데까지 도망친 것입니다.

위기 앞에서 피하고 숨으려는 것은 인간의 기본적인 본능입니다. 그것은 잘못이 아닙니다. 그러나 해답도 아닙니다. 도망은 상책이 아닙니다. 엘리야는 이세벨의 위협을 피하려고 광야로 들어가 하룻길쯤 가서 한 로뎀 나무 아래 앉아서 죽기를 원하며 "여호와여 넉넉하오니 지금 내 생명을 거두시옵소서"라고 기도합니다(왕상 19:4). 엘리야가 진짜 죽기를 원했다면, 이세벨이 위협하는 소리를 들은 그 자리에서 죽으면 되었을 것을, 왜 도망가서 죽으려 합니까?

우리가 살아온 인생의 경험을 돌아보면, 두려움의 요소는 어디에나 있었습니다. 세상이라는 들판에는 우리를 힘들게 하고 고통스럽게 할 지뢰가 사방에 매설되어 있습니다. 사람, 물질, 감정 등 다양한 요소들이 두려움의 원인이 됩니다. 이러한 상황에서 도망은 해답이 아닙니다.

열왕기상 18장을 다시 떠올려 봅시다. 엘리야는 아합을 만나러 가라는 하나님의 명령을 받았습니다. 죽음의 위협이 도사리고 있다는 소식을 들었지만 엘리야는 도망치지 않았습니다. 엘리야는 아합을 만난 후 불러 모은 모든 이스라엘 백성에게 이렇게 외쳤습니다.

> 너희가 어느 때까지 둘 사이에서 머뭇머뭇하려느냐 여호와가 만일 하나님이면 그를 따르고 바알이 만일 하나님이면 그를 따를지니라
>
> 왕상 18:21

엘리야는 정면 승부를 걸었습니다. 피하거나 숨지 않았습니다. 그는 무너진 제단을 수축하고 예배를 드리며 하나님께 기도했습니다. 엘리야는 신앙을 붙들고 신앙으로 승부를 걸었습니다. 아합을 처단할 사람을 찾지 않았고, 자신을 숨겨 줄 사람을 찾지도 않았습니다. 그는 하나님 앞에서 기도와 예배로 승부를 걸었습니다. 결과는 어떻게 되었습니까? 엘리야가 승리했습니다.

이처럼 신앙의 삶이란 내 삶의 모든 문제를, 당하는 모든 어려움을, 겪는 두려움을, 막막하고 암담한 미래를 하나님 앞에서 기도와 예배로, 즉 신앙으로 해결하는 것입니다. 지금 삶이 고되다면, 특정한 문제 때문에 여전히 스트레스를 받고 있다면 그 자리에서 도망치지 말고 신앙으로 돌파해야 합니다.

열왕기상 17-18장을 통해 엘리야에게도 여러 가지 문제가 있었음을 확인할 수 있습니다. 물질 문제, 건강 문제, 관계의 문제가 있었습니

다. 곡식 통에 가루가 없는 것은 경제적인 문제였고, 사르밧 과부의 아들이 죽음에 처한 것은 건강 문제였으며, 아합이 엘리야를 괴롭힌 것은 관계의 문제였습니다.

직장 문제, 가정 문제, 사회 생활, 교회 생활로 인해 두려움과 스트레스를 느끼고 있습니까? 까마귀를 통해 엘리야에게 음식을 공급해 주신 하나님이 우리의 필요도 채워 주실 것입니다. 가루가 떨어진 곡식 통을 채워 주신 하나님이 우리의 경제적 어려움도 해결해 주실 수 있습니다. 과부의 죽은 아들을 살리신 하나님이 지금 우리가 겪고 있는 힘든 상황을 바꿔 주실 것입니다. 갈멜산에서의 영적 전쟁에서 엘리야를 승리케 하신 하나님이 우리에게도 승리를 주실 것입니다.

우리는 삶에서 여러 문제에 봉착할 때 신앙으로 해결하기보다는 다른 것을 의지하려 할 때가 종종 있습니다. 하나님 앞에서 그 문제를 해결하려 하지 않는 것입니다. 그러나 기도하지 않고 예배하지 않으면 두려움은 증폭되고 상황은 해결되지 않습니다. 신앙을 붙들면 우리의 앞길이 밝아질 것입니다.

생각을 전환하라

두려움과 절망적인 상황에 부딪혔을 때 우리에게는 생각의 전환이 필요합니다. 부정적인 생각을 긍정적인 생각으로, 패색 짙은 생각을 승리에 대한 확신으로 바꾸어야 합니다.

자기 자신은 광야로 들어가 하룻길쯤 가서 한 로뎀 나무 아래에 앉아서

자기가 죽기를 원하여 이르되 여호와여 넉넉하오니 지금 내 생명을 거
두시옵소서 나는 내 조상들보다 낫지 못하니이다 하고 _왕상 19:4_

먼 남방 브엘세바까지 도망쳤을 때, 엘리야는 어떤 기도를 했습니
까? 하나님의 기적과 큰 승리를 경험하고 난 뒤임에도 불구하고 로뎀 나
무 아래에 앉아 죽기를 구했습니다. 삶을 포기하고 싶어 했습니다. 왜 엘
리야는 이렇게 기도했을까요? 엘리야는 이세벨의 협박과 위협 앞에서
마땅히 살기를 원하며, "여호와여, 지금 내 생명을 보존하여 주옵소서.
하나님이여, 나를 지켜 주세요. 하나님이여, 나를 살려 주세요"라고 기도
할 수는 없었을까요?

문제 앞에서 우리는 어떤 태도를 보이고 있습니까? 살면서 크고 작
은 문제를 만날 때, 두려운 상황 앞에 설 때, 억울한 상황에 처할 때, 힘들
고 고통스러울 때 보통 어떤 생각을 합니까? 긍정적인 생각을 합니까,
부정적인 생각을 합니까? 부정적인 생각은 부정적인 행동을 유발하고,
부정적인 행동은 부정적인 결과를 초래합니다. 반대로, 긍정적인 생각
은 긍정적인 행동을 유발하고, 긍정적인 행동은 긍정적인 결과를 가져
옵니다.

우리는 종종 스스로를 절망의 감옥에 가두고 낙심의 자리에 밀어
넣습니다. 현실의 자리에서 도피하고 움츠러들며 자신은 불행하다고 한
탄합니다. 뿐만 아니라 다른 사람들의 삶을 자신과 비교하면서까지 자
신을 괴롭힙니다. 혹시 지금 우리의 생각이 너무 부정적이고 패배적이
고 절망적이지는 않습니까? 이사야 40장 28-31절에는 이렇게 기록되어
있습니다.

너는 알지 못하였느냐 듣지 못하였느냐 영원하신 하나님 여호와, 땅끝까지 창조하신 이는 피곤하지 않으시며 곤비하지 않으시며 명철이 한이 없으시며 피곤한 자에게는 능력을 주시며 무능한 자에게는 힘을 더하시나니 소년이라도 피곤하며 곤비하며 장정이라도 넘어지며 쓰러지되 오직 여호와를 앙망하는 자는 새 힘을 얻으리니 독수리가 날개 치며 올라감 같을 것이요 달음박질하여도 곤비하지 아니하겠고 걸어가도 피곤하지 아니하리로다 사 40:28-31

이사야서에 기록된 하나님이 우리의 하나님이십니다. 이 하나님이 우리와 함께 계십니다. 이 하나님이 우리보다 앞서가시며 우리의 길을 예비해 주십니다. 그런데 왜 엘리야처럼 세상의 여러 이세벨을 두려워합니까? 왜 도망치려고 합니까? 우리가 기도하면 하나님은 들으십니다. 하나님은 살아서 역사하시는 분입니다.

우리의 삶을 찬찬히 들여다보면 대부분 우리 스스로가 두려움의 우물을 팔 때가 많습니다. 나 자신이 스스로 패배 의식에 빠져 좌절하며 도망치려고 하는 것입니다. 우리가 비록 고단한 인생길을 가고 오늘을 사는 것이 힘겨울지라도, 예수님이 늘 우리의 마음을 다 알고 계시고 우리의 삶을 붙들고 계심을 믿어야 합니다. 주님을 바라보고 주님께 기도하며 우리의 생각을 바꿉시다. 그것이 믿음이며, 신앙이고, 신앙의 삶입니다.

12

두려움에 떨릴지라도

왕상 19:3-8

사람이라면 누구나 인생의 마지막에 죽음을 맞이합니다. 보통의 사람들은 자신이 죽음을 향해 가고 있는지, 죽음이 자신을 향해 오고 있는지에 대한 고민 없이 살다가 갑자기 죽음을 맞닥뜨립니다. 만약 우리가 죽음을 향해 가고 있다면 죽음은 우리의 선택 사항이 됩니다. 죽음을 비켜 가거나, 걸음을 늦추거나, 걸음을 멈출 수도 있습니다. 그러나 우리가 죽음을 선택할 수 없다면, 죽음이 우리를 향해 오는 것입니다. 언제, 어디서, 어떻게 죽음을 마주할지 알 수 없습니다.

사람이라면 죽음을 두려워할 수밖에 없습니다. 인생에서 겪는 두려움 중에 가장 깊고 무거운 것이 바로 죽음에 대한 두려움입니다. 그렇기 때문에 사람은 절망과 두려움이 깊어지면 깊어질수록 죽음을 생각하게 됩니다. 그래서 우리는 "죽을 만큼 힘들다"는 말을 종종 합니다. 엘리야에게 있어서도 죽음은 두려운 것이었습니다.

이세벨이 사신을 엘리야에게 보내어 이르되 내가 내일 이맘때에는 반드시 네 생명을 저 사람들 중 한 사람의 생명과 같게 하리라 그렇게 하지 아니하면 신들이 내게 벌 위에 벌을 내림이 마땅하니라 한지라
왕상 19:2

아합의 아내 이세벨이 엘리야를 위협하기 시작합니다. 엘리야가 이세벨의 선지자들을 죽였기 때문입니다. 이세벨이 엘리야에게 "내가 너를 죽이지 아니하면 신들이 내게 벌 위에 벌을 내림이 마땅하니라"라고까지 말한 것을 보면 그 말은 절대 허풍이 아니었습니다. 동시에 굉장한 분노를 담고 있습니다. 그래서 그 말은 엘리야에게 큰 두려움을 주었습니다. 두려움에 사로잡힌 엘리야는 광야로 도망칩니다. 그렇게 광야 길을 하룻길쯤 가서 한 로뎀 나무 아래에 앉아 이렇게 말합니다.

여호와여 넉넉하오니 지금 내 생명을 거두시옵소서 나는 내 조상들보다 낫지 못하니이다 왕상 19:4

엘리야는 하나님께 자신을 죽여 달라고 합니다. 왜냐하면 그에게 닥친 현실이 굉장히 힘들고 절망스럽기 때문입니다. 엘리야는 차라리 죽는 것이 사는 것보다 낫다고 말합니다. 우리도 인생을 살면서 간혹 깊은 두려움과 절망, 스스로의 힘으로는 도저히 해결할 수 없는 환경 때문에 '죽고 싶다'는 생각을 가질 때가 있지 않습니까? 그러나 다시 생각해 보면, 과연 죽음이라는 것이 두려움을 이기는 해답이 될 수 있을까요? 내 힘으로는 해결할 수 없는 상황을 죽음이 대신 해결해 줄 수 있습니

까? 그렇지 않습니다.

큰 두려움 앞에서 죽겠다고 소리치는 엘리야를 하나님은 어떻게 대하셨을까요? 그의 말대로 하나님은 죽음을 해답으로 제시하지 않으셨습니다. 대신 천사를 보내셨습니다. 그리고 절망하고 있는 엘리야를 위로하며 먹을 것을 주시고, 다시 일어나라고 말씀하셨습니다. 그에게 다시 일어나 가야 할 길을 가라고 하셨습니다. 이렇게 하나님이 엘리야에게 하신 말씀과 행하신 일들을 보면 두려움의 자리에서 죽음을 떠올리는 것은 절대 하나님이 원하시는 바가 아님을 알 수 있습니다.

죽음을 떠올리는 사람들을 보면 인간적으로는 이해가 됩니다. '얼마나 힘들까? 얼마나 고통스럽고 공포가 클까?'라는 생각이 듭니다. 그러나 하나님은 죽음 대신 두려움을 극복하는 것, 절망의 상황을 뛰어넘는 것, 낙심의 상황을 이겨 내는 삶으로 나아갈 것을 말씀하십니다. 그렇다면 이처럼 두려운 상황을 극복할 수 있는 방법은 무엇일까요?

은혜와 축복을 기억하라

두려움을 극복하기 위한 첫 번째 걸음은 바로 우리 인생에 부어 주신 하나님의 은혜와 축복을 기억하는 것입니다.

엘리야는 하나님 앞에서 죽음을 이야기합니다. 그가 죽음을 생각한 이유는 이세벨의 협박 때문이었습니다. 이세벨의 협박은 단순한 위협 그 이상의 것이었습니다. 이미 이세벨은 하나님을 따르는 선지자들을 살해했던 전례가 있습니다. 그리고 엘리야도 이세벨의 극악무도함을 익히 알고 있었습니다. 따라서 엘리야는 두려움을 느꼈고 절망했습니다.

그리고 광야로 도망쳐서 그곳에서 죽음을 생각했습니다.

> 로뎀 나무 아래에 누워 자더니 천사가 그를 어루만지며 그에게 이르되
> 일어나서 먹으라 하는지라 왕상 19:5

로뎀 나무 아래에 앉아 헤어나지 못하는 엘리야에게 하나님은 먼저 "먹으라"고 말씀하십니다. 사실 지금 엘리야는 식사를 할 상황이 아닙니다. 그런데 하나님은 그에게 천사를 보내 먹을 것을 주십니다.

> 본즉 머리맡에 숯불에 구운 떡과 한 병 물이 있더라 왕상 19:6

아무것도 없는 광야에서 하나님은 엘리야에게 귀한 음식을 제공해 주십니다. 숯불구이는 광야에서는 굉장한 진수성찬입니다. 그런데 엘리야는 사실 하나님께 먹을 것을 달라고 하지 않았습니다. 배고프다고 말한 적도 없습니다. 단지 너무 힘들어서 죽겠다고 말했을 뿐입니다. 그런데 하나님은 진수성찬을 준비하시고 그에게 먹으라고 하셨습니다.

> 여호와의 천사가 또다시 와서 어루만지며 이르되 일어나 먹으라 네가
> 갈 길을 다 가지 못할까 하노라 하는지라 왕상 19:7

하나님은 엘리야에게 거듭 먹으라고 말씀하십니다. 여기에는 두 가지 의미가 있습니다. 하나는, 엘리야의 육체적 필요를 채워 주시려는 것입니다. 엘리야는 조금 전 갈멜산에서 이방 선지자들과 영적 전투를 치

렸습니다. 최고 권력자 아합왕을 상대했습니다. 굉장히 긴장한 상황이었고 그 때문에 상당히 많은 에너지를 소비했을 것입니다. 또 그는 이세벨의 협박에 큰 두려움을 느꼈습니다. 그래서 북왕국에서 유다 최남단 브엘세바까지 도망쳤습니다. 또 거기서도 하룻길을 더 광야로 들어갔습니다. 보통 도망갈 때에는 쉬엄쉬엄 가지 않습니다. 아마도 엘리야는 죽을힘을 다해 달렸을 것입니다. 그러니 엘리야가 지금 얼마나 지쳐 있을까요? 그런 엘리야였기에 하나님은 먼저 음식으로 그의 육신의 필요를 채워 주시려는 것입니다.

또 하나 영적인 의미가 있습니다. 하나님은 그릿 시냇가에서 까마귀를 통해 엘리야를 먹이셨습니다. 뿐만 아니라 사르밧 과부의 집에서도 곡식 통에 가루가 떨어지지 않는 기적을 통해 그의 필요를 채워 주셨습니다. 하나님이 지금 광야의 엘리야에게 먹을 것을 제공하시는 이유는 지난날 하나님이 그에게 베풀어 주신 은혜와 축복을 기억하며 이기도록 하시기 위해서입니다.

여기서 주목해야 하는 부분은 하나님이 천사를 보내 엘리야를 어루만지신 것입니다. '어루만지다'라는 단어는 직역하면 '툭 치다', '흔들다'입니다. 즉 하나님은 엘리야가 스스로 정신이 들도록 툭툭 치면서 그를 부드럽게 흔들어 깨우신 것입니다.

이것은 우리에게도 동일하게 적용될 수 있습니다. 때로 우리도 감당할 수 없는 절망과 두려움에 휩싸이곤 합니다. 그런 상황에서 가장 쉬운 것은 모든 것을 포기하는 것입니다. 하지만 엘리야를 찾아오신 하나님은 우리에게도 찾아오십니다. 우리가 느끼지 못할 뿐이지 하나님은 우리에게 다가와 말씀하십니다. 하나님의 은혜와 사랑, 보호와 인도를 기억하도록 흔들어 깨우십니다. 절망 속에서 우리는 엘리야처럼 하나님이 베풀어 주신 은혜와 축복을 기억해야 합니다. 그러면 어떤 상황 속에 있어도 절망하거나 죽음을 선택하려 하지 않고 다시 일어날 수 있습니다.

지난 인생을 돌아보면, 우리는 모두 하나님의 은혜로 살아왔습니다. 젊을 때는 우리의 열심이 우리의 인생을 만들었다고 착각합니다. 피땀 흘려 노력한 결과 지금의 자리와 지위에 올랐다고 생각합니다. 그러나 우리가 이 자리에 있게 된 이유는 우리의 지혜와 지식, 판단력과 결단력 때문이 아니라 하나님의 은혜 때문입니다. 이 사실을 깨닫는 것이 중요합니다. 모든 것이 하나님의 은혜로 말미암았다는 사실을 알게 되면 우리 앞에 놓인 모든 상황을 반드시 이길 수 있습니다.

내려놓으라

두려움을 극복하기 위한 두 번째 걸음은 자신을 내려놓는 것입니다. '자신을 내려놓는다'는 것에는 여러 의미가 있겠지만, 여기서 말하는 '자신'은 바로 자기가 세운 기준을 의미합니다.

자기 자신은 광야로 들어가 하룻길쯤 가서 한 로뎀 나무 아래에 앉아서 자기가 죽기를 원하여 이르되 여호와여 넉넉하오니 지금 내 생명을 거두시옵소서 나는 내 조상들보다 낫지 못하니이다 하고 왕상 19:4

절망 앞에서 엘리야는 하나님께 두 가지를 이야기합니다. 바로 "넉넉합니다"와 "죽여 주시옵소서"입니다. 여기서 '넉넉하다'라는 말은 궁정적인 의미로 받아들이기가 쉬운데, 사실 부정의 말입니다. '이제 다 끝났으니 더 이상 기대할 것이 없다'는 뜻입니다.

그런데 하나님의 생각은 엘리야와 달랐습니다. 7절에서 하나님은 엘리야를 흔들어 깨우면서 말씀하십니다.

> 여호와의 천사가 또다시 와서 어루만지며 이르되 일어나 먹으라 네가 갈 길을 다 가지 못할까 하노라 하는지라 왕상 19:7

하나님은 엘리야가 아직 가야 할 길이 남아 있다고 말씀하십니다. 엘리야의 소명이 다 끝나지 않았다는 이야기입니다. 엘리야의 말대로 지금이 끝이 아니라는 것입니다. 이는 하나님의 기준과 엘리야의 기준, 하나님의 생각과 엘리야의 생각이 다름을 보여 줍니다.

> 이에 일어나 먹고 마시고 그 음식물의 힘을 의지하여 사십 주 사십 야를 가서 하나님의 산 호렙에 이르니라 왕상 19:8

엘리야의 이야기는 19장 초반에서 끝나지 않고 계속 이어집니다. '넉넉함'(이제 다 끝났다)의 기준은 누가 세웠습니까? 엘리야입니다. "나는 내 조상들보다 낫지 못하니이다"라는 말의 기준도 엘리야가 세웠습니다. 여기서 '낫다'라는 단어는 히브리어로 '토브'(טוֹב)입니다. '선하다', '좋다', '탁월하다', '훌륭하다'는 뜻입니다. 하나님이 천지만물을 만드시고 "하나님이 보시기에 좋았더라" 할 때 "좋았더라"가 바로 '토브'입니다. 즉 엘리야는 자신이 조상들보다 더 탁월하지 못하다고 말한 것입니다.

그런데 이 말에는 한 가지 숨은 전제가 있습니다. 그것은 '나는 다른 사람들과 다르다'는 교만입니다. '나는 갈멜산의 영웅이다', '나는 지금까지의 선지자들과는 달라야 한다'는 생각이 전제되어 있습니다. 다시 말해, 지금 엘리야는 갈멜산 승리를 기준으로 삼고 있습니다. '갈멜산에서 승리한 내가 이런 협박을 받다니, 어떻게 내가 이런 취급을 받을 수 있지?'라고 생각하며 자존심을 스스로 무너뜨린 것입니다. 그래서 결국 그는 죽음을 생각하게 되었습니다.

사실 엘리야에게는 이세벨의 협박보다 더 절망스럽고 두려웠던 순간도 있었습니다. 17장과 18장이 그 증거입니다. 그릿 시냇가는 짐승에게 해를 당할 수도 있는 광야였습니다. 하지만 그때 엘리야에게는 원망과 두려움이 없었습니다. 왜 그랬을까요? 자신을 기준으로 삼지 않고 하나님을 기준으로 삼았기 때문입니다.

여호와의 말씀이 엘리야에게 임하여 이르시되 너는 여기서 떠나 동쪽으로 가서 요단 앞 그릿 시냇가에 숨고 왕상 17:2-3

그릿 시냇가로 갈 때 엘리야는 하나님의 말씀을 기준 삼았습니다. 자신의 생각을 기준으로 삼았다면, "하나님, 이러실 수 있나요? 내가 어마어마한 신앙고백을 하고 목숨 걸고 아합왕 앞에서 하나님의 살아 계심을 선언했는데 광야로 도망을 치라니요. 그곳에서 까마귀가 주는 음식을 먹으라니요. 나는 용납할 수 없어요. 나를 어떻게 대하시는 겁니까? 이럴 바에는 그냥 죽고 말겠어요!"라고 말했을 것입니다. 또 두려워하고 절망하고 낙심했을 것입니다. 그런데 당시 엘리야는 하나님의 말씀을 기준으로 삼았기에 원망과 두려움이 없었습니다.

사르밧 과부의 집으로 갈 때도 동일했습니다.

> 여호와의 말씀이 엘리야에게 임하여 이르시되 너는 일어나 시돈에 속
> 한 사르밧으로 가서 거기 머물라 내가 그곳 과부에게 명령하여 네게 음
> 식을 주게 하였느니라 왕상 17:8-9

하나님의 말씀대로 사르밧 과부에게 가 보니 그녀에게는 엘리야에
게 제공할 양식 자체가 없었습니다. 그러나 하나님이 그녀를 통해 음식
을 주실 것이라고 믿었기에, 엘리야는 과부에게 "내게 음식을 주시오"라
고 말했습니다. 여기에 의심, 두려움, 좌절, 낙심, 절망이 있었습니까? 전
혀 없었습니다. 엘리야에게는 하나님이라는 흔들리지 않는 푯대가 있었
기 때문입니다.

이처럼 우리 인생의 기준 또한 하나님이 되어야 합니다. 불완전한
우리 자신의 경험, 생각을 기준으로 삼아서는 안 됩니다. 만약 우리가 정
한 기준을 따라 살아간다면 필연적으로 우리는 두려움, 절망, 낙심을 만
나게 될 것입니다.

> 많은 날이 지나고 제삼년에 여호와의 말씀이 엘리야에게 임하여 이르
> 시되 너는 가서 아합에게 보이라 내가 비를 지면에 내리리라 왕상 18:1

엘리야는 자신의 생각이 아닌 하나님의 말씀을 따라 아합에게로 갔
습니다. 만약 엘리야 자신의 기준이 삶의 방향이 되었다면 그는 "하나님,

언제까지 나를 아합과 엮으실 것입니까? 저는 지금 이곳이 가장 편안합니다. 여기 머무르겠습니다"라고 말할 수도 있었을 것입니다. 그러나 엘리야는 하나님의 말씀에 의문을 가지거나 불평하지 않았습니다.

아합에게로 가는 길에 오바댜를 만났을 때도 마찬가지였습니다. 그는 오바댜로부터 아합왕이 자신을 죽일 것이라는 말도 들었습니다. 그러나 엘리야는 두려워하지 않고 아합에게로 갔습니다. 하나님을 기준 삼았기 때문입니다. 우리의 삶 또한 이와 같아야 합니다. 늘 하나님의 말씀에 귀를 기울이고 매 순간 기도를 통해 하나님의 뜻과 나의 뜻을 맞춰가야 합니다. 하나님의 말씀에 집중하며 들려지는 말씀을 기준으로 삼는다면 우리는 두려움과 절망, 낙심을 넘어 승리할 수 있습니다.

탈진을 주의하라

두려움을 극복하기 위한 세 번째 걸음은 바로 육신의 탈진을 주의하는 것입니다. 바꾸어 말하면, 육신 관리를 잘해야 한다는 말입니다. 엘리야가 두려움에 처하게 된 원인은 비단 이세벨의 협박 때문만은 아닙니다. 이세벨의 협박이 크고 두렵게 들린 데는 한 가지 원인이 있었습니다.

로뎀 나무 아래에 누워 자더니 왕상 19:5

이미 엘리야는 하나님께 이제는 넉넉하니 더 살 미련이 없다고 했습니다. 그렇게 말한 사람에게 잠이 가능한 것일까요? 보통 극심한 우울증에 걸린 사람들에게 나타나는 공통적인 현상 하나가 바로 불면증입니다. 불안, 염려, 근심, 공포가 숙면에 이르지 못하게 합니다. 그런데 지금 엘리야는 누워서 자고 있습니다. 어떻게 이런 상황에서도 잠을 청할 수 있을까요? 그 이유는 그의 육신의 에너지가 고갈되었기 때문입니다.

엘리야는 갈멜산에서 850 대 1의 영적 전쟁을 치렀습니다. 또 아합의 마차 앞에서 힘차게 달렸습니다. 이세벨을 피해 북왕국 이스라엘에서 남왕국 최남단 브엘세바와 그 너머 광야까지 사력을 다해 왔습니다. 당연히 그는 지쳐 쓰러질 수밖에 없는 상황입니다. 그러므로 그런 상황에 처한 엘리야에게 '죽음'은 어쩌면 당연하게 나올 수 있는 말이었습니다. 이런 엘리야에게 내리신 하나님의 처방은 무엇인가요? 계속 먹이시고 재우시는 것입니다.

> 로뎀 나무 아래에 누워 자더니 천사가 그를 어루만지며 그에게 이르되 일어나서 먹으라 하는지라 본즉 머리맡에 숯불에 구운 떡과 한 병 물이 있더라 이에 먹고 마시고 다시 누웠더니 여호와의 천사가 또다시 와서 어루만지며 이르되 일어나 먹으라 네가 갈 길을 다 가지 못할까 하노라 하는지라 왕상 19:5-7

하나님은 거듭해서 세 번이나 엘리야를 먹이시고 재우셨습니다. 그러고 나서야 그를 깨우시고 갈 길을 가라고 하십니다. 이전에 엘리야의 육체는 매우 지쳐 있었습니다. 육신이 지쳐 있으니까 이세벨의 협박이 크게 들려올 수밖에 없던 것입니다. 평소라면 그렇지 않았겠지만 육신의 탈진에 이른 엘리야에게 이세벨의 협박은 넘을 수 없는 큰 산처럼 다가왔을 것입니다.

또 하나 하나님이 엘리야를 대하실 때 우리가 눈여겨봐야 할 표현이 있습니다.

이에 일어나 먹고 마시고 그 음식물의 힘을 의지하여 사십 주 사십 야를 가서 하나님의 산 호렙에 이르니라 왕상 19:8

엘리야가 사십 주 사십 야를 가서 호렙산에 도착할 수 있었던 동력이 무엇입니까? "그 음식물의 힘" 덕분이었습니다. 그에게 하나님이 베풀어 주신 음식 때문에 그곳까지 이를 수 있었던 것입니다.

신앙인들이 흔히 갖는 오해가 있습니다. 육적인 것은 소홀히 하면서 영적인 부분만 잘 관리하면 된다는 생각입니다. 그러나 우리는 영과 육이 합쳐진 존재입니다. 오늘 우리가 주어진 삶을 살아갈 수 있는 이유는 영과 육이 조화롭게 결합되어 있기 때문입니다. 영과 육은 분리될 수 없기에 영이 중요하듯이 육도 중요합니다. 육신이 탈진하면 낙심합니다. 그러므로 우리는 육신이 탈진하지 않도록 육신을 잘 관리해야 합니다.

고든 맥도날드(Gordon MacDonald)는 그의 책 《영적인 열정을 회복하라》(비전북, 2006)에서 "영적인 열정을 상실하는 원인은 육신의 탈진이 첫 번째다"라고 말했습니다. 우리가 열정을 갖고 주의 일을 하다가 어느 날 열정이 식을 때가 있습니다. 그 원인은 주로 육신의 탈진입니다. 탈진하면 모든 것이 평소보다 더 두렵게 느껴집니다. 그러므로 육신의 에너지를 다 소진하지 말아야 합니다.

주일을 위해서도 에너지를 아껴야 합니다. 엿새 동안 육신의 에너지를 모두 소진하면 주일이 무너집니다. 예배에 집중할 수 없습니다.

"최고의 하나님께 최상의 컨디션으로 최선의 예배를 드리자!"

최고의 하나님께 최상의 컨디션으로 최선의 예배를 드릴 수 있어야 합니다. 예배는 삶의 원동력입니다. 예배의 승리가 곧 삶의 승리입니다. 죽을 것같이 힘든 상황에도 예배를 제대로 드릴 때 하나님의 은혜로 승리자가 될 수 있습니다. 그렇기에 최상의 컨디션은 중요합니다. 최고의 하나님께 최상의 컨디션으로 최선의 예배를 드리는 신앙인이 되기를 축복합니다.

13

절망에 빠질지라도

왕상 19:7-18

사람의 얼굴은 매우 다양한 표정을 지을 수 있습니다. 그리고 다양한 얼굴 표정은 다양한 감정을 표현하는 도구가 됩니다. 예컨대 기쁠 때 기쁨의 표정을, 슬플 때 슬픔의 표정을, 두려울 때 두려움의 표정을 지을 수 있습니다. 이처럼 사람이 다양한 표정을 지을 수 있는 것은 그만큼 인간의 삶이 복잡하다는 의미입니다. 삶이 단순하다면 우리의 얼굴 표정도 단순할 것입니다. 그러나 우리의 삶이 매우 복잡하기에, 하나님이 복잡한 우리 삶을 얼굴 표정으로 표현할 수 있게 해 주셨습니다.

특히 우리 삶에는 슬픔이 자주 찾아옵니다. 슬픔에 짓눌려 더 이상 살 엄두를 내지 못할 때가 있습니다. 그때 우리는 어떻게 해야 할까요? 엘리야는 자신의 삶을 짓누르는 슬픔이 찾아왔을 때 죽음을 생각했습니다.

자기 자신은 광야로 들어가 하룻길쯤 가서 한 로뎀 나무 아래에 앉아서 자기가 죽기를 원하여 이르되 여호와여 넉넉하오니 지금 내 생명을 거

두시옵소서 나는 내 조상들보다 낫지 못하니이다 하고 왕상 19:4

엘리야의 이런 모습을 보면 어떤 생각이 듭니까? 어떤 분은 하나님의 말씀을 대언하는 선지자가 죽음을 생각하는 것은 있을 수 없는 일이라고 반응할 것입니다. 또 어떤 분은 그와는 정반대로, 선지자가 죽음까지 생각하는 것을 보니 정말 죽을 만큼 힘든 것이 분명하다고 생각합니다. 이렇게 각자 자기 기준으로 판단할 것입니다. 그러나 중요한 것은 하나님의 생각입니다.

여호와의 천사가 또다시 와서 어루만지며 이르되 일어나 먹으라 네가 갈 길을 다 가지 못할까 하노라 하는지라 이에 일어나 먹고 마시고 그 음식물의 힘을 의지하여 사십 주 사십 야를 가서 하나님의 산 호렙에 이르니라 왕상 19:7-8

죽음을 생각하는 엘리아에게 하나님은 "일어나 음식을 먹고 호렙산으로 가라"고 말씀하십니다. 엘리야는 지금 죽을 사람이 아니라 다시 일어나 하나님이 말씀하시는 길을 가야 하는 사람이라는 것입니다.

여기 중요한 사실이 있습니다. 그것은 바로 내 생각과 판단이 하나님의 생각과 판단과는 다를 수 있다는 사실입니다. 나의 경험과 지식으로 내리는 결론이 하나님이 내리시는 결론과 항상 일치하지 않을 수 있음을 유의해야 합니다.

이는 내 생각이 너희의 생각과 다르며 내 길은 너희의 길과 다름이니라 그렇다면 죽을 만큼 힘든 삶의 자리에 놓일 때, 우리는 무엇을 가장 먼저 생각해야 할까요? 그 순간, 우리가 가장 깊이 고민해야 할 것은 '지금 이 상황을 하나님은 어떻게 바라보시고, 어떻게 판단하실까?' 하는 것입니다. 꼭 힘든 순간이 아니더라도, 우리는 인생에서 수많은 상황에 직면합니다. 그때마다 하나님이 원하시는 생각과 판단은 무엇인지 고민해야 합니다. 그래야 하나님이 기뻐하시는 결정을 할 수 있습니다.

자기 삶의 가치를 생각하라

하나님은 죽음을 생각할 만큼 힘들어하는 엘리야에게 자기 삶의 가치를 생각하라고 말씀하셨습니다.

> 자기 자신은 광야로 들어가 하룻길쯤 가서 한 로뎀 나무 아래에 앉아서 자기가 죽기를 원하여 이르되 여호와여 넉넉하오니 지금 내 생명을 거두시옵소서 나는 내 조상들보다 낫지 못하니이다 하고 왕상 19:4

하나님과 엘리야의 생각은 달랐습니다. 그래서 하나님은 로뎀 나무 아래 잠든 엘리야를 흔들어 깨우셔서 음식을 먹이시고 호렙산으로 데려가셨습니다.

하나님은 왜 엘리야를 호렙산으로 데려가셨을까요? 그 이유를 알려면, 먼저 호렙산이 어떤 산인지를 알아야 합니다. 호렙산은 출애굽기에 나오는 시내산입니다. 엘리야 시대로부터 약 600년 전, 모세가 이 산에서 하나님께 부르심을 받았습니다. 장인 이드로의 양을 치던 모세는 어느 날 양을 몰고 호렙산에 이르렀습니다. 그때 하나님은 떨기나무 불꽃 가운데에서 모세를 부르셔서 애굽에서 고통스런 삶을 살고 있는 이스라엘 백성을 인도해 내라는 사명을 주셨습니다. 하나님은 모세를 부르신 이 산에 다시 엘리야를 부르셨습니다. 즉 호렙산에서 모세를 부르셨듯이, 절망하는 엘리야를 다시 불러 사명을 회복시켜 주시기 위해 그를 호렙산으로 데려가신 것입니다.

엘리야는 그릿 시냇가에서 훈련받고, 사르밧 과부의 집에서 훈련받고, 갈멜산에서 승리했습니다. 기도하여 수년간의 가뭄을 멈추고 비가 내리게 했습니다. 하지만 이것이 엘리야의 삶의 전부가 아니었습니다. 하나님은 엘리야가 감당해야 할 더 많은 사명을 계획하고 계셨습니다. 그런데 엘리야는 그 사실을 몰랐습니다. 그래서 하나님은 모세를 부르셨듯이 엘리야를 다시 부르셔서, 그에게 아직도 남아 있는 하나님의 사명을 말씀해 주시기 위해 그를 호렙산으로 데려가신 것입니다. 구체적으로 열왕기상 19장 이후에 나오는, 왕을 세우고, 후계자 엘리사를 세우고, 이스라엘에게 온전한 회복과 승리를 약속하는 사명입니다.

그러나 엘리야는 자신의 사명이 끝났다고 생각했습니다. 그래서 더 살아야 할 이유가 없다고 생각하고 로뎀 나무 아래에서 죽음을 생각했습니다. 하나님은 이런 엘리야를 로뎀 나무 아래에서 호렙산으로 부르셔서 그의 생각을 하나님의 생각으로 바꾸어 주셨습니다. 그래서 엘리야를 다시 일으켜 세우셨습니다.

우리도 죽을 만큼 고통스러워 인생의 마침표를 찍고 싶을 때가 있습니다. 그때 잊지 말아야 할 사실이 있습니다. 나를 통해 이루고자 하시는 하나님의 사명이 남아 있다는 것입니다. 엘리야가 자신을 향한 하나님의 사명을 깨닫고 다시 일어났던 것처럼, 나를 향한 하나님의 사명을 깨달을 때 어떤 상황에서도 일어날 수 있습니다. 다시 말해, 우리는 로뎀나무 아래의 엘리야처럼 절망할 인생이 아닙니다. 하나님이 엘리야에게 주실 사명에 대한 계획을 갖고 계셨듯이, 우리에게도 하나님은 놀라운 계획을 갖고 계십니다. 우리도 엘리야처럼 하나님이 주시는 놀라운 계획을 이루어 갈 존귀하고 가치 있는 존재들입니다.

우리가 자주 부르는 축복송 중에 "아주 먼 옛날"이라는 곡이 있습니다. 먼저 이 찬양의 가사 앞부분을 살펴보겠습니다.

"아주 먼 옛날 하늘에서는 당신을 향한 계획 있었죠.
하나님께서 바라보시고 좋았더라고 말씀하셨네."

가사를 보면, 하나님은 창세 전부터 이미 우리를 향한 계획을 갖고 계셨습니다. 그리고 우리를 바라보시며 좋다고 말씀하셨습니다. 사실 우리는 단지 한 줌의 흙으로 지어진 별 볼 일 없는 존재입니다. 그런데 하나님은 우리 속에 하나님의 계획을 담으셨습니다. 그래서 우리는 존귀한 존재가 되었고, 하나님은 우리를 보시고 좋다고 말씀하셨습니다. 찬양의 후반부는 이렇습니다.

"이 세상 그 무엇보다 귀하게 나의 손으로 창조하였노라.
내가 너로 인하여 기뻐하노라. 내가 너를 사랑하노라."

하나님은 우리를 창조하셨습니다. 단지 우리의 겉모습만이 아니라 우리를 향한 계획도 함께 창조하셨습니다. 그래서 우리는 이 세상 그 무엇보다 존귀한 존재입니다. 또 하나님은 우리를 기뻐하시고 사랑하십니다. 이 찬양의 가사가 그 사실들을 너무나 잘 담고 있습니다. 기억하십시오. 하나님이 나를 향한 계획과 뜻을 갖고 계십니다. 그래서 우리는 존귀한 자입니다. 절망의 자리에 놓였을지라도 내 삶의 가치를 생각하고 다시 일어서는 우리가 되기를 기도합니다.

헌신의 자리로 돌아가라

하나님은 엘리야를 호렙산으로 데려가셔서 한 굴에서 만나십니다.

> 엘리야가 그곳 굴에 들어가 거기서 머물더니 여호와의 말씀이 그에게 임하여 이르시되 왕상 19:9상

엘리야는 호렙산에서 한 굴에 들어갑니다. 여기서 "굴"은 '굴', '구멍', '틈'이라는 의미가 있습니다. 그런데 히브리어 원문을 보면 "굴"이라는 단어 앞에 정관사가 붙어 있습니다. 즉 단지 '어떤 굴'이 아니라 과거의 어떤 사건과 관련된 '바로 그 굴'이라는 의미입니다. 어떤 사건과 연결되어 있을까요?

출애굽기에는 하나님이 호렙산에서 모세 앞으로 지나시는 장면이 나옵니다. 하나님이 모세를 지나실 때, 그를 반석 틈에 두고 하나님의 손으로 덮어 주십니다. 왜냐하면 하나님의 얼굴을 보면 살 자가 없기 때문

입니다. 여기서 모세가 숨은 "반석 틈"(출 33:22)이 바로 본문에 나온 '그 굴'입니다.

호렙산 반석 틈에 있던 모세의 상황과 엘리야의 상황은 동일합니다. 이스라엘 백성은 모세를 지도자로 인정하지 않았습니다. 모세가 호렙산에 올라가서 하나님의 율법을 받는 사이 백성들은 우상 숭배에 빠져 모세를 낙담시켰습니다. 그들은 불순종하고 원망하고 불평했습니다. 그래서 모세는 절망 중에 죽고 싶은 마음이었습니다. 그때 하나님이 모세를 호렙산 반석 틈에서 만나 주셨습니다. 이 장면을 보통 '모세의 두 번째 부르심'이라고 부릅니다. 모세는 이로 인해 하나님께 다시 헌신할 수 있었고, 그가 가야 할 사명의 길을 끝까지 갈 수 있었습니다. 하나님은 바로 그 자리로 엘리야를 불러올려 모세처럼 그를 만나 주시고 사명을 주신 것입니다.

호렙산 굴 안에서 하나님은 엘리야에게 무슨 말씀을 하셨습니까?

> 엘리야야 네가 어찌하여 여기 있느냐 왕상 19:9하

"네가 어찌하여 여기 있느냐"라는 번역은 어감을 충분히 살리지 못했습니다. 잘된 번역은 "너 여기서 지금 뭐 하고 있니? 너 왜 이래?"입니다. 하나님은 또 엘리야에게 말씀하십니다.

> 여호와께서 이르시되 너는 나가서 여호와 앞에서 산에 서라 왕상 19:11

하나님과 마주하라는 말씀입니다. 이어서 또 말씀하십니다.

여호와께서 지나가시는데 여호와 앞에 크고 강한 바람이 산을 가르고 바위를 부수나 바람 가운데에 여호와께서 계시지 아니하며 바람 후에 지진이 있으나 지진 가운데에도 여호와께서 계시지 아니하며 _왕상 19:11_

마주한 엘리야 앞으로 여호와께서 지나가십니다. 산을 가르고 바위를 부술 만큼 크고 강한 바람이 동반되었지만, 거기에 여호와께서 계시지 않았습니다. 다음으로 지진이 있었지만 그 지진 가운데에도 여호와께서 계시지 않았습니다. 그러면 여호와 하나님은 어디에 계셨을까요? 바로 세미한 소리 가운데 계셨습니다. 그리고 엘리야에게 말씀하셨습니다.

여호와께서 그에게 이르시되 너는 네 길을 돌이켜 광야를 통하여 다메섹에 가서 이르거든 하사엘에게 기름을 부어 아람의 왕이 되게 하고 _왕상 19:15_

여기서 하나님은 엘리야에게 "네 길을 돌이키라"고 말씀하십니다. '돌이키다'라는 단어는 히브리어 '슈브'(שוב)로, 성경에서 하나님이 이스라엘 민족을 원래의 자리로 회복시키실 때 사용된 단어입니다. 즉 지금 하나님은 엘리야에게 "원래 있어야 할 사명의 자리를 회복하라"고 말씀하신 것입니다.

또 하나님이 강한 바람과 지진이 아니라 세미한 음성 가운데 나타나신 이유는 무엇일까요? 엘리야는 아직 갈멜산 승리에 사로잡혀 있었습니다. 그래서 늘 자신을 통해 갈멜산에서와 동일한 기적이 일어나기를 기대하고 있었습니다. 또 기도로 수년간의 가뭄을 멈춘 기적을 일으키는 능력의 삶을 살기를 원했습니다. 그런데 이런 생각과 달리 지금 엘리야는 이세벨의 협박으로 광야로 쫓겨와 자기 생명 하나 지킬 수 없는 지경에 놓여 있습니다. 그러니 완전히 낙심하고 만 것입니다. 그런 엘리야에게 하나님은 세미한 음성 가운데 말씀하셨습니다.

"엘리야야, 대단한 삶을 사는 것보다 더 중요한 것은 하나님의 음성을 잘 듣고 순종하는 삶을 사는 거란다."

하나님은 지금 엘리야에게 "말씀을 듣고 순종하는 헌신의 자리로 돌아가라"고 말씀하고 계십니다. 구체적으로, 아합왕 앞에서도 두려워하지 않고 하나님께 순종하여 말씀을 전했던 순종의 자리, 아무것도 없는 광야 그릿 시냇가로 가서 살라는 말씀에 기꺼이 순종했던 순종의 자리, 가루 한 줌밖에 없는 사르밧 과부에게 하나님을 믿고 나를 대접하면 하나님이 책임지실 것이라고 선포했던 순종의 자리 등 하나님께 순종하며 헌신했던 자리로 돌아가라고 말씀하신 것입니다.

우리도 돌아가야 할 자리가 있습니다. 처음 주님을 만났을 때 주님이 너무 좋아 시간 가는 줄 모르고 기도했습니다. 세상 그 어떤 것보다 말씀을 통한 주님과의 사귐을 즐거워했습니다. 예배에서 부어지는 은혜와 성도들과의 교제가 너무 좋아 주일을 손꼽아 기다렸습니다. 돈이 없어도, 환경이 지금보다 더 열악해도, 미래가 불투명해도 우리는 주님을 신뢰했습니다. 그때 우리는 주님께 사랑한다고 고백했고 주님으로 충분하다고 고백했습니다.

그런데 오늘 우리는 이전보다 더 여유롭고 높은 지위를 가졌지만 로뎀 나무 아래 엘리야처럼 절망하고 죽음을 생각하고 있습니다. 이런 우리에게 하나님은 엘리야에게 말씀하신 것처럼, "그때의 그 자리로 돌아가라"고 말씀하십니다. 주님과의 첫사랑의 자리, 찬송을 부르며 눈물을 흘리고 뜨거운 가슴으로 기도하던 자리, 주를 위해 살겠다고 헌신했던 자리로 돌아가라고 말씀하십니다.

지금 어떻게 살고 있습니까? 우리 삶이 세월의 거친 파도 때문에 너무 무너져 있지는 않습니까? 우리의 연약함 때문에 신앙이 변질되고 헌신이 흐려져 있지는 않습니까? 하나님의 은혜가 아닌 교만이 내 안에 채워져 감사 없이 원망과 불평으로만 살고 있지는 않습니까? 주님이 우리에게 다시 돌아가라고 말씀하십니다. 그때 그 헌신의 자리로 돌아가는 은혜가 있기를 바랍니다.

하나님의 위로를 받으라

엘리야가 호렙산에서 하나님과 대화하면서 반복해서 하는 말이 있습니다.

> 그가 대답하되 내가 만군의 하나님 여호와께 열심이 유별하오니 이는 이스라엘 자손이 주의 언약을 버리고 주의 제단을 헐며 칼로 주의 선지자들을 죽였음이오며 오직 나만 남았거늘 그들이 내 생명을 찾아 빼앗으려 하나이다 왕상 19:10

엘리야는 하나님께 자신이 유별난 열심을 내어 사역했다고 말합니다. 그런데 이스라엘 백성에게는 어떤 변화도 일어나지 않았습니다. 뿐만 아니라 그들은 주의 언약을 버리고, 주의 제단을 헐고, 주의 선지자들을 죽였습니다. 지금은 자신만 홀로 남았고 자기 목숨까지도 빼앗길 것 같다고 한탄합니다. 이와 똑같은 말을 14절에 한 번 더 반복합니다.

> 그가 대답하되 내가 만군의 하나님 여호와께 열심이 유별하오니 이는 이스라엘 자손이 주의 언약을 버리고 주의 제단을 헐며 칼로 주의 선지자들을 죽였음이오며 오직 나만 남았거늘 그들이 내 생명을 찾아 빼앗으려 하나이다 왕상 19:14

이 말에 담긴 의미가 무엇일까요? 엘리야는 똑같은 말을 왜 반복했을까요? 이 말은, 엘리야 자신은 최선을 다했지만 지금 내 편이 아무도 없다는 뜻입니다. 다시 말해, 나만 홀로 남아 너무 외롭다는 의미입니다. 그런데 정말 엘리야 곁에 아무도 없었을까요? 아닙니다. 아직 많은 사람이 엘리야 곁에 남아 있었고 엘리야도 이 사실을 알고 있었습니다.

앞서 18장에서 엘리야는 아합을 만나러 가는 길에 오바댜를 만났습니다. 오바댜는 아합의 신하였지만 하나님을 신실하게 믿는 사람이었습니다. 그는 엘리야에게 아합이 선지자들을 죽일 때 자신이 선지자 백 명을 오십 명씩 나누어 굴에 숨겼다고 말했습니다. 이미 그때 엘리야는 최소 백 명 이상의 선지자가 아합의 손에 죽지 않고 살아서 믿음을 지키고 있다는 사실을 알았습니다. 이미 그때부터 엘리야는 믿음의 선지자들이 아직 많이 남아 있다는 사실을 알고 있었습니다. 그럼에도 왜 엘리야는 계속 혼자뿐이라고 말했을까요?

그 이유는 엘리야의 마음이 너무 외로웠기 때문입니다. 또 외로운 마음을 하나님이 알아주시기를 원했기 때문입니다. 다시 말해, "지금 내가 너무 외로우니 하나님이 나를 위로해 주세요"라고 말한 것입니다. 그런 엘리야에게 하나님이 무엇이라고 말씀하십니까?

> 그러나 내가 이스라엘 가운데에 칠천 명을 남기리니 다 바알에게 무릎을 꿇지 아니하고 다 바알에게 입 맞추지 아니한 자니라 왕상 19:18

여기서 하나님은 엘리야에게 칠천 명이 남아 있다는 말씀을 왜 하셨을까요? 엘리야를 위로하시기 위함입니다. 다시 말해, "너는 혼자가 아니다. 네 편이 칠천 명이나 남아 있단다" 하며 격려하고 응원하신 것입니다.

우리도 살다 보면 죽을 만큼 힘들 때가 있지 않습니까? 주어진 역할을 감당하기가 버겁고 너무 힘겨울 때가 있지 않습니까? 직장에서 당장이라도 그만두고 싶은 분노가 올라올 때가 있지 않습니까? 나의 미래를 생각하면 불안이 밀려오고 도무지 어떻게 앞길을 열어 가야 할지 몰라 눈물이 날 때가 있지 않습니까? 누구에게나 이러한 상황으로 견디기 힘들 때가 있습니다.

그때 기억해야 하는 것이 있습니다. 엘리야와 함께하셔서 위로하고 격려하신 하나님이 우리와도 함께하셔서 위로하고 격려하신다는 사실입니다. 예수님도 밀려오는 외로움을 하나님의 위로로 이기셨습니다.

> 보라 너희가 다 각각 제 곳으로 흩어지고 나를 혼자 둘 때가 오나니 벌써 왔도다 그러나 내가 혼자 있는 것이 아니라 아버지께서 나와 함께 계시느니라 요 16:32

이 말씀을 하신 때는 예수님이 겟세마네 동산에서 기도하신 직후입니다. 곧 가룟 유다가 로마 군병들을 데려와 예수님을 잡아갈 것입니다. 3년 동안 함께한 제자가 돈 몇 푼에 예수님을 배신하고 팔아넘기는 고통을 당하셔야 하는 상황입니다. 예수님이 잡혀가시면 나머지 제자들도 다 예수님을 버리고 도망칠 것입니다. 이때 예수님은 얼마나 외롭고 힘드셨을까요? 예수님이 당하신 외로움과 고통은 인간적으로 어떻게 표현할 수 없는 무지막지한 것입니다. 도무지 견뎌내기 힘든 상황입니다. 그런데 예수님은 이 상황을 이기셨습니다. 하나님이 예수님을 혼자 두지 않으시고 함께하셔서 하나님의 위로를 부어 주셨기 때문입니다.

우리도 반드시 기억해야 하는 사실이 있습니다. 내가 혼자인 것 같고, 내 편이 아무도 없는 것 같고, 혼자 감당하기 어려워 모든 일을 놓아 버리고 싶을 때, 바로 그때도 하나님이 나와 함께하셔서 돕고 위로하신다는 것입니다. 이 위로가 있으면 예수님처럼 우리도 어떤 상황이든 넉넉히 이길 수 있습니다.

> 그러나 이 모든 일에 우리를 사랑하시는 이로 말미암아 우리가 넉넉히 이기느니라 롬 8:37
> 수고하고 무거운 짐 진 자들아 다 내게로 오라 내가 너희를 쉬게 하리라
> 마 11:28

이 말씀들을 붙들 때 하나님이 우리에게 한이 없는 위로를 부어 주실 것입니다. 이 말씀들을 붙들고 어떤 상황에서도 하나님의 위로로 승리하는 삶을 살아갑시다.

14

욕심에 사로잡힐지라도

왕상 21:17-26

성경에는 2천여 명의 인물들이 등장합니다. 그러나 그들은 성경의 주인공이 아닙니다. 성경의 주인공은 오직 하나님이십니다. 그런데 왜 성경에는 이렇게나 많은 인물이 등장할까요? 그 이유는 우리가 그들의 삶을 본보기로 삼아, 궁극적으로 하나님이 원하시는 삶을 살도록 하기 위함입니다. 그래서 성경은 등장하는 인물들의 순종과 불순종, 성공과 실패 모두를 자세히 소개합니다. 그들의 순종을 보며 우리가 순종의 삶을 살아야 함을 배우고, 반대로 그들의 불순종을 보며 우리가 불순종의 삶을 경계해야 함을 배웁니다. 또 하나님 앞에서 성공과 실패가 무엇인지도 알게 됩니다.

열왕기상 21장에는 엘리야, 이세벨, 나봇 등 여러 인물들이 등장합니다. 우리는 그들의 순종과 불순종, 성공과 실패를 보며 하나님이 원하시는 신앙의 삶이 무엇인지 배울 수 있습니다. 특히 21장에는 엘리야를 통해 선포된 하나님의 저주의 말씀이 나옵니다.

너는 그에게 말하여 이르기를 여호와의 말씀이 네가 죽이고 또 **빼앗**
았느냐고 하셨다 하고 또 그에게 이르기를 여호와의 말씀이 개들이 나
봇의 피를 핥은 곳에서 개들이 네 피 곧 네 몸의 피도 핥으리라 하였다
하라 왕상 21:19

하나님이 왜 이렇게 무서운 저주를 선포하셨을까요? 아합과 이세
벨이 악한 방법으로 나봇의 포도원을 **빼앗**았기 때문입니다. 하나님은
이 일을 아주 큰 죄악으로 보셨습니다. 그래서 엘리야를 통해 무서운 저
주를 선포하셨습니다.

이처럼 하나님이 무서운 저주를 선포하셨다면, 우리는 하나님이 원
하시는 삶을 살기 위해 아합과 이세벨의 악행을 멀리하고 신앙의 삶을
선택해야 합니다. 이 장에서는 우리가 멀리해야 하는 악행과 선택해야
할 신앙의 삶이 무엇인지 알아보고자 합니다.

탐욕을 멀리하라

아합은 아람과의 전쟁에서 대승을 거두고 돌아옵니다. 돌아오는 길
에 궁궐 가까이에 있는 한 포도원이 그의 눈에 들어옵니다. 포도원을 보
자 아합에게는 소유하고 싶은 욕심이 생깁니다. 그래서 포도원 주인인
나봇에게 그 포도원을 자신에게 팔라고 요청합니다. 그런데 나봇은 왕
의 요청을 거부합니다. 요청이 거부당하자 아합은 왕궁으로 돌아와 몸
져눕습니다.

이스르엘 사람 나봇이 아합에게 대답하여 이르기를 내 조상의 유산을 왕께 줄 수 없다 하므로 아합이 근심하고 답답하여 왕궁으로 돌아와 침상에 누워 얼굴을 돌리고 식사를 아니하니 왕상 21:4

아합은 나봇의 거절로 인해 근심하고 답답해하며 식음을 전폐했습니다. 이는 마치 세 살배기가 자기가 원하는 것을 갖지 못해 부모에게 떼쓰며 누워 있는 모습 같습니다. 아합은 한 나라의 왕입니다. 조금 전 아람을 대파한 승리의 주역입니다. 그런 왕이 포도원 하나 때문에 몸져누웠습니다.

아합이 왜 포도원을 갖고 싶어 했는지도 의문입니다. 그가 재산이 부족해서일까요? 아합은 부자였습니다.

아합의 남은 행적과 그가 행한 모든 일과 그가 건축한 상아궁과 그가 건축한 모든 성읍은 이스라엘 왕 역대지략에 기록되지 아니하였느냐 왕상 22:39

아합은 상아로 자기 궁을 지을 만큼 많은 재산을 소유한 왕이었습니다. 그는 부자일 뿐 아니라 권력과 명예까지 갖고 있었습니다. 또 전쟁에서 승리한 영웅이기도 했습니다. 아합은 세상 기준으로 보면, 무엇 하나 부족한 것 없는 성공한 자입니다. 왜 모든 것을 가진 왕이 포도원 때문에 몸져누웠을까요? 그 이유는 탐욕의 포로가 되었기 때문입니다. 탐욕은 지위, 신분, 소유와 상관없이 인간 안에서 작동합니다. 인간 안에 주체할 수 없는 소유에 대한 갈망을 일으켜 매우 치사하게 만듭니다.

우리는 가난할 때는 단칸방이라도 내 집이 있으면 좋겠다고 생각합니다. 그러다가 단칸방으로 된 내 집이 생기면 다음으로 방 두 칸짜리 집을 원합니다. 또 그다음으로는 욕실이 두 개 있는 집을 갖고 싶어 합니다. 이것이 우리 안에 있는 탐욕의 속성입니다. 인간의 탐욕은 끝이 없습니다.

세계 최고의 부자였던 존 D. 록펠러(John Davison Rockefeller)에게 한 기자가 물었습니다.

"당신도 조금 더 가지고 싶은 마음이 있습니까?"

그러자 록펠러는 한참 고개를 숙이고 있더니 기자를 바라보면서 말했다고 합니다.

"조금 더 가지면 좋겠습니다. 조금 더 가지면 좋겠습니다."

세계 최고의 부자조차 탐욕에서 완전히 자유로울 수 없었습니다.

탐욕은 또 다른 악행으로 발전합니다.

불량자 두 사람을 그의 앞에 마주 앉히고 그에게 대하여 증거하기를 네가 하나님과 왕을 저주하였다 하게 하고 곧 그를 끌고 나가서 돌로 쳐 죽이라 하였더라 왕상 21:10

아합의 아내 이세벨이 불량자 두 사람을 앞에 마주 앉히고, 나봇의 포도원을 빼앗기 위한 계략을 일러줍니다. 이세벨의 계략을 들은 불량자들은 그대로 실행합니다. 불량자들은 하나님을 저주했다는 누명을 씌워 나봇을 돌로 쳐 죽입니다. 포도원에 대한 탐욕이 살인이라는 더 큰 악행으로 발전했습니다. 이것이 탐욕의 속성입니다. 이러한 탐욕의 속성 때문에 성경은 신앙의 삶을 살기 위해서는 탐욕을 철저하게 경계해야 한다고 말합니다.

우리는 흔히 살인, 간음, 도둑질, 사기, 음란 등은 큰 죄로 여깁니다. 그런데 내 속에서 끝없이 올라오는 탐욕은 대수롭지 않게 생각합니다. 우리가 분명히 기억해야 하는 점은 탐욕이 자라면 살인, 간음, 도둑질, 사기, 음란 등과 같은 또 다른 큰 악행으로 발전한다는 것입니다.

한 예로, 다윗의 범죄를 들 수 있습니다. 어느 날 다윗이 궁중 옥상을 거닐다가 목욕하는 한 여인을 보게 됩니다. 그 여인은 충성스러운 부하 우리아의 아내 밧세바였습니다. 다윗은 밧세바를 보자 주체할 수 없는 탐욕을 느낍니다. 문제는 탐욕이 탐욕으로 끝나지 않고 자라서 더 큰 악행을 불러왔습니다. 다윗은 왕의 권력을 이용해 강제로 밧세바를 왕궁으로 데려와 취했습니다. 그리고 이 악행을 감추기 위해 밧세바의 남편인 우리아를 전장 깊은 곳으로 보내 죽게 했습니다. 탐욕이 자라 더 큰 악행을 만든 예입니다.

아합의 마음에서도 탐욕은 자라났고, 결국 나봇을 죽이고 포도원을 강탈하는 악행을 불러왔습니다. 하나님은 이 죄를 심판하겠다고 말씀하십니다.

또 탐욕은 개인뿐 아니라 공동체에까지 영향을 끼칩니다.

여호와의 말씀이 내가 재앙을 네게 내려 너를 쓸어 버리되 네게 속한 남자는 이스라엘 가운데에 매인 자나 놓인 자를 다 멸할 것이요 또 네 집이 느밧의 아들 여로보암의 집처럼 되게 하고 아히야의 아들 바아사의 집처럼 되게 하리니 이는 네가 나를 노하게 하고 이스라엘이 범죄하

게 한 까닭이니라 하셨고 왕상 21:21-22

하나님은 심판을 아합을 넘어 그에게 속한 남자들에게까지 행하겠다고 말씀하십니다. 이는 탐욕에 대한 하나님의 진노가 개인뿐 아니라 그가 속한 집과 공동체에까지 임할 수 있음을 알려 줍니다.

어떤 성도들에게 신앙생활을 열심히 하라고 권면하면 안정된 직장만 얻으면 그렇게 하겠다고 말합니다. 하지만 그런 분들은 안정된 직장을 얻더라도 신앙생활에 열심을 내지 않습니다. 열심을 내는 대신 계속해서 또 다른 무언가를 더 원합니다. 원하는 것이 다 충족되더라도 신앙생활에는 관심이 없습니다.

왜 그럴까요? 그 이유는 사람의 진짜 문제가 외부에 있지 않기 때문입니다. 진짜 문제는 마음속에 있는 탐욕입니다. 탐욕은 절대 만족을 주지 않습니다. 계속해서 또 다른 무엇을 갈망하게 만드는 대신, 진짜 우리가 갈망해야 할 하나님은 잊어버리게 만듭니다. 탐욕의 이런 속성 때문에 성경은 탐욕이 우상 숭배라고 말합니다.

그러므로 땅에 있는 지체를 죽이라 곧 음란과 부정과 사욕과 악한 정욕과 탐심이니 탐심은 우상 숭배니라 골 3:5

히브리서에도 같은 말씀이 나옵니다.

돈을 사랑하지 말고 있는 바를 족한 줄로 알라 그가 친히 말씀하시기를 내가 결코 너희를 버리지 아니하고 너희를 떠나지 아니하리라 하셨느

니라 히 13:5

돈을 사랑하지 않고 자족하는 삶이 하나님과 좋은 관계로 이어진다고 말합니다. 반대로 탐욕은 하나님과 멀어지게 합니다. 그러므로 하나님을 가까이하기 위해서는 탐욕을 버리고 자족하는 삶을 살아야 합니다.

간계를 멀리하라

간계란 남을 해치기 위해 몰래 꾸미는 꾀 혹은 속임수를 의미합니다. 이세벨은 간계를 꾸몄습니다. 구체적인 계획과 실행은 자신이 하겠다고 아합에게 말합니다.

그의 아내 이세벨이 그에게 이르되 왕이 지금 이스라엘 나라를 다스리시나이까 일어나 식사를 하시고 마음을 즐겁게 하소서 내가 이스르엘 사람 나봇의 포도원을 왕께 드리리이다 하고 왕상 21:7

이세벨은 자신이 말한 대로, 구체적으로 간계를 꾸미고 실행했습니다. 아합의 이름으로 편지들을 쓰고 그 인을 치고 봉하여 그의 성읍에서 나봇과 함께 사는 장로와 귀족들에게 보내니 그 편지 사연에 이르기를 금식을 선포하고 나봇을 백성 가운데에 높이 앉힌 후에 불량자 두 사람을 그의 앞에 마주 앉히고 그에게 대하여 증거하기를 네가 하나님과 왕을 저주하였다 하게 하고 곧 그를 끌고 나가서 돌로 쳐 죽이라 하였더라

왕상 21:8-10

이세벨은 아합의 이름으로 쓴 편지를 장로들과 귀족들에게 보냈습니다. 그 편지에는 나봇을 어떻게 죽일지가 구체적으로 적혀 있었습니다. 편지를 받은 이들은 적힌 그대로 실행했습니다.

그의 성읍 사람 곧 그의 성읍에 사는 장로와 귀족들이 이세벨의 지시 곧 그가 자기들에게 보낸 편지에 쓴 대로 하여 왕상 21:11

나봇은 이세벨의 간계대로, 누명을 쓰고 돌에 맞아 죽습니다. 나봇이 죽은 후 이세벨은 아합에게 이 사실을 알렸습니다. 이세벨에게서 나봇이 죽었다는 소식을 들은 아합의 행동을 주목해 보십시오.

아합은 나봇이 죽었다 함을 듣고 곧 일어나 이스르엘 사람 나봇의 포도원을 차지하러 그리로 내려갔더라 왕상 21:16

나봇이 죽었다는 말을 듣고 아합은 곧 일어나 나봇의 포도원을 차지하러 그리로 내려갔습니다. 이 모습을 통해 아합이 얼마나 악한지 알수 있습니다. 하나님을 두려워하지 않고, 생명을 경시하고, 양심이 마비되고, 거짓과 위선에 찌든 모습입니다. 오늘날 윤리가 실종된 우리의 모습과 흡사합니다.

여기서 또 하나 주목해야 할 점이 있습니다. 그것은 이세벨의 간계가 종교 지도자들과 율법 그리고 하나님의 이름으로 자행되었다는 사실입니다. 먼저, 간계가 종교 지도자들에 의해서 어떻게 이루어졌는지를 보십시오.

아합의 이름으로 편지들을 쓰고 그 인을 치고 봉하여 그의 성읍에서 나봇과 함께 사는 장로와 귀족들에게 보내니 왕상 21:8

또 하나님의 말씀인 율법대로 이 일이 진행되었습니다.

그 편지 사연에 이르기를 금식을 선포하고 나봇을 백성 가운데에 높이 앉힌 후에 불량자 두 사람을 그의 앞에 마주 앉히고 그에게 대하여 증거하기를 네가 하나님과 왕을 저주하였다 하게 하고 곧 그를 끌고 나가서 돌로 쳐 죽이라 하였더라 왕상 21:9-10

재판을 위해 증인 둘을 세웠습니다. 증인 둘을 세운 이유는 율법에 재판을 위한 증인은 반드시 두 명 이상을 세우라고 명시되어 있기 때문입니다. 또 판결의 기준도 율법이었습니다. 그러므로 이 장면은 하나님의 말씀인 율법이 악행에 이용되고 있는 장면입니다.

또한 하나님을 저주했다는 죄명을 나봇에게 씌웠습니다. 나봇에게 "하나님과 왕을 저주하였다"라는 누명을 씌운 이유는 율법에서 하나님과 하나님이 세우신 지도자를 저주하면 돌로 쳐 죽이라고 명하고 있기 때문입니다(레 24:16). 그들은 나봇에게 누명을 씌우고 율법에 따라 돌로 쳐 죽였습니다.

오늘날에도 그리스도인들이 신앙이라는 이름으로 얼마든지 악을 저지를 수 있습니다. 하나님의 영광과 말씀을 운운하지만, 사실은 악을 행하려는 시도일 수 있습니다. 아무리 신앙이라는 이름으로 포장해도 하나님을 속일 수는 없습니다. 하나님은 모든 것을 아시기에, 우리의 행동이 신앙으로 포장된 악행은 아닌지 잘 돌아봐야 합니다.

성도 간에 실수나 허물을 보고 쉽게 정죄하는 것도 신앙이라는 이름으로 악이 자행되는 또 하나의 예입니다. 잘못된 성경 지식이나 종교적 관습을 기준으로 정죄하기도 하고, 바른 말씀에 근거한 판단이지만 정죄만 있을 뿐 사랑이 없는 경우도 있습니다. 바른 신앙의 삶을 살기 위해서는 이러한 악행을 멀리해야 합니다.

잘못된 만남을 멀리하라

우리가 어떤 사람을 만나느냐는 정말 중요합니다. 악한 사람을 만나면 악을 저지르게 되고, 선한 사람을 만나면 선을 행하게 됩니다.

예로부터 아합과 같이 그 자신을 팔아 여호와 앞에서 악을 행한 자가 없음은 그를 그의 아내 이세벨이 충동하였음이라 왕상 21:25

만약 주변에 주식을 하는 사람들이 많다면 주식을 하게 되고, 운동을 좋아하는 사람들이 많다면 운동을 하게 됩니다. 또한 주변에 악을 저지르는 사람들이 많다면 악을 저지르는 삶을 살게 됩니다. 어떤 사람을 만나느냐가 우리 삶의 방향에 결정적 영향을 줍니다. 그러므로 신앙의 삶을 살기 위해서는 기도하고, 말씀 읽고, 전도하는 사람들과 어울리는 것이 중요합니다.

이세벨의 아버지는 엣바알(אֶתְבַּעַל)이라는 바알의 제사장이었습니다. 이세벨은 아버지 밑에서 철저하게 바알 숭배를 배웠습니다. 그리고 이세벨이 아합을 만나 결혼하면서 아합은 자연스럽게 바알 숭배에 빠졌습니다. 바알 숭배에 빠진 아합은 이스라엘 백성을 바알 숭배로 이끌었습니다. 결국 이세벨도, 아합도, 이스라엘 백성도 잘못된 만남으로 바알 숭배에 빠진 것입니다.

에덴동산에서도 만남이 문제였습니다. 범죄하기 전, 아담과 하와는 하나님과 행복했습니다. 그러던 어느 날 뱀이 하와를 만나 하나님이 금하신 선악과를 따 먹으라고 충동질했습니다. 유혹에 넘어가 버린 하와는 아담을 범죄에 끌어들였습니다. 결국 아담도 하와의 영향으로 선악과를 따 먹고 말았습니다. 이 모든 일은 만남을 통해 서로에게 악한 영향을 주었기 때문에 일어난 것입니다.

그러므로 우리는 악한 자들을 멀리해야 합니다. 구체적으로 '악한 자들'이란 거짓말을 즐기는 사람, 비난하기를 좋아하는 사람, 분쟁을 유발하는 사람, 정직하지 않은 사람, 음란을 즐기는 사람, 부정적인 생각과 말을 가진 사람, 하나님과 멀어지게 만드는 사람 등입니다. 이들을 가까이하면 자연스레 죄에 물들고 하나님과는 멀어집니다. 이들을 멀리하는 것이 신앙의 삶을 살 수 있는 중요한 방법입니다.

그러면 아합과 이세벨 곁에는 전부 악한 자들만 있었을까요? 그렇지 않습니다. 아합 곁에는 엘리야가 있었습니다. 엘리야는 하나님의 선지자로, 하나님께 기도하여 응답받는 사람이었습니다. 아합은 이런 엘리야에 대해 잘 알고 있었습니다. 그런데도 아합은 하나님의 선지자 엘리야를 멀리했습니다. 대신 악한 아내 이세벨을 가까이했습니다.

이세벨도 엘리야가 하나님이 보내신 참 선지자라는 사실을 알았습니다. 그러나 이세벨은 엘리야를 가까이하지 않고 오히려 죽이려 했습니다. 만약 아합과 이세벨이 엘리야를 가까이했다면 그들의 인생은 완전히 달라졌을 것입니다. 어떤 사람들은 믿지 않는 사람들을 가까이하면 편하지만, 반대로 믿는 사람들과 어울리면 불편하다고 말합니다. 그들은 이미 신앙의 삶과 멀어져 있을 가능성이 큽니다. 우리는 멀어진 신앙의 삶을 회복하기 위해 믿음의 사람들을 가까이하고자 힘써야 합니다.

행한 대로 갚으시는 하나님

왜 나봇은 두려움을 무릅쓰고 포도원을 달라는 아합의 요구를 거절했을까요? 그 이유는 포도원을 파는 것이 하나님이 금하신 죄악이었기 때문입니다.

> 나봇이 아합에게 말하되 내 조상의 유산을 왕에게 주기를 여호와께서 금하실지로다 하니 왕상 21:3

그러면 왜 하나님은 이를 금하셨을까요?

> 레위 족속의 성읍 곧 그들의 소유의 성읍의 가옥은 레위 사람이 언제든지 무를 수 있으나 만일 레위 사람이 무르지 아니하면 그의 소유 성읍의 판 가옥은 희년에 돌려보낼지니 이는 레위 사람의 성읍의 가옥은 이스라엘 자손 중에서 받은 그들의 기업이 됨이니라 레 25:32-33

하나님은 이스라엘 백성에게 가나안을 약속의 땅으로 주셨습니다.

그리고 이스라엘 백성은 가나안 땅을 지파별로 분배했습니다. 분배된 땅은 하나님이 주신 기업으로, 후손들에게 대대로 물려주어야 하고 다른 사람에게 팔 수 없었습니다. 이는 율법에 명시된 것으로 순종해야 하는 하나님의 법이었습니다.

나봇은 이러한 하나님의 법을 알았습니다. 그래서 아합이 포도원을 달라고 요구했을 때 하나님의 법에 순종하기 위해 단호히 거부한 것입니다. 아합은 하나님을 두려워하지 않고 선지자들을 죽인 왕입니다. 아합의 요구를 거부한다면 나봇은 죽을 수도 있었습니다. 그러나 나봇에게는 생명보다 하나님의 법을 지키는 것이 더 중요했습니다.

또 한 가지 중요한 점은, 나봇의 삶은 단지 비참한 죽음으로 끝나지 않았다는 것입니다. 하나님이 이 모든 것을 다 보셨기 때문입니다. 하나님은 나봇이 신앙을 지키며 죽어 가는 것을 보셨고, 아합과 이세벨이 저지르는 악행도 다 보셨습니다.

> 여호와의 말씀이 디셉 사람 엘리야에게 임하여 이르시되 너는 일어나 내려가서 사마리아에 있는 이스라엘의 아합왕을 만나라 그가 나봇의 포도원을 차지하러 그리로 내려갔나니 왕상 21:17-18

하나님은 모든 것을 보시고 그대로 다 갚으시는 분입니다(롬 2:6). 선과 악을 그 행한 대로 갚으시되, 혹 이 땅에서 갚지 않으시면 마지막 심판대에서 갚으십니다(마 16:27).

생명의 위협에도 하나님의 법을 지킨 나봇의 행위를 하나님은 후대하셨습니다. 우리가 만약 땅의 사람이라면 세상의 방식대로 살아야 할 것입니다. 하지만 하나님의 사람이라면 신앙의 방식대로 살아야 합니다. 그럴 때 하나님은 우리를 성도라고 불러 주시고, 반드시 선하게 보응하십니다. 세상의 불의에는 죽고 하나님의 의로움에는 살아 있는 신앙의 삶을 살기를 축복합니다.

4
PART

끝까지,
오직 신앙으로

15

마지막을 준비하라

왕상 22:34-40

어느 날 연세가 칠십이 다 되어 가는 권사님 한 분이 저에게 문자를 보냈습니다.

"목사님, 내 삶이 '신삶'이 되어 감을 감사합니다."

저는 처음에 이 문자를 보고, 권사님이 '나의 삶이 점점 새로워지고 있다'고 표현한 것으로 이해했습니다. 그러나 권사님이 보낸 '신삶'은 '신앙의 삶'을 줄인 표현이었습니다. 젊은 세대가 쓸 법한 줄임말을 활용한 것이 인상적이었습니다. 권사님은 제가 주일마다 강단에서 전하는 "신앙의 삶을 살라"는 주제의 말씀을 들으면서 자신의 삶이 점점 신앙의 삶으로 바뀌는 것에 감사한 마음을 전한 것이었습니다.

신앙은 삶입니다. 신앙은 단순히 아는 것이 아닙니다. 많은 경우 성경의 지식을 이해하는 것으로 신앙생활을 하고 있다고 착각합니다. 그러나 신앙은 앎을 넘어 삶의 열매를 맺는 것입니다. 하나님이 우리에게 말씀을 주시는 이유는 단순히 알게 하시려는 것이 아닙니다. 하나님은 우리가 앎으로 인해 삶을 변화시키기를 원하십니다.

성경에 등장하는 많은 사람 중 실패한 이들의 특징은 그 원인이 앎의 부족이 아니라 삶의 부족 때문입니다. 하나님을 몰라서가 아니라, 하나님을 알면서도 그대로 살지 못해서 그들의 인생이 실패한 것입니다. 우리는 단순히 지식을 아는 것에 머무르지 않고 실제 삶에 적용하는 행함이 있어야 함을 알 수 있습니다.

우리는 엘리야의 등장을 다룬 열왕기상 17장부터 시작해 이제 22장의 끝자락에 와 있습니다. 그간 엘리야와 더불어 빠지지 않고 등장한 인물은 아합왕입니다. 17장부터 지금까지 살펴본 내용에서 아합은 항상 중심에 있었습니다. 그러나 이 장에서 살펴볼 22장에서 아합은 생의 마지막을 맞이합니다. 아합은 절대로 죽지 않을 것 같았던 인물입니다. 그는 삶에 대한 애착이 누구보다 강했고, 전투적인 인생을 살았습니다. 권력과 야심을 앞세우며 인생을 달려왔던 그는 결국 죽음을 맞이합니다.

> 이날에 전쟁이 맹렬하였으므로 왕이 병거 가운데에 붙들려 서서 아람 사람을 막다가 저녁에 이르러 죽었는데 상처의 피가 흘러 병거 바닥에 고였더라 왕상 22:35

전쟁에 나가면 항상 승리를 쟁취했던 인물이 아합이었습니다. 그래서 이번 전투에서도 누구보다 자신만만했습니다. 하지만 "이날"은 아합에게 있어서 죽음의 날이었습니다. 승리를 기대하고 출정한 그곳은 아합왕의 무덤이었습니다. 성경은 아합의 죽음을 상세하게 묘사합니다. 그의 죽음이 성도들에게 교훈을 주기 때문입니다. 이 장에서는 아합의 죽음을 통해 우리가 배울 수 있는 교훈을 살펴보고자 합니다.

죽음의 때를 생각하라

아람과 이스라엘의 전쟁이 맹렬하던 그날, 아합은 그 전쟁터에서 자신이 죽음을 맞이할 것이라고 생각하지 못했습니다. 그는 죽음이 아닌 승리를 기대하며 전쟁만 준비했습니다. 바로 이것이 인생입니다. 우리는 언제 죽음을 맞이할지 알지 못합니다. 죽음의 때를 모를 뿐만 아니라 내 인생에도 죽음이 다가오고 있음을 의식하지 않고 살아갑니다.

사람은 누구나 죽는다는 것을 머리로, 이성적으로는 알고 있습니다. 하지만 그 죽음의 순간이 나에게 닥칠 것을 인지하지 못한 채 우리는 날마다 전쟁터로 나갑니다. 생의 마지막을 준비하지 않고, 주어진 삶에서 치열하게 살아 늘 전쟁에서 승리할 것을 꿈꿉니다. 이것이 우리 모두의 무지함이며 이 땅을 살아가는 인생들의 어리석음입니다.

우리의 삶은 어떤가요? 어제를 살면서 죽음의 때를 생각해 보았습니까? 한 주간 혹은 지난 6개월간 혹은 지금까지 인생을 살아오면서 우리 인생에 마지막 때가 있다는 것을 한 번이라도 떠올려 본 적이 있습니까?

성경은 아합이 죽음을 맞이한 때가 "저녁"이라고 말합니다(왕상 22:35). 전쟁터에서 종일 치열하게 시간을 보내다가 저녁 무렵에 숨을 거둔 것입니다. 그날 저녁은 아합의 인생의 황혼이었습니다. 그날 저녁은 그의 인생을 마무리해야 할 시간이었고, 그의 인생의 마침표를 찍어야 하는 순간이었습니다. 그럼에도 불구하고 그는 죽음을 준비하지 못했습니다. 전쟁만을 준비했습니다. 그리고 전쟁 중에 죽었습니다.

이렇게 풀어놓고 보면, 아합왕이 얼마나 무지한 인생이었는지, 그의 삶이 얼마나 허무한지 알 수 있습니다. '피가 병거 바닥에 고였다'는 말은 아합이 타고 있던 병거 바닥에 그의 인생의 진액, 피 한 사발이 고였다는 뜻과 같습니다. 그는 열심히 살아왔고, 전쟁에서도 승리하기 위해 몸부림쳤지만, 결국 자기 인생의 진액을 병거 바닥에 쏟아 놓고 죽었습니다.

앞 장에서 살펴본 것처럼, 아합은 나봇의 포도원을 가지지 못해 병이 났던 사람입니다. 그 포도밭 한 평을 더 가지기 위해 온갖 거짓과 술수로 무고한 사람을 죽음에 빠뜨린 사람이 아합입니다. 그랬던 그에게도 결국 인생의 저녁은 찾아왔습니다. 늘 승리와 쟁취에 목말랐던 아합은 아람과의 전쟁에서도 승리하려고 몸부림쳤지만, 결국 그날은 그에게 있어서 마지막 날이었습니다. 전도서 3장 1-2절은 이렇게 말합니다.

범사에 기한이 있고 천하 만사가 다 때가 있나니 날 때가 있고 죽을 때가 있으며 심을 때가 있고 심은 것을 뽑을 때가 있으며 전 3:1-2

우리 모두에게는 죽음의 때가 있습니다. 혹시 그때를 의식하고 살고 있습니까, 아니면 그냥 흘러가는 대로 아무 생각 없이 살아가고 있습니까?

왕이 이미 죽으매 그의 시체를 메어 사마리아에 이르러 왕을 사마리아에 장사하니라 왕상 22:37

아합은 사마리아 땅에 묻혔습니다. 아합에게 사마리아는 어떤 곳이었을까요? 사마리아는 아합의 인생이 롤러코스터를 탔던 장소입니다. 그는 그곳에서 기쁨의 날도, 슬픔의 순간도 경험했습니다. 어떤 날에는 잠시나마 의로운 생각도 했고, 또 어떤 날에는 악으로 가득한 인생을 살았습니다. 사마리아는 아합에게 있어서 욕망과 욕심의 현장이었습니다. 결국 그는 자신의 욕망이 자리했던 사마리아 땅에 묻혀 한 줌의 흙이 되고 말았습니다. 이것이 인생입니다.

혹시 아합의 삶을 보면서 우리의 모습도 이와 같다는 생각이 들지 않습니까? 우리는 죽음을 피할 수 없다는 것을 알면서도, 그때를 잊은 채 삶의 전쟁터 한복판에서 생존을 위해 아등바등 살아갑니다. 그 과정에서 누군가를 짓밟기도 하고 해치기도 하며 빼앗는 데만 열중하기도 합니다. 그렇게 살다가 결국 그날이 나의 죽음의 날이 될지도 모른다는 사실을 까맣게 잊은 채 살아갑니다. 하지만 신앙인의 삶은 늘 살기 위해 몸부림치고 있는 그 생의 현장에서 죽음의 때를 기억하는 삶입니다. '지금 이 순간 나도 죽음을 맞이할 수 있다'는 의식이 우리 안에 있어야 합니다.

이렇게 죽음의 때를 생각하면 우리는 아무렇게나 살 수 없습니다. 악하게 살 수 없습니다. 내 마음대로, 기분대로, 원하는 대로 살 수 없습니다. 죽음의 때가 있다는 것을 인식하는 것은 우리 삶의 유한함을 인정하는 것입니다. 삶의 유한함을 인정하는 사람이야말로 무한하신 하나님의 주권을 인정할 수 있습니다. 죽음이 존재한다는 것을 아는 사람은 삶 또한 우리에게 속한 것이 아닌 하나님께 속해 있다는 것을 인정하는 사람입니다. 하지만 아합은 그렇지 못했습니다.

그 병거를 사마리아 못에서 씻으매 개들이 그의 피를 핥았으니 여호와
께서 하신 말씀과 같이 되었더라 거기는 창기들이 목욕하는 곳이었더라

왕상 22:38

아합의 죽음은 여호와께서 말씀하신 대로 이루어졌습니다. 생명의 주인은 하나님이시기 때문입니다. 아합의 죽음 이후 개들이 그의 피를 핥은 이 장면은 나봇의 포도원을 빼앗은 아합에게 예언되었던 하나님의 말씀이 그대로 이루어진 것입니다.

너는 그에게 말하여 이르기를 여호와의 말씀이 네가 죽이고 또 빼앗았
느냐고 하셨다 하고 또 그에게 이르기를 여호와의 말씀이 개들이 나봇
의 피를 핥은 곳에서 개들이 네 피 곧 네 몸의 피도 핥으리라 하였다 하라

왕상 21:19

아합의 죽음은 여호와께서 말씀하신 대로 이루어졌습니다. 이것은 우리에게 중요한 한 가지 교훈을 줍니다. 죽음은 우리의 소관이 아니라 는 것입니다. 생명의 주인은 하나님이십니다. 우리가 피할 수도, 맞서 싸 워 이겨 낼 수도 없는 것이 죽음입니다. 다윗도 그의 죽음 앞에서 아들 솔로몬에게 이렇게 말했습니다.

다윗이 죽을 날이 임박하매 그의 아들 솔로몬에게 명령하여 이르되 내
가 이제 세상 모든 사람이 가는 길로 가게 되었노니 왕상 2:1

다윗왕에게도 죽음은 피할 수 없는 일이었습니다. 힘 있는 자도, 명예와 권력이 있는 자도 예외가 없습니다. 이 땅에 살아가는 그 누구도 죽음은 피할 수 없습니다. 그런데 우리는 그때를 생각하지 않고 살아갑니다. 내 삶의 전쟁터인 그곳이 내가 묻혀 장사될 곳이라는 것에 대해서는 전혀 인식하지 않습니다. 오늘 칼을 들고 전쟁을 하는 이 순간이 우리 인생의 마침표를 찍어야 하는 날일 수 있다는 것을 생각하지 않는 것입니다.

그렇다면 신앙의 삶을 살아가야 할 우리는 어떻게 말씀 앞에 순종해야 할까요? 생명의 주인이신 하나님을 바라보며 그분이 원하시는 삶을 살며, 날마다 죽음의 때를 인식하는 겸손한 삶을 살아야 합니다. 성경은 단순히 잘 먹고 잘 사는 삶을 신앙의 삶이라 소개하지 않습니다. 신앙의 삶은 죽음의 때를 아는 것에서 시작합니다. 죽음의 때를 인식하지 못하고 사는 것은 어리석은 삶이며, 잘 사는 삶이 아님을 기억해야 합니다.

돌아갈 본향을 사모하라

아람과의 전쟁에서 아합은 결국 죽음을 맞이합니다. 그리고 전쟁은 끝이 납니다. 왕의 시체에서 흘러내린 피가 병거 바닥에 고입니다. 그렇게 왕이 죽고 피가 바닥에 고이는 순간, 전쟁터에 울려 퍼지는 소리가 있었습니다.

해가 질 녘에 진중에서 외치는 소리가 있어 이르되 각기 성읍으로 또는 각기 본향으로 가라 하더라 왕상 22:36

해가 저물고 왕이 죽은 그 무렵, 왕의 피가 바닥에 고이는 그때에 전쟁터에 울려 퍼진 소리는 "본향으로 가라"였습니다. 이 소리는 전쟁터에서 각자 칼을 들고 싸우던 사람들에게 돌아갈 고향이 있음을 일깨워 주는 소리였습니다. 전쟁터는 그들에게 고향이 아니라는 말입니다. 각자 "본향으로 가라"는 말은 이 전쟁터가 그들에게 있어서 영원한 집이 아님을 상기시켜 주는 말입니다.

'본향'이라는 말은 히브리어로 '에레츠'(אֶרֶץ)입니다. 이 단어는 '영토, 국가, 땅, 도시' 등의 의미를 담고 있습니다. 보통 전쟁을 치를 때 병사들은 각자 돌아갈 본향을 잊어버리기 쉽습니다. 전쟁터에서 일어나는 상황에만 온통 집중하기 때문입니다. 그런데 "본향으로 가라"는 이 소리가 언제 들렸습니까? 해가 질 무렵, 그러니까 저녁에 이르러 들렸습니다.

성경이 지금 말하는 본향은 우리에게 있어서 어떤 곳일까요? 내 인생의 해가 저물 때, 석양이 내려앉을 때, 결국 우리가 돌아가야 할 곳이 바로 본향입니다. 죽음이 다가오면 돌아가야 할 고향이 본향입니다. 성경은 아합의 죽음을 통해 우리에게 이렇게 묻고 있습니다.

"너희는 돌아갈 본향을 사모하느냐?"

지금 우리가 살아가는 이 세상이라는 전쟁터는 우리에게 있어서 전부가 아닙니다. 우리에게는 돌아가야 할 본향이 있습니다. 성경은 그 본향이 있음을 기억하며 사는지를 우리에게 묻고 있는 것입니다.

아합은 전쟁에 열심을 불태우고, 남의 포도밭을 자신의 소유로 만들기 위해 수단과 방법을 가리지 않았지만, 정작 자신이 돌아가야 할 본향을 잊었습니다. 본향 갈 준비를 하지 않았던 것입니다. 신앙인들에게는 본향이 있습니다. 신앙인들의 본향은 이 땅의 고향과는 차원이 다릅니다.

　믿음의 선진들은 어떻게 그 험한 세상에서 믿음을 지키며 살 수 있었을까요? 그들은 바로 이 본향을 사모하면서 살았기에, 비록 세상에서 힘들고 어렵고 고되더라도 끝까지 믿음을 지키며 천성을 향해 갈 수 있었습니다.

　　이 사람들은 다 믿음을 따라 죽었으며 히 11:13

　히브리서 11장은 믿음의 선배들의 삶을 소개하고 있습니다. 그들은 모두 믿음을 따라 죽었습니다. 그러나 "믿음을 따라 죽었으며"라는 말씀은 그리 간단한 표현이 아닙니다. 신앙생활을 하면서, 죽을 만큼 힘들고 어려운 순간에도 끝까지 하나님에 대한 믿음을 지켰다는 것은 99퍼센트가 아닌 100퍼센트의 믿음을 의미합니다. 그들은 어떻게 이러한 믿음을 유지할 수 있었을까요? 그 비결을 이어지는 16절에서 찾을 수 있습니다.

　　그들이 이제는 더 나은 본향을 사모하니 곧 하늘에 있는 것이라 히 11:16

　믿음의 선진들은 자신들이 살아가는 이 세상이 본향이라고 생각하지 않았습니다. 스스로 이 땅에서 나그네로, 외국인으로 살았습니다. 삶이라는 전쟁터에서 고군분투할 때에도 그들은 이 세상이 그들의 영원한 집이 아님을 명확히 인식하고 살았습니다. 그들이 사모했던 본향은 "더 나은 본향", 곧 하늘에 속한 본향인 천국이었습니다. 천국의 소망이 없었다면, 그들도 자신들의 기분대로, 감정대로, 욕망대로 살았을 것입니다.

그러나 그들은 천국을 사모하면서 살았기 때문에 믿음을 지킬 수 있었습니다. 그들은 돌아가야 할 곳이 있음을 알고 있었습니다.

하나님은 이처럼 본향을 사모하며 사는 사람들을 기뻐하십니다. 믿음을 지키며 살아야 신앙의 삶을 사는 것이고, 하나님이 기뻐하시는 삶을 사는 것입니다. 지금까지 살아온 인생에서 하늘의 본향을 얼마나 생각했습니까? 내 삶이 벌써 저녁에 이르렀는데도 본향을 생각하지 않는 것은 어리석은 일입니다. 뿐만 아니라 삶이라는 전쟁터는 우리가 안주할 곳이 아닌데도 불구하고, 피가 바닥에 고일 때까지 땅에 연연하는 것은 미련한 일입니다. 그러다가 아합처럼 본향에 이르지 못한 채 사마리아에서 장사된 인생으로 끝난다면 그것 자체로 저주입니다.

어떤 삶을 원합니까? 아합처럼 전쟁터에서 맹렬히 전쟁만 하다가 사마리아 땅에 묻혀 한 줌 흙으로 돌아가는 인생입니까, 아니면 이 땅에서 힘들고 어려워도 믿음을 지키며 본향을 사모하며 살다가 그 본향에 이르기를 원합니까? 본향은 주님이 계시는 곳입니다. 우리의 소망은 그곳에서 주님을 만나는 것입니다. 천국은 하늘에 있는 것이 아닙니다. 주님과 함께 있을 때 그곳이 천국이 되는 것입니다. 아무리 황금 보석으로 꾸며진 곳이라 할지라도, 주님이 없다면 그곳은 천국이 아닙니다.

우리의 삶이 본향을 사모하는 삶이 되기를 바랍니다. 우리를 기다리는 참된 본향, 곧 주님이 예비하신 하늘의 낙원이 있습니다. 믿음의 사람들만이 이르게 될 그곳은 얼마나 영광스럽고 복된지 모릅니다. 이 땅에 마음을 두고 하늘 본향을 사모하지 않는 삶은 결국 방향을 잃은 삶이며, 잘못된 삶입니다.

남겨질 흔적을 생각하라

우리의 인생은 죽음으로 끝나지 않습니다. 이 땅에서 살았던 삶의 흔적이 고스란히 남습니다. 우리는 남겨질 흔적을 생각하면서 살아야 하나님이 기뻐하시는 신앙의 삶을 살아갈 수 있습니다.

> 아합의 남은 행적과 그가 행한 모든 일과 그가 건축한 상아궁과 그가 건축한 모든 성읍은 이스라엘 왕 역대지략에 기록되지 아니하였느냐 왕상 22:39

성경은 아합의 삶의 행적과 그가 이 땅에서 행했던 업적을 우리에게 알려 줍니다. 어떤 이는 '아합왕이니까 그렇겠지, 나 같은 인생이 무슨 흔적이 남겠어'라고 생각할 수도 있습니다. 그렇지 않습니다. 이 땅을 살다 떠나는 모든 인생은 삶의 흔적이 반드시 남습니다. 하나님은 이 땅을 살아가는 모든 인생의 흔적을 기록하십니다. 인생의 종착점에 선 바울은 디모데에게 편지를 쓰면서 이렇게 이야기합니다.

> 이제 후로는 나를 위하여 의의 면류관이 예비되었으므로 주 곧 의로우신 재판장이 그날에 내게 주실 것이며 내게만 아니라 주의 나타나심을 사모하는 모든 자에게도니라 딤후 4:8

이 말의 의미는 다음과 같습니다.

"이제 후로는 내 인생의 마침표가 찍히고, 내가 이 땅의 삶을 마치면 그 후에 의의 면류관이 예비되었을 것이다. 그 면류관이 누구로부터 준비되고, 누구로부터 내가 얻게 될 것인가? 바로 의로우신 재판장이신 예수 그리스도 그분으로 말미암는다."

바울의 편지에서 우리가 알 수 있는 사실이 있습니다. 우리의 삶은 죽음을 통해 단순히 사라져 버리지 않습니다. 우리가 살아온 모든 시간이 재판장 되시는 예수 그리스도 앞에 온갖 기록으로 남아 있게 됩니다. 예수님이 재판장으로 비유되신 이유는 그 모든 기록을 하나님도 함께 보고 판단하신다는 의미입니다.

이처럼 우리의 인생이 죽음으로 끝나지 않는다는 사실을 기억함과 동시에 우리가 잊지 말아야 할 또 하나의 사실이 있습니다. 바로 우리가 살아온 삶의 흔적은 고스란히 남아 후세에 영향을 미친다는 것입니다. 그러니 죽음 이후에 남겨질 우리 삶의 흔적이 어떠한지를 생각하며 살아야 합니다. 이러한 인식은 우리를 참된 그리스도인으로 살아가게 합니다.

앞서 바울의 편지를 통해 우리가 살아온 삶의 흔적이 하나님 앞에서 평가받게 된다고 했습니다. 우리의 모든 행위와 발자취는 하나님의 기록에 남아 있습니다. 뿐만 아니라 요한계시록 14장 13절에는 이렇게 기록되어 있습니다.

또 내가 들으니 하늘에서 음성이 나서 이르되 기록하라 지금 이후로 주 안에서 죽는 자들은 복이 있도다 하시매 성령이 이르시되 그러하다 그들이 수고를 그치고 쉬리니 이는 그들의 행한 일이 따름이라 하시더라

계 14:13

이 말씀은 우리의 삶이 하나님 앞에서 어떻게 평가될지를 명확히 보여 줍니다. 우리의 모든 행적이 하나님 앞에 기록될 뿐만 아니라, 그에 따라 하나님은 우리 한 사람 한 사람에게 보상을 주십니다.

"호랑이는 죽어서 가죽을 남기고, 사람은 죽어서 이름을 남긴다"라는 말이 있습니다. 이는 우리가 남기는 삶의 흔적이 매우 중요하다는 것을 의미합니다. 이처럼 우리의 행위와 말, 모든 것이 남아 후세에 영향을 미치기 때문에 우리는 더욱 신중하게 살아야 합니다. 그리고 더욱 중요한 것은 우리의 삶이 후세에 어떤 영향을 미칠지를 고려해야 한다는 것입니다.

> 유다의 여호사밧왕 제십칠년에 아합의 아들 아하시야가 사마리아에서 이스라엘의 왕이 되어 이 년 동안 이스라엘을 다스리니라 그가 여호와 앞에서 악을 행하여 그의 아버지의 길과 그의 어머니의 길과 이스라엘에게 범죄하게 한 느밧의 아들 여로보암의 길로 행하며 바알을 섬겨 그에게 예배하여 이스라엘의 하나님 여호와를 노하시게 하기를 그의 아버지의 온갖 행위같이 하였더라 왕상 22:51-53

아합은 그 아들 아하시야에게 왕위를 유산으로 넘겨줍니다. 그리고 아합의 아들 아하시야는 아버지의 뒤를 이어 왕이 됩니다. 그런데 이어지는 기록은 우리에게 충격 그 자체입니다. 바로 이스라엘의 왕이 된 아하시야가 이스라엘을 다스리는 2년 동안에 하나님의 공의를 따라 통치한 것이 아니라 악을 행하여 그의 아버지와 어머니가 행했던 삶의 방식 그대로를 좇아갔다는 것입니다. 그리고 아하시야의 이러한 삶은 하나님을 노하시게 했습니다. 아하시야도 아합왕처럼 하나님이 아닌 바알을 섬기고 예배했기 때문입니다.

이처럼 아합은 아들에게 긍정적인 삶이 아닌 부정적인 삶의 흔적을 남겼습니다. 아하시야는 부모의 악한 삶의 길을 그대로 따랐습니다. 이는 우리에게 분명한 경고의 메시지를 줍니다. 우리 삶의 흔적 또한 후세에 분명하게 영향을 미치게 된다는 것입니다. 부모의 잘못된 가치관과 삶은 자녀들에게 그대로 영향을 미칩니다. 그러니 우리는 신앙인으로서 삶을 더욱 신중하게 살아가야 하는 것입니다.

우리의 삶은 후세에 분명한 영향을 미칩니다. 우리의 말과 행동이 자녀들에게 남아 그들의 신앙과 삶의 방향을 결정짓습니다. 그러므로 우리는 악한 말과 행동을 피하고, 누군가에게 상처를 주지 않도록 신중하게 살아야 합니다. 우리 삶의 흔적이 후세에 선한 영향력을 미치도록 해야 합니다. 우리는 우리의 삶을 위해 기도할 뿐만 아니라 매 순간 두렵고 떨림으로 하나님 앞에서 올바르게 살아가야 합니다. 죽음의 때를 생각하십시오. 죽음은 우리를 지혜롭게 살아가게 하는 하나님의 외침임을 기억하십시오.

16

신앙의 흔적을 남기라

왕하 1:1-4

인간은 세월의 흐름과 죽음을 피할 수 없습니다. 아무리 좋은 음식을 먹고 의학이 발달해도 그 누구도 인간이 늙고 죽는 것은 막을 수 없습니다. 죽음은 인간의 숙명이며 당연한 일입니다. 역사 속의 전설적인 인물인 다윗왕조차도 죽음을 피할 수 없었습니다.

열왕기상 2장 1절에는 다윗이 죽을 날이 임박하자 그의 아들 솔로몬에게 명령하는 장면이 나옵니다. 그리고 이어지는 10절에는 다윗이 그의 조상들과 함께 누워 다윗성에 장사되었다고 기록되어 있습니다. 성군 다윗은 죽음을 맞이했고, 그의 업적은 다윗성에 묻혔습니다. 이처럼 다윗은 물론, 열왕기에 등장하는 또 다른 왕인 악의 화신 같던 아합도 결국 죽음을 맞이했습니다.

아합이 죽은 후에 왕하 1:1

열왕기하 1장은 아합의 죽음으로 시작합니다. 강한 권세와 힘을 가졌던 아합도 결국은 죽음을 피할 수 없었던 것입니다. 이처럼 죽음은 모든 인생에 예외 없이 적용됩니다. 죽음은 모든 인생의 마침표입니다. 그렇다면 우리는 한 가지 질문을 해야 합니다. 신앙인의 죽음도 세상 사람들과 같이 마침표가 되는지에 관한 의문입니다.

생물학적으로 죽음은 끝입니다. 그러나 한 사람의 인생이 남긴 흔적은 사라지지 않습니다. 우리가 떠난 후에도 삶의 흔적은 여전히 남아 있습니다. 개인의 존재는 이 지구상에서 점에 불과하지만, 그 점이 남긴 흔적은 유형과 무형으로 남습니다. 우리가 입었던 옷, 거주했던 집 그리고 이루어 놓은 업적 등은 유형의 흔적입니다. 또한 우리의 가치관과 삶의 방식은 무형의 흔적으로 남아 기억됩니다.

가장 중요한 흔적 중 하나는 자녀입니다. 우리의 인생이 끝나도 자녀라는 흔적이 남습니다. 이 장 본문에 등장하는 아합의 아들 아하시야는 아합의 인생을 그대로 반영하고 있습니다. 열왕기상 22장 40절에는 아합이 그의 조상들과 함께 잠들었다고 기록되어 있습니다. 이렇게 아합의 인생은 끝났지만, 그의 아들 아하시야가 남았습니다. 아하시야는 아합의 왕위를 그대로 물려받았고, 그의 부모와 같은 길을 걸었습니다.

그가 여호와 앞에서 악을 행하여 그의 아버지의 길과 그의 어머니의 길과 이스라엘에게 범죄하게 한 느밧의 아들 여로보암의 길로 행하며 바알을 섬겨 그에게 예배하여 이스라엘의 하나님 여호와를 노하시게 하기를 그의 아버지의 온갖 행위같이 하였더라 왕상 22:52-53

성경은 아합의 아들 아하시야의 삶을 평가할 때 그의 부모인 아합과 이세벨의 삶과 연결 짓습니다. 우리는 흔히 "그 아버지에 그 아들"이라는 표현을 사용합니다. 이 말은 긍정적인 의미로도 쓰이지만, 주로 부정적으로 쓰입니다. 이 말의 숨은 의미는 부모가 남긴 인생의 흔적이 자녀에게도 영향을 미친다는 것입니다.

우리의 인생 역시 오로지 자신만 보고 살 수 없는 이유가 여기에 있습니다. 인생의 흔적이 그대로 남아 자녀에게 영향을 미치기 때문입니다. 우리는 모두 언젠가 인생의 마침표를 찍습니다. 그때 남길 인생의 흔적이 어떠하며, 우리의 자녀에게 어떤 영향을 미칠지 고민해 봐야 합니다. 우리의 흔적이 자녀에게 긍정적인 영향을 미치도록 신앙의 삶을 살아야 합니다.

그러면 어떻게 하면 인생의 흔적을 아름답게 남길 수 있을까요? 이 장 본문에 등장하는 아하시야와 아합의 삶을 통해 몇 가지를 살펴보겠습니다.

문제 해결의 방법

살면서 만나는 인생의 문제를 어떻게 해결하느냐는 매우 중요합니다. 왜냐하면 오늘을 잘 살고 아름다운 흔적을 남기기 위해서는 올바른 문제 해결 방법을 선택해야 하기 때문입니다.

아합의 아들 아하시야는 아버지로부터 왕위를 물려받아 이스라엘의 왕이 되었습니다. 그러던 어느 날 그는 다락 난간에서 떨어져 중상을 입고, 생명의 위기를 맞이합니다.

아하시야가 사마리아에 있는 그의 다락 난간에서 떨어져 병들매 사자
를 보내며 그들에게 이르되 가서 에그론의 신 바알세붑에게 이 병이 낫
겠나 물어보라 하니라 왕하 1:2

아하시야가 당한 골절상은 단순한 사고가 아니었습니다. 그는 그
낙상 사고로 생명의 위기를 맞이했습니다. 오늘날이라면 당장 병원에
가서 의료진에게 치료받으면 쉽게 끝날 일이지만, 당시에는 절대자의
도움이 가장 중요했습니다. 아하시야에게 있어서도 그의 병을 고치기
위해 가장 중요한 답은 하나님을 찾는 것이었습니다. 그러나 아하시야
는 여기서 큰 죄를 범합니다. 인생의 중대한 문제 앞에서 그는 하나님이
아닌 에그론에 있는 신 바알세붑에게 사람을 보냅니다.

인간적으로 생각하면 별일 아니라고 할 수 있습니다. '얼마나 답답
하면 그랬을까'라고 생각할 수 있습니다. 그러나 하나님은 이 일을 가볍
게 여기지 않으셨습니다.

여호와의 사자가 디셉 사람 엘리야에게 이르되 너는 일어나 올라가서
사마리아 왕의 사자를 만나 그에게 이르기를 이스라엘에 하나님이 없
어서 너희가 에그론의 신 바알세붑에게 물으러 가느냐 왕하 1:3

"이스라엘에 하나님이 없어서 너희가 에그론의 신 바알세붑에게 물
으러 가느냐"라는 하나님의 말씀은 단순히 "이스라엘에 하나님이 없느
냐"는 질문이 아니라, 아하시야의 행위를 책망하신 말씀입니다. "하나님
을 믿는다면 당연히 하나님께 물어야 함에도 왜 하나님께 묻지 않고 우

상에게 묻느냐"는 질책입니다.

바알세붑은 우상이며, 에그론은 우상의 도시였습니다. 아하시야가 처음 만난 인생의 중차대한 문제를 해결하기 위해 택한 방법은 완전히 잘못되었습니다. 하나님이 책망하신 것을 보면 아하시야는 인생의 위기와 문제를 해결할 방법을 몰랐던 것으로 보입니다. 세상 사람들처럼 아하시야도 우상에게 사람을 보내어 물었던 것입니다. 우리 인생의 성공과 실패는 인생에 닥친 문제를 어떻게 해결하느냐에 달려 있습니다. 그리고 어떤 해결 방법을 취하는지에 따라 하나님이 기뻐하기도 하시고, 싫어하기도 하십니다. 우리의 선택에 따라 하나님은 칭찬하기도 하시고, 책망하기도 하십니다.

아하시야는 왕으로서 권력을 가지고 있었지만, 인생의 문제를 해결하는 방법을 알지 못했습니다. 왜냐하면 부모에게 그 방법을 배우지 못했기 때문입니다. 그의 부모로부터 왕위와 재산은 물려받았지만, 인생의 문제를 만났을 때 어떻게 해결해야 할지에 대한 방법은 물려받지 못했습니다. 이것이 아합의 집에 주어진 비극입니다.

아하시야의 아버지 아합은 어떤 왕이었습니까? 그 역시 인생의 위기가 찾아왔을 때 하나님을 찾지 않고 우상만을 찾던 사람이었습니다. 하늘 문이 닫혀 나라에 3년이 넘도록 비가 내리지 않아 백성들이 고통받는 상황에서도 그는 우상인 바알을 붙들고 문제를 해결하려 했습니다. 그러나 문제는 해결되지 않았습니다. 그런데 그의 아들 아하시야도 부모의 모습을 그대로 본받아 같은 길을 걷고 있습니다.

아하시야는 부모로부터 제대로 된 신앙을 배우지 못했습니다. 하나님을 알고 있었지만, 하나님보다 우상을 더 우선시했습니다. 그러므로 아하시야는 위기 상황에서 하나님이 아닌 우상을 찾는 것을 당연하게 여겼던 것입니다. 이것은 아합이 남긴 인생의 흔적이자, 아하시야가 배운 잘못된 삶의 방법이었습니다.

우리의 삶도 이와 같습니다. 그리스도인으로서 예배의 자리에 출석하고 신앙을 고백하면서도, 인생의 위기 앞에서 하나님이 아닌 다른 것을 의지합니다. 돈, 지식, 경험, 세상의 방법으로 문제를 해결하려고 발버둥 칩니다. 하나님은 우리에게 한결같이 세상의 방법이 아닌 신앙의 방법을 택하라고 하시지만, 우리는 세상의 방법으로 문제를 해결하려고 합니다.

자녀는 부모의 모습을 보고 성장합니다. 부모가 인생의 곤경에 처할 때 하나님을 찾고 기도하며 하나님의 뜻을 구하는 모습을 보인다면, 자녀는 부모에게서 제대로 된 신앙의 모습과 방법을 배울 것입니다. 그러나 부모가 하나님을 찾지 않고 세상의 방법을 의지한다면, 자녀도 같은 길을 걷게 될 것입니다. 부모의 신앙생활이 자녀에게 그대로 전수된다는 사실을 잊지 말아야 합니다.

한 가지 더 생각해야 할 것은 오늘날 하나님 대신에 더 의지하는 우리 안의 바알세붑을 단호히 잘라 내야 한다는 것입니다. 우리는 어려운 상황 속에서 하나님께 기도하고 말씀을 의지하는 모습을 자녀에게 온전히 보여 주고 있습니까, 아니면 우리의 문제를 즉시 해결해 줄 것 같은 세상을 더 의지하려고 합니까? 우리는 믿음으로 하나님을 찾고 있습니까, 아니면 그 문제를 해결해 줄 것 같은 세상의 헛된 우상을 의지하고 있습니까?

그러므로 여호와의 말씀이 네가 올라간 침상에서 내려오지 못할지라 네가 반드시 죽으리라 하셨다 하라 엘리야가 이에 가니라 왕하 1:4

하나님은 아하시야가 하나님을 찾지 않고 바알세붑을 찾은 결과, 반드시 그가 죽음을 맞이할 것이라 경고하셨습니다. 하나님이 이 말씀을 통해 우리에게 가르쳐 주시는 것은 '오직 신앙만이 사는 길'이라는 것입니다. 신앙의 방법으로 문제를 해결해야 삶에 길이 열립니다. 다른 것이 아닌 하나님을 선택하는 것만이 우리 삶의 진정한 답이며 복과 희망임을 기억해야 합니다.

자녀에게 아합의 집과 같은 비극이 되풀이되지 않도록 하나님께 묻고 기도하며 신앙의 길을 걸어갑시다.

상황 해석의 방법

아름다운 삶의 흔적을 남기기 위해서는 문제 해결 방법을 잘 선택하는 것이 중요합니다. 그와 더불어서 수많은 상황과 사건 그리고 환경을 잘 해석하는 능력도 키워야 합니다. 올바른 상황 해석 방법을 가질 때 우리가 살아가는 삶의 마지막에 이르러 아름다운 흔적을 남길 수 있습니다.

아하시야는 닥친 문제 앞에서 잘못된 방법을 선택했습니다. 그것은 명백한 실수였습니다. 그리고 그 일로 말미암아 그의 인생에 허물이 남았습니다. 자비로우신 하나님이 아하시야에게 아버지의 길이 아닌 회복과 신앙의 길을 걸을 수 있는 상황을 허락하셨지만, 아하시야는 그 기회를 붙들지 않았습니다. 아하시야가 바알세붑에게 자신의 병이 나을지 물어보기 위해 사자들을 보냈을 때 하나님은 엘리야를 불러 사자들의 길을 막게 하셨습니다.

> 여호와의 사자가 디셉 사람 엘리야에게 이르되 너는 일어나 올라가서 사마리아 왕의 사자를 만나 그에게 이르기를 이스라엘에 하나님이 없어서 너희가 에그론의 신 바알세붑에게 물으러 가느냐 그러므로 여호와의 말씀이 네가 올라간 침상에서 내려오지 못할지라 네가 반드시 죽으리라 하셨다 하라 엘리야가 이에 가니라 왕하 1:3-4

하나님은 아하시야가 잘못된 길을 걷지 않도록 엘리야를 통해 그 길을 막으셨습니다. 엘리야는 아하시야가 보낸 사자들에게 하나님의 말씀을 전달하며, 이스라엘에는 하나님이 없느냐고 물었습니다. 엘리야는 바알세붑에게 물으러 가는 것을 책망하며 왕이 잘못된 길을 선택함으로 말미암아 죽음을 맞이할 것이라고 경고했습니다.

사실 이것은 하나님이 아하시야에게 베풀어 주신 은총입니다. 아하시야가 잘못된 길에서 돌아설 수 있는 기회였고, 죄를 범한 자리에서 신앙의 자리로 돌아올 수 있는 방법이었습니다. 그러나 아하시야는 이 기회를 붙잡지 않았습니다. 그는 돌이키지 않았습니다.

아하시야는 이미 엘리야를 알고 있었습니다. 열왕기하 1장 7-8절에 따르면, 아하시야가 사자들에게 누가 그들을 만나 말을 했는지 묻자, 사자들은 털이 많고 허리에 가죽 띠를 두른 사람이라고 대답했습니다. 이를 들은 아하시야는 그가 디셉 사람 엘리야임을 알았습니다. 아하시야는 엘리야가 하나님의 선지자라는 것을 알고 있었습니다.

선지자는 하나님의 뜻을 전달하는 사람입니다. 그리고 선지자는 하나님의 뜻을 일점일획도 틀리지 않게 정확히 전달하는 자입니다. 그렇기에 아하시야는 엘리야가 전한 말이 언제나 옳다는 것을 알고 있었습니다. 그러나 그는 상황을 제대로 해석하지 못했습니다. 지금 펼쳐진 상황은 하나님이 연출하신 것이며, 하나님이 회개와 돌이킴을 요구하시는 상황이라는 것을 분별하지 못했습니다. 그는 영적 해석 능력이 부족했던 것입니다.

우리도 마찬가지입니다. 인생의 문제를 어떻게 해결하느냐에 따라 삶이 달라집니다. 신앙의 방법으로 문제를 해결해야 사는 길이 열립니다. 신앙의 방법이 진정한 답이며 복과 희망입니다. 하나님께 물으며 기도의 삶을 사는 것이 인생에 아름다운 흔적을 남길 수 있는 길입니다.

인생에서 중요한 것은 해석입니다. 우리의 삶은 수많은 사건과 상황에 직면합니다. 그래서 우리 삶에 펼쳐지는 상황들을 어떻게 해석하고, 어떤 안목으로 보느냐에 따라 삶의 결과가 결정됩니다. 신앙의 눈으로 해석하면 신앙의 열매를 얻지만, 세상의 눈으로 해석하면 세상의 결과만을 얻게 됩니다.

아하시야는 엘리야가 하나님의 선지자라는 것을 알고 있었습니다. 그는 엘리야가 전한 말이 하나님의 뜻이라는 것을 알았고, 그것이 옳다는 것도 알고 있었습니다. 하지만 아하시야는 이 상황을 신앙적으로 해석하지 못했습니다. 그는 신앙의 눈으로 자신의 상황을 보지 않았기 때문에 결국 돌아서지 못했습니다. 왜냐하면 삶의 상황을 신앙적으로 해석하는 방법을 배우지 못했기 때문입니다. 그의 아버지 아합은 그에게 왕위와 재산은 물려주었지만, 신앙으로 상황을 해석하는 방법은 가르쳐 주지 않았습니다.

아합은 엘리야를 통해 하나님의 경고를 받았지만, 그것을 영적으로 해석하지 않았습니다. 엘리야가 하늘의 문을 닫고 비가 오지 않게 했을 때, 아합은 이를 하나님의 경고로 받아들이지 않았습니다. 오히려 엘리야를 죽이려 했습니다. 결국 3년 6개월 동안 비가 오지 않았고, 아합은 독이 오를 대로 올랐습니다. 하지만 하나님은 엘리야를 통해 다시 한 번 아합에게 기회를 주셨습니다. 엘리야가 기도하자 하늘에서 불이 내려오고 비가 내리기 시작했습니다. 그러나 아합은 이 모든 상황을 신앙적으로 해석하지 않았습니다. 그는 여전히 하나님 대신 바알을 섬겼고, 이세벨을 통해 엘리야를 죽이려고 했습니다. 아합의 이러한 태도는 아하시야에게 그대로 전해졌습니다.

우리의 인생도 마찬가지입니다. 우리에게 주어진 수많은 상황과 사건을 어떻게 해석하고 인식해야 할까요? 혹시 신앙의 눈으로 보지 못하고 세상의 눈으로만 해석하고 있지는 않습니까? 우리가 신앙의 눈으로 삶을 해석하려고 마음먹을 때, 비로소 우리는 하나님의 뜻을 깨달을 수 있습니다. 하나님은 우리의 삶 속에서 끊임없이 말씀하고 계십니다. 그 말씀을 듣고 신앙의 눈으로 해석하며 살아가는 것이 중요합니다. 내 삶의 상황들을 단순히 우연이라고 생각하지 마십시오. 모든 일에는 하나님의 뜻이 있습니다. 그것을 깨닫고 신앙적으로 해석할 때, 우리는 비로소 아름다운 인생의 흔적을 남길 수 있습니다.

신앙의 삶은 매사를 영적으로 해석하는 삶입니다. 신앙생활이란 내 삶에 일어나는 크고 작은 모든 일을 신앙의 눈으로 바라보고, 신앙으로 해석하고, 신앙으로 판단하며, 신앙의 의미와 가치를 부여하며 사는 것입니다. 이처럼 신앙으로 해석하려 애쓰는 삶은 결국 인생의 마지막 즈음에 이르러 아름다운 신앙의 흔적으로 남습니다. 그리고 그런 신앙의 흔적을 보며 자란 우리 자녀는 인생의 크고 작은 일들을 모두 신앙으로 바라보고, 신앙으로 판단하고, 신앙으로 해석하며 살아가게 될 것입니다.

지금 우리의 삶을 다시 한 번 점검해 봅시다. 단지 거주할 집이 있고, 입을 옷이 있으며, 출근할 직장이 있고, 먹을 양식이 풍족하니 그저 이렇게 살면 된다고 생각하지 맙시다. 지금 우리가 사는 순간이 내 인생의 흔적이 된다는 사실을 깊이 생각해야 합니다. 삶을 신앙으로 해석하고, 신앙의 눈으로 바라보고, 신앙의 기준으로 판단하면서 사는 것이 진정 지혜로운 삶입니다.

결단과 선택의 방법

아름다운 삶의 흔적을 남기기 위해서 우리는 문제 해결 방법을 잘 선택하고, 수많은 상황과 사건 그리고 환경을 잘 해석하는 능력을 키워 가야 합니다. 뿐만 아니라 결단하고 선택해야 할 순간에 어떤 방법을 택해야 할지를 지혜롭게 결정해야 합니다. 인생은 선택과 결단의 연속입니다.

아하시야에게는 좋은 기회가 있었습니다. 하나님이 그에게 죽음의 길에서 돌이켜 살 수 있는 기회를 주셨습니다. 그의 곁에는 아버지인 아합왕 때부터 위기 때마다 바른길을 일러 주던 선지자 엘리야가 있었습니다. 그러나 아하시야는 잘못된 선택을 했습니다.

이에 오십부장과 그의 군사 오십 명을 엘리야에게로 보내매 그가 엘리야에게로 올라가 본즉 산꼭대기에 앉아 있는지라 그가 엘리야에게 이르되 하나님의 사람이여 왕의 말씀이 내려오라 하셨나이다 왕하 1:9

처음 바알세붑에게 보냈던 사자들이 돌아온 이유가 엘리야 때문이라는 것을 알게 된 아하시야는 다시 그의 군사들을 엘리야에게 보냅니다. 그가 엘리야에게 군사들을 보낸 이유는 단 한 가지, 그를 붙잡기 위해서였습니다. 아하시야는 잘못된 선택을 했습니다. 그는 바알세붑이 아닌 하나님을 선택해야 했지만, 도리어 하나님이 보내신 선지자인 엘리야를 죽이려는 결단을 내렸습니다.

아하시야는 아버지 아합과 마찬가지로 최악의 방법으로 자신의 문제를 해결하려 했습니다. 아합은 가뭄의 문제를 해결하려고 엘리야를 죽이려 했고, 아하시야도 자신의 문제를 해결하려고 엘리야를 죽이려 했습니다. 이는 하나님을 두려워해야 할 두 왕이 하나님을 두려워하지 않고 자신의 방법을 선택한 범죄입니다.

엘리야를 죽이려 한 아합의 모습을 그대로 따라간 아하시야의 행동을 보면서 우리도 경각심을 가져야 합니다. 우리도 종종 자녀에게 좋은 점보다 나쁜 점을 더 많이 물려주곤 합니다. 자녀는 부모를 통해 좋은 행동뿐만 아니라 나쁜 행동도 배웁니다. 부모의 나쁜 행동은 자녀에게 잘못된 결과를 가져다줍니다.

엘리야를 죽이려는 아하시야의 결단은 신앙적인 태도가 아니었습니다. 그는 엘리야를 제거해 하나님의 뜻을 꺾으려 했고, 문제 앞에서 신앙적인 태도가 아닌 감정적인 반응을 보였습니다. 아하시야는 아버지 아합과 어머니 이세벨이 섬기던 바알을 믿으며 엘리야를 죽이려는 결정을 내린 것입니다. 그는 50명의 군사들을 세 번이나 보내 엘리야를 죽이려 했습니다. 그러나 하나님은 그 군사들을 불로 소멸시키셨습니다. 이는 하나님이 아하시야에게 세 번이나 기회를 주셨다는 의미입니다. 하지만 아하시야는 이를 깨닫지 못하고, 계속해서 잘못된 선택을 합니다. 이는 그의 오만과 교만에서 비롯된 것입니다. 신앙은 내 힘을 사용하는 것이 아니라, 내 힘을 내려놓고 하나님의 뜻을 따르는 것입니다.

아하시야의 이야기를 통해 우리가 깨달아야 하는 진리가 있습니다. 신앙의 삶이란 내 힘을 내려놓고 하나님의 뜻을 따르는 겸손의 삶을 사는 것이라는 진리입니다. 또 부모가 자녀에게 물려주어야 할 가장 중요한 것은 세상의 방법이 아니라 신앙 안에서 바른 선택과 결단을 내리는 방법이라는 것입니다. 이는 자녀가 행복한 인생을 살게 하는 가장 좋은 자양분입니다. 이 신앙의 교훈이 우리 삶의 지침이 되고, 우리가 남길 신앙의 흔적이 될 수 있기를 바랍니다. 뿐만 아니라 자녀가 올바른 신앙의 삶을 살 수 있도록 본을 보이며 살아가는 삶이 되기를 축복합니다.

17

끝까지 달려가라

왕하 2:7-11

앞 장에서 우리는 아합과 그의 아들 아하시야의 죽음에 대해 살펴보았습니다. 그리스도인의 신앙도 이처럼 죽음과 밀접하게 관련되어 있습니다. 우리의 신앙은 죽음에서부터 시작하며, 죽음을 이기고 사는 것으로 출발하기 때문에, 그리스도인에게 있어서 죽음은 매우 중요한 주제입니다.

아버지 아합은 전장에서, 아들 아하시야는 병상에서 죽었습니다. 전쟁터와 병상은 그들 각자의 삶의 환경이었지만, 성경은 그들의 죽음을 슬픔과 비운의 마침표로 설명합니다.

그런데 성경은 단순히 아합이 전쟁터에서 전사했기 때문에 그의 죽음이 비운의 죽음이라고 말하고 있지 않습니다. 대부분의 사람이 삶의 현장에서 땀 흘리며 최선을 다하다가 인생을 마감합니다. 어떤 의미에서 아합은 궁궐에서 편안히 누워 죽지 않고, 백성들과 함께 전쟁터에서 전투를 지휘하다가 죽었기에 자기 삶에 최선을 다했다고 말할 수 있습니다. 그러나 성경은 아합의 죽음을 긍정적으로 표현하지 않습니다. 아하시야는 병고에 시달리다가 병상에서 죽었습니다. 여타 사람들도 질병으로 인해 인생을 마감합니다. 그렇지만 성경은 아하시야의 죽음을 유별나게 설명하지 않고, 불행의 마침표로 소개합니다.

전쟁터에서 죽었다고 불행한 인생이 아니며, 병고에 시달리다가 죽었다고 해서 슬픈 인생이 아닙니다. 그들의 죽음이 슬픔과 비운의 마침표인 이유는 하나님의 저주로 인한 죽음이었기 때문입니다. 그러나 엘리야의 죽음은 다릅니다. 엘리야는 갈멜산의 영웅이었고, 우리 신앙의 모델이자 표준입니다. 엘리야도 죽음을 맞이합니다. 그러나 그의 죽음은 달랐습니다.

열왕기하 2장 11절을 보면, 엘리야와 엘리사가 길을 가다가 하나님이 보내신 불 수레와 불 말들이 나타나 그들을 갈라놓습니다. 그리고 엘리야는 회오리바람을 타고 하늘로 올라갑니다. 이처럼 엘리야의 죽음은 땅에 찍힌 마침표가 아니라 하늘에서 찍힌 마침표였습니다. 그래서 엘리야의 죽음은 영광스러운 죽음이요, 그의 인생의 마지막은 승리로 남은 것입니다.

"우리는 누구의 길을 걸어야 할까요?"

만약 이런 질문을 받는다면 당연히 아합의 길이 아닌 엘리야의 길을 택할 것입니다. 그리고 비운의 죽음이 아닌 명예로운 죽음을 선택할 것입니다. 그러나 육신의 눈으로 보면, 엘리야는 일생 쫓겨 다니고 억압당하며 살았습니다. 아합은 권세를 누리며 모든 것을 가졌고, 오히려 엘리야를 죽이려고 추격했던 사람입니다. 땅에서 두 사람의 삶을 비교하면 아합의 삶이 훨씬 더 화려해 보입니다. 그럼에도 불구하고 아합의 삶은 불행의 마침표였고, 쫓기며 도망 다니고 하나님의 명령을 수행하면서 살았던 엘리야의 삶은 승리의 마침표였습니다. 우리는 어떻게 살기를 원합니까? 삶의 마무리가 어떤 모습이기를 원합니까?

성경은 엘리야를 말하면서 그의 위대함과 영광스러움을 소개합니다. 갈멜산에서 엘리야가 기도하자 하늘에서 불이 내려왔습니다. 그리고 그의 기도를 통해 하나님은 3년 6개월 동안 닫혔던 하늘의 문을 열어 비를 내려 주셨습니다. 엘리야의 마지막 또한 세상의 어떤 군왕들도 이루지 못한 승천이었습니다. 이런 엄청난 엘리야의 삶을 소개하면서도 성경은 엘리야가 우리와 동일한 사람임을 강조합니다.

엘리야는 우리와 성정이 같은 사람이로되 약 5:17

야고보서는 엘리야는 우리와 성정이 같은 사람이라고 소개합니다. 엘리야의 기도로 하늘의 문이 닫히고 열린 것은 엘리야의 기도가 특별함을 드러내는 것이 아니라, 우리도 그런 삶을 살 수 있음을 강조합니다. 우리도 엘리야처럼 살아야 한다는 것입니다. 이 땅의 모든 사람은 육신을 입고 살아갑니다. 먹고, 일하고, 분투하며 삶을 살아갑니다. 하지만 각 사람의 삶의 내용과 결과, 가치는 다 다릅니다. 우리는 세상의 길이 아닌 신앙의 삶을 살아야 합니다.

그렇다면 엘리야는 어떤 삶을 살았기에 영광스러운 마지막을 맞이할 수 있었을까요? 우리는 어떻게 해야 엘리야처럼 복된 인생의 마침표를 찍을 수 있을까요? 이 책의 마지막 장에서는 엘리야를 통해 주시는 하나님의 교훈을 살펴보고자 합니다.

부름받은 삶

여호와께서 회오리 바람으로 엘리야를 하늘로 올리고자 하실 때에 엘리야가 엘리사와 더불어 길갈에서 나가더니 왕하 2:1

하나님은 엘리야를 불러 갈 계획을 가지고 계셨습니다. 하나님이 회오리바람으로 엘리야를 하늘로 올리고자 하시는 것은 엘리야의 마침표를 하나님이 찍고 계시다는 것을 의미합니다. 이처럼 엘리야의 인생은 처음도 마지막도 하나님의 부름을 따라 이어졌습니다. 반면, 아합과 아하시야의 삶은 어떻습니까? 그들은 애쓰고 살던 땅에서 인생의 마침표가 찍히고, 땅에 버려지는 것으로 삶이 마무리되었습니다.

이처럼 열왕기하 1장과 2장은 전혀 다른 삶의 마침표를 대조하여 보여 줍니다. 열왕기상은 그들이 얼마나 치열하게 살았는지를 잘 보여 줍니다. 내용만 보면 아합이 더 멋진 삶을 살았고, 더 화려한 삶을 살았으며, 더 큰 권세를 가진 삶을 살았다고 생각할 수 있습니다. 그러나 열왕기하에 들어오면 성경은 그들의 인생의 마지막을 비교하며 아합은 실패한 인생으로, 엘리야는 성공적인 인생으로 평가합니다.

하나님의 부르심, 하나님의 이끄심, 하나님의 계획하심은 엘리야의 인생에서 중요한 하나의 흐름입니다.

여호와의 말씀이 엘리야에게 임하여 이르시되 왕상 17:2

열왕기상 17장은 엘리야의 등장을 어떻게 기록하고 있습니까? 하나님의 말씀이 엘리야에게 임했다고 말합니다. 하나님은 엘리야에게 그릿 시냇가로 갈 것을 명령하셨습니다. 엘리야는 하나님의 명령에 순종하여 그릿 시냇가로 갔습니다. 그곳에서 하나님이 말씀하신 대로 까마귀를 통해 주시는 양식을 먹고 시냇물 마시며 살았습니다. 그릿 시냇가에서의 부름 받은 삶 이후에 하나님은 또 다른 곳으로 그를 부르십니다. 그곳은 바로 사르밧이었습니다.

여호와의 말씀이 엘리야에게 임하여 이르시되 너는 일어나 시돈에 속한 사르밧으로 가서 거기 머물라 왕상 17:8-9

하나님은 엘리야를 사르밧으로 부르셨습니다. 그곳에서 한 과부를 만나게 하십니다. 하나님이 만나게 하신 과부는 도움을 받기보다 도와주어야 하는 지경이었습니다. 그러나 엘리야는 당황하지 않았습니다. 하나님이 그곳으로 부르셨기에, 그곳에서 여인의 손을 통해 주시는 양식을 먹고 살라고 하셨기에 불평하지 않고 부름 받은 삶을 살았습니다.

그러다가 과부의 아들이 죽는 사건이 발생합니다. 엘리야는 그의 죽음과 전혀 상관이 없었습니다. 그런데 과부는 아들의 죽음의 원인이 엘리야에게 있다고 생각하고 엘리야를 원망했습니다. 그러나 그때에도 엘리야는 한마디 원망도 입에 담지 않았습니다. 왜냐하면 그곳이 하나님이 부르신 부름의 장소였기 때문입니다. 엘리야는 하나님 앞에 기도

했습니다. 그랬더니 죽었던 아들이 살아났습니다. 그리고 하나님은 엘리야를 다시 아합에게로 불러 세우십니다. 갈멜산으로 불러올리십니다.

이처럼 엘리야의 일생은 하나님의 부르심으로 시작해서, 하나님의 부르심으로 진행되다가, 열왕기하 2장에 이르러서도 하나님의 부르심을 통해 인생의 마침표를 찍게 됩니다. 이것이 바로 소명의 삶, 부름 받은 삶입니다. 그리스도인은 이런 삶을 살아 내야 합니다. 성도란 바로 부름 받은 사람들입니다. 하나님이 우리를 어둠 가득한 세상에서 불러내어 하나님의 백성으로 세워 주셨습니다. 우리가 부름 받은 사람이라면, 그에 걸맞게 부름 받은 삶을 살아야 합니다. 엘리야의 삶이 우리의 모델이 되는 이유도 마찬가지입니다.

부름 받은 삶은 그 이유와 목적이 분명합니다. 그렇기 때문에 방황하지 않습니다. 가야 할 곳이 있고, 해야 할 일이 있으며, 이루어야 할 목표가 있으므로 세상의 상황에 흔들리지 않습니다. 부름 받은 삶은 또한 신나고 흥미롭습니다. 반면에 부름 받지 못한 인생은 매번 끌려다니기만 합니다. 세상의 문화, 돈, 명예, 자존심, 기분에 끌려다니며 삽니다. 오늘은 맑았다가 내일은 흐립니다. 늘 불안하고 초조합니다. 남들이 가진 것을 가지지 못해 불안하고, 남들이 가는 길을 미친 듯이 따라갑니다. 욕심, 지식, 권력에 끌려다닙니다. 그래서 피곤하고 힘이 듭니다. 맹목적인 인생이 됩니다.

그러다 어느 날 '나는 누구인지, 지금 대체 무엇을 하고 있는지, 왜 살아야 하는지'에 대한 의문과 삶의 회의가 함께 찾아옵니다. 결국 삶의 의미도, 가치도 없다고 느낍니다. 어떤 사람은 그래서 발버둥 칩니다. 조금이라도 더 즐기기 위해, 의미를 찾기 위해 세상의 모든 오락과 향락에 몸을 던집니다. 술을 마시고, 담배를 피우고, 마약에 손을 대고, 쾌락에 빠져 가정을 버립니다. 이것이 부름 받지 못한 인생들의 모습입니다.

부름 받은 인생은 전혀 다릅니다. 그들은 죽고 끝나는 인생이 아닙니다. 부름 받지 못한 인생은 죽으면 끝입니다. 그러나 부름 받은 인생은 죽음조차 하나님의 부르심이기에 끝이 아닙니다. 죽어도 죽지 않는 인생이 부름 받은 인생입니다. 그래서 그리스도인의 삶을 '영생'이라 부릅니다. 차원이 다르고 가치가 다른 것입니다.

어떤 삶을 살고 싶습니까? 우리의 생각과 노력, 몸부림의 초점이 오롯이 하나님의 부름에 맞추어져 있습니까? 우리는 하나님의 부름을 따라 살아야 합니다. 하나님이 목사로 부르셨다면 목사로, 장로로 부르셨다면 장로로 살아야 합니다. 하나님이 부르신 대로 살아야 제대로 사는 것입니다. 엘리야는 부름 받은 삶을 살았습니다. 그래서 그의 삶의 마침표가 영광스러웠던 것입니다.

준비하는 삶

성경은 "여호와께서 회오리바람으로 엘리야를 하늘로 올리고자 하실 때에"(왕하 2:1)라고 기록하고 있습니다. 이러한 하나님의 계획은 11절에 이르러서 이루어집니다. 하나님의 말씀대로 엘리야는 회오리바람을 타고 승천했습니다. 그런데 2-9절은 엘리야가 길갈에서 벧엘로, 벧엘에서 여리고로, 여리고에서 요단으로 등 여러 도시를 방문하는 내용을 담고 있습니다. 이 방문의 의미는 무엇일까요? 왜 엘리야는 여러 도시를 방문했을까요?

만약 하나님이 우리에게 오늘이 마지막 날이라고 말씀하신다면 우리는 두렵고 초조할 것입니다. 그런데 그 순간에 하나님이 우리에게 뜬금없이 특별하게 할 일을 주신다면 우리는 그 일을 잘 감당할 수 있을까요? 정말로 그럴 정신이 있을까요? 하지만 엘리야는 하나님이 보내시는 대로 여러 도시를 방문했습니다. 엘리야는 하나님이 이끄시는 대로 벧엘, 여리고, 요단을 차례대로 방문했습니다. 어떻게 엘리야는 아무렇지도 않게 각 도시를 방문할 수 있었을까요? 그 이유는 엘리야 스스로가 하나님이 예비하신 인생의 마침표를 맞이할 준비를 하고 있었기 때문입니다. 그래서 하나님이 엘리야에게 마지막 사명을 감당하게 하셨을 때 그는 두려움과 당황함, 부끄러움 없이 주를 만날 준비를 할 수 있었습니다.

우리가 만일 엘리야와 같은 죽음의 상황을 맞이하게 된다면 즉시 묘지를 준비하거나 수의를 마련하겠다고 생각할지도 모르겠습니다. 그러나 엘리야는 그렇게 하지 않았습니다. '주님이 나를 부르신다면 주님을 맞이할 준비를 해야겠다'는 마음을 가짐과 동시에 끝까지 자신에게 주어진 일을 성실하게 감당했습니다.

엘리야가 끝까지 자신의 삶에 최선을 다한 이유는 주님의 부름을 받아 본향에 이르렀을 때 부끄럽지 않기 위해서입니다. 그리고 맡겨진 일을 다하지 못한 채 떠나는 미완의 인생이 되지 않기 위해서였습니다. 그래서 엘리야는 여호와의 손을 잡고 마지막 사역들을 감당했습니다.

신앙의 삶을 살고자 결단한 우리는 늘 떠날 준비를 하고 있어야 합니다. 그렇지 않고 주어진 삶에 그냥 수동적으로 반응한다면 우리는 갑작스럽게 맞닥뜨리는 생의 마지막 앞에서 당황할 수밖에 없습니다. 혹시 아직 떠날 준비를 하지 않고 있습니까? 만약 하나님이 "내일 가자"고 말씀하신다면 우리는 당황하지 않고 엘리야와 같이 그 말씀에 순종할 수 있어야 합니다.

누군가가 존 웨슬리(John Wesley)에게 "선생님, 내일이 마지막이라면 어떻게 하시겠습니까?" 하고 물었을 때 웨슬리는 단 1초도 머뭇거리지 않고 이렇게 대답했다고 합니다.

"내일이 내 인생의 마지막이라면 오늘처럼 살다가 맞이하면 됩니다."

내일이 마지막이라면 어떻게 하겠습니까? 당장 오늘 내 인생이 끝나도 준비된 삶을 살았다면 쉽게 당황하지 않을 수 있습니다.

이어 주는 삶

엘리야는 갈멜산의 영웅으로서 영광을 누리고 역사의 위대한 인물로 남는 데 그치지 않고, 하나님의 나라가 계속해서 확장될 수 있도록 후계자에게 사역을 이어 주는 삶을 선택했습니다.

왜 하나님은 엘리야의 마지막 삶의 시간에 그로 하여금 많은 도시를 방문하게 하셨을까요? 엘리야가 방문한 곳들에는 선지자를 양성하는 학교가 있었습니다. 이 학교는 사무엘 시대부터 있었습니다. 그러나 이세벨이 하나님의 선지자들을 죽이면서 폐쇄되었습니다. 그래서 엘리야는 이 학교를 다시 복원하기 위해 여러 도시를 방문하며 예비 선지자들, 오늘날로 하면 신학생들을 만난 것입니다.

엘리야는 단순히 작별 인사를 하기 위해 각 지역을 방문한 것이 아닙니다. 그는 그곳을 방문하며 자신의 떠남을 알리는 동시에 제자들에게 흔들림 없이 하나님의 일을 감당하라고 격려했습니다. 하나님도 엘리야가 떠난 후 그의 사역이 계속 그 땅에서 이어지기를 원하셨습니다. 그래서 엘리야는 자신과 함께한 엘리사를 후계자로 세우고, 그의 사역을 이어 주는 일을 했습니다.

> 건너매 엘리야가 엘리사에게 이르되 나를 네게서 데려감을 당하기 전에 내가 네게 어떻게 할지를 구하라 엘리사가 이르되 당신의 성령이 하시는 역사가 갑절이나 내게 있게 하소서 하는지라 왕하 2:9

엘리야는 요단강을 하나님의 기적으로 갈라지게 하고, 자신과 함께 있던 엘리사와 함께 그 강을 건너갑니다. 그리고 엘리야는 엘리사에게 원하는 것을 구하라고 말합니다. 엘리야의 물음에 엘리사는 "당신의 성령이 하시는 역사가 갑절이나 내게 있게 하소서"라고 부탁합니다. 엘리야는 엘리사의 요청을 받아들이고, 그를 축복하며 후계자로 세웁니다. 그리고 하나님은 불 말들과 불 수레로 둘 사이를 가르고 엘리야를 회오리바람으로 하늘로 올리십니다.

이를 본 엘리사는 "내 아버지여 내 아버지여 이스라엘의 병거와 그 마병이여"(왕하 2:12)라고 외쳤습니다. 이 표현은 엘리야가 이스라엘에 얼마나 중요한 존재였는지를 보여 줍니다. 엘리야는 이스라엘의 영적인 아버지이자 강력한 무기였습니다. 엘리사가 "내 아버지여 내 아버지여"라고 외친 것은 엘리야의 사역이 엘리사에게 고스란히 계승되었음을 의미합니다. 엘리야는 자신만 갈멜산의 영웅으로 끝나는 것이 아니라, 하나님의 나라가 계속 확장되도록 사역을 이어 주는 삶을 살았습니다.

일전에 소아시아 튀르키예와 그리스 지역으로 성도들과 함께 성지

순례를 떠난 적이 있습니다. 여러 지역을 방문하면서 폐허가 된 옛 교회들을 보며 가슴이 아팠습니다. 오늘날과 같이 1세기에도 하나님의 사역을 찬란하게 감당한 사람들이 얼마나 많았겠습니까. 그러나 그들은 자신들의 사역을 다음 세대에게 잘 이어 주지 못했습니다. 그들의 사역은 참으로 화려했고 대단했지만, 다음 세대에 그들의 신앙은 전해지지 않았습니다. 그래서 결국 모든 것이 사라져 버렸습니다.

이를 통해 우리가 꼭 기억해야 하는 것이 있습니다. 우리 시대의 신앙이 다음 세대에 이어지도록 노력해야 한다는 것입니다. 신앙을 이어 주어야 하는 막중한 임무가 우리에게 주어졌습니다. 우리의 가문과 자녀에게 신앙의 유산이 이어지게 해야 합니다. 우리가 가진 신앙, 즉 하나님 중심, 말씀 중심, 교회 중심의 신앙을 그들에게 물려주어야 합니다. 그렇지 않으면 그들은 교회를 떠날 것입니다.

교회도 마찬가지입니다. 우리 세대는 다 지나가겠지만, 교회는 이어져야 합니다. 하나님 나라는 다음 세대를 통해 확장되어야 하고 사역은 계승되어야 합니다. 이것이 이어 주는 삶입니다. 많은 교회의 지도자들이 이 점을 간과하고 자신의 시대에만 집중합니다. 그래서 교회가 혼란에 빠지고 갈등과 분열에 휩싸입니다. 저는 제 목회의 마침표가 이러한 '이어짐'의 연결점이 되기를 기도하고 있습니다. 뿐만 아니라, 우리 모두의 삶이 엘리야처럼 아름다운 마침표를 찍을 수 있기를 바랍니다.

그러기 위해서 우리는 부름 받은 인생을 살아야 합니다. 기분 따라 살고, 내 멋대로 살고, 세상 친구들을 본받아 살아서는 안 됩니다. 우리는 하나님이 우리를 위해 준비하신 인생에 순종하며 살아야 합니다. 그래야 허둥대지 않고, 당황하지 않고, 견고하게 신앙의 삶을 이어 갈 수 있습니다. 나만 잘 살고 떠나면 그만이라는 생각이 아니라, 신앙을 이어 주는 삶을 살아야 합니다. 이것이 성도가 살아야 할 삶의 내용입니다.

하나님의 뜻에 철저히 순종하며 살아간 엘리야의 삶이 우리 삶의 본이 되기를 바랍니다. 자신의 힘과 능력을 의지하지 않고, 항상 하나님의 인도하심을 구한 엘리야의 모습을 따라 우리도 신앙의 삶을 이어 갑시다.

엘리야는 세상의 권력과 힘 앞에서 굴복하지 않고 오로지 하나님의 명령과 부르심만을 따라갔습니다. 갈멜산에서의 기도, 하늘의 문을 여는 기도 등 모든 것이 하나님을 향한 그의 철저한 의지와 신뢰에서 비롯했습니다. 우리는 엘리야의 삶을 본받아야 합니다. 삶 속에서 하나님의 뜻을 먼저 구하고 하나님의 인도하심을 따라야 합니다. 세상의 화려함과 일시적인 성공에 마음을 빼앗기지 않고 영원한 가치를 추구해야 합니다.

신앙의 삶은 우리의 힘을 내려놓고 하나님의 뜻을 따르는 삶입니다. 우리도 엘리야처럼 하나님께 모든 것을 맡기고 그분의 인도하심을 신뢰하며 살아갑시다. 그러면 우리도 엘리야처럼 복되고 영광스러운 인생의 마침표를 찍을 수 있을 것입니다.